〈不在者〉たちのイスラエル

占領文化とパレスチナ

Written by TANAMI Aoe
田浪亜央江

インパクト出版会

〈不在者〉たちのイスラエル

占領文化とパレスチナ

目次

現イスラエル国とパレスチナ被占領地

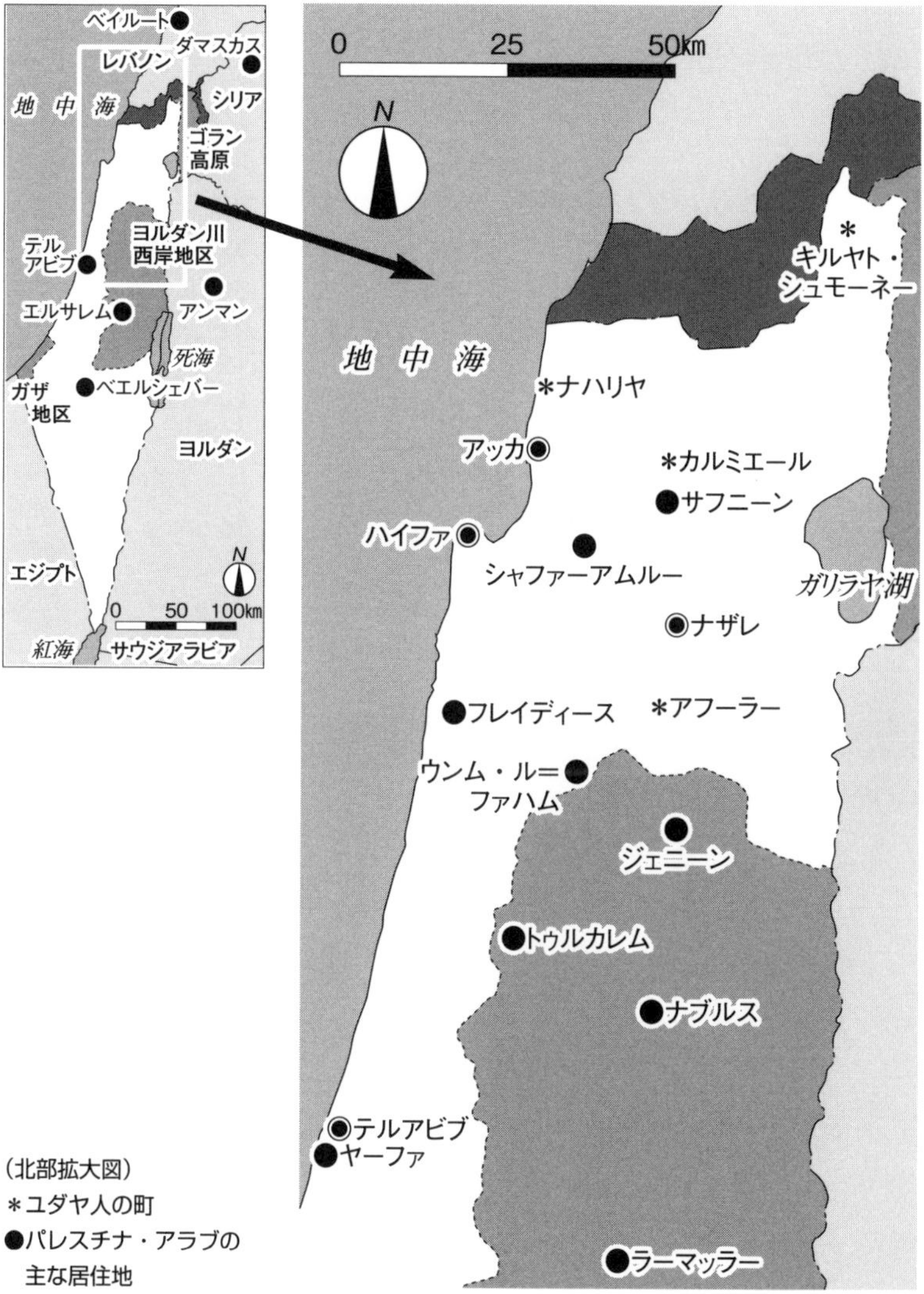

（北部拡大図）
＊ユダヤ人の町
●パレスチナ・アラブの主な居住地

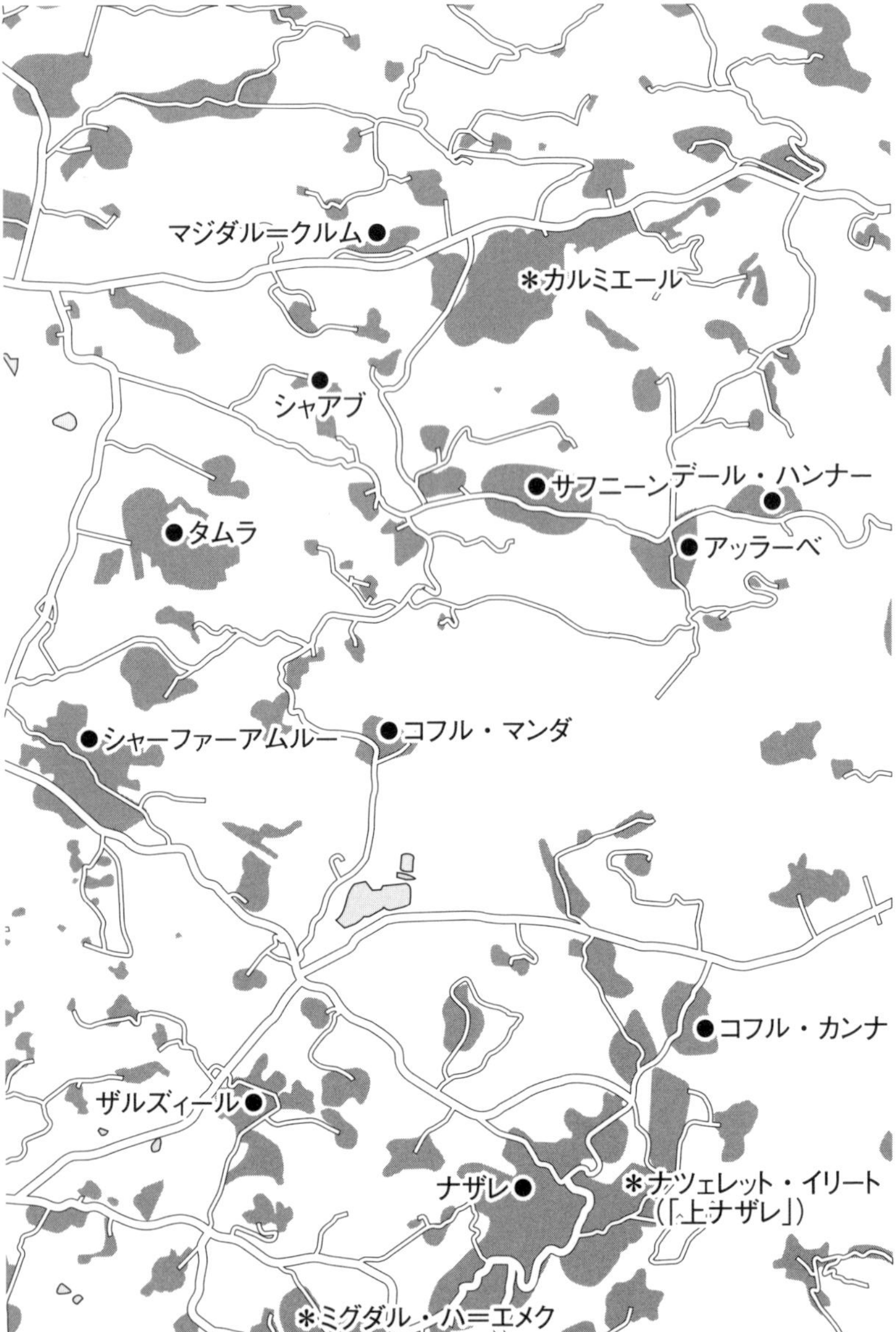

マジダル=クルム
＊カルミエール
シャアブ
サフニーン
デール・ハンナー
タムラ
アッラーベ
シャーファーアムルー
コフル・マンダ
コフル・カンナ
ザルズィール
ナザレ
＊ナツェレット・イリート
（「上ナザレ」）
＊ミグダル・ハ=エメク

ハイファとガリラヤ地方南西部　＊ユダヤ人の町　●アラブの町や村

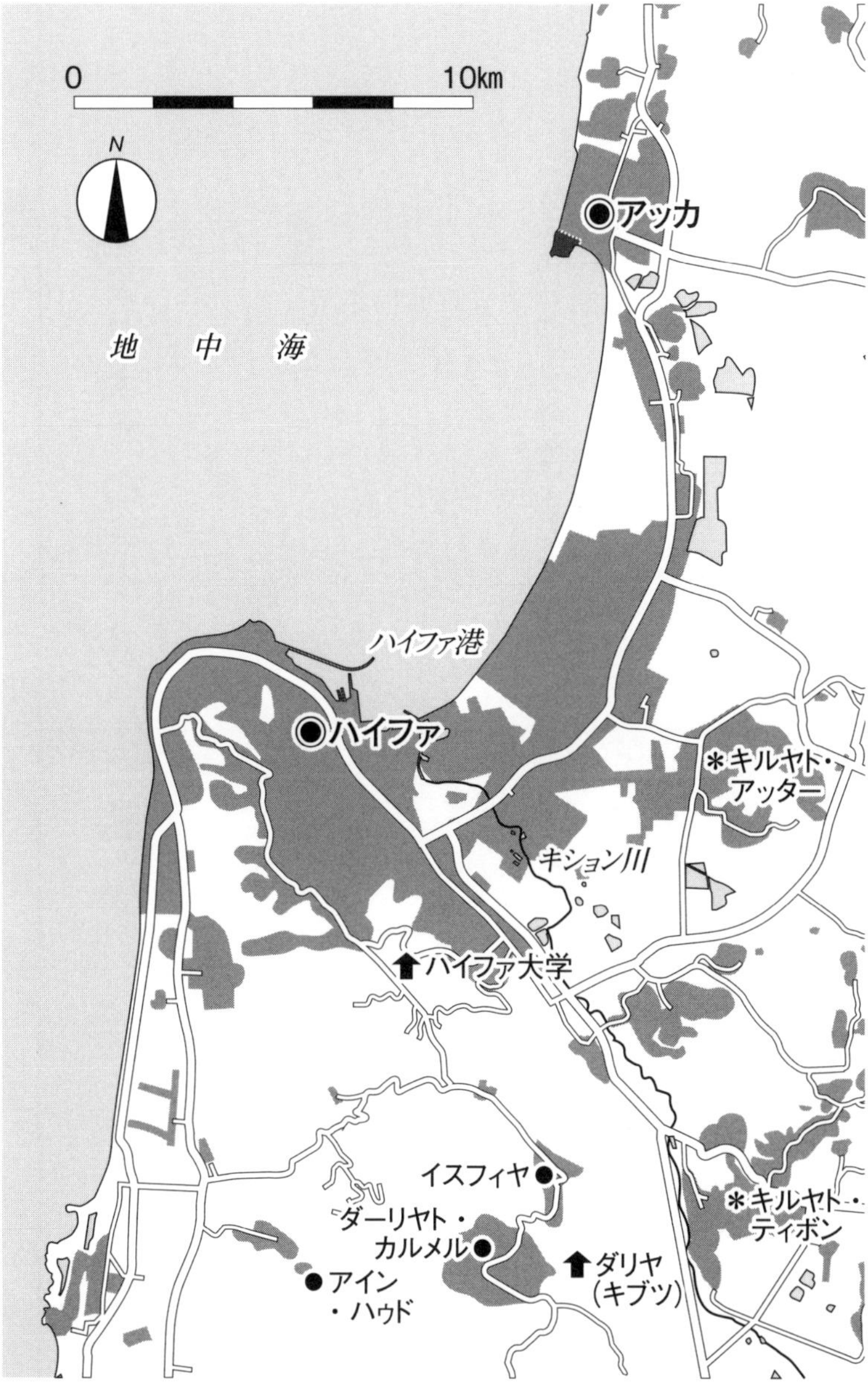

イスラエルの〈不在者〉と私たち

序章

イスラエルと〈不在者〉

イスラエル、いまだに私は、かすかな躊躇を意識することなくこの名を口にすることができない。この国が建国される以前のパレスチナという土地に根ざしていた社会が崩壊させられ、それ以来、難民としてパレスチナに対する集団的帰属意識を維持し深化させて生きてきた人々が、ガザやヨルダン川西岸地区、近隣諸国にあわせて四〇〇万人以上住んでいる。ナクバ〔イスラエル建国にともなう「大災厄」。第七章註137参照〕以来、女性の名前としても使われるようになったフィラスティーン（パレスチナ）という名前、そして難民たちが現在の居住地のそこここに名づけ、日々その名で呼んでいるパレスチナ各地の地名に引き比べると、イスラエルという名も、そのなかにあるヘブライ語の地名の多くも、抽象的で、金属質の何かが生み出している音のようにしか響かない。いつかこの国が、自国の建設のために約五〇〇のパレスチナの村や町を破壊し、七〇万人以上の難民を生んだ歴史を認め、反省し、そしてこの地に残るパレスチナ人と対等に共存してゆく道を選ぶなら、その時にようやく「イスラエル」という国名は問題でなくなり、別の意味をもつようになるのかもしれない。

本書のタイトルにある「不在者」とは、本来その場にいるべきだが実際にはいない人々を指すと同時に、その場にいるにも関わらず、不可視化されている人々を指す。前者はパレスチナ難民、さらにはすでに居住国の国籍を得ているが、もともとパレスチナに暮らし、イスラエル建国によってそこから追放された人々やその子孫を含む。後者はイスラエルという国に変わってしまった土地に残り、さまざまな経緯を経て最終的にはイスラエル国籍を得た人々やその子孫を指す。彼らの存在については近年よく知られるようになって来たが、イスラエルという国に対する見方によって、彼らの状況をどのように捉えるか、大きな差異が生まれている。あるいは彼らのおかれた状況をどう評価するかということが、イスラエルという国の見方にも影響を与えている。

イスラエルは、しばしばイメージされるように、ユダヤ軍がパレスチナ人を追放し空っぽになった土地の上に建設されたものではない。イスラエル建国以前のパレスチナにおけるアラブ人口は一三三万人だったと見積もられており、村や町は合計九七〇もあった。建国宣言に続く中東戦争の結果、イスラエルはこのパレスチナの土地の約七七％を支配下におくことになったが、そこにはおよそ一五万人のアラブ人が残ったのである。故郷の村から別の土地へと逃れ、そこからさらに別の村に移されている間に故郷の村は破壊されたというケース、一度は国外まで逃れたが、潜入したり、国連の仲介で集団的にイスラエル領内に戻され、もとの住民が追い出されたあとの村に住まわされたケース、ユダヤ軍の攻撃を前に村全体が投降し、そのまま住むことを認められるが、周辺地域から国内難民が流入して村の構成人口が大きく変わり、周辺の土地は収用されキブツの土地になったというケースなど、村の指導者たちの状況判断や偶然、数キロメートルの地理的距離の違いによって、彼らがその後に経験した出来事はさまざまなものとなった。イスラエルに残ったアラブ人の半数以上は、もとの住居を失った「国内難民」である。

一九四八年のイスラエルの建国宣言では、イスラエル国家に残ったアラブ住民に対し、「完全で対等な市民権」に基づいて国家を支えるべし、と呼びかけられた。しかし建国後しばらくはアラブ人居住地区のみに「軍事政府」〔第一〇章註193参照〕が置かれ、治安管理の対象として居住区域が制限され、移動も自由に出来ない状況に置かれた。そのかんイスラエルは、もともとパレスチナ人の所有していた土地を収用し、ユダヤ人口の希薄な地域にユダヤ人入植地を建設し、アラビア語の地名をヘブライ語に変え、ユダヤ国家としての体裁づくりを急いだ。一九六六年に軍事政府が撤廃された後も、アラブ人はイスラエル社会でさまざまな差別のなかに置かれてきた。その具体的状況については、以下の各章の記述に譲る。

「不在者」という言葉は、一九五〇年にイスラエルで成立した「不在者財産法（hoq nekasi nifqadim／Absentee Property Law 第一一章註202参照）に由来する。一九四八年のイスラエル建国時にパレスチナを出た者は不在者と見なされ、彼らの財産や土地は不在者財産管理人に移管されたのである。こうして、パレスチナから逃れ難民となった人々だけでなく、イスラエルの支配地域には残ったものの、もとの居住地からは追い出された人々は「不在者」とされた。彼らは力ずくで追い出されたりもとの居住地に戻ることを禁じられたことによって難民または国内難民になったのであり、「不在者」という言葉は、彼らの土地や財産を奪う口実に過ぎなかった。だが、ここでは現在なおユダヤ国家イスラエルのなかでマージナル化され、主流文化の中で不可視化させられ続けているイスラエルのアラブ人の状況を含意させた上で、この言葉を使う。

本書は、イスラエルのアラブ人社会を関心の中心におきながら、イスラエルの社会・文化論を構成し得るテーマを意識的にとりあげたものである。日本でのイスラエル研究・イスラエル論は国際関係や政治経済に偏りがちで、イスラエル社会の様子はなかなか見えてこない。一方イスラエル滞在記はイスラエル社会を内側から描こうとしている点が強みではあるが、シオニズムを心情的に受け入れた書き手によるものが中心であるため、どうしてもイスラエルに対する批判的な視点が弱かった。本書はその欠落を少しでも補うものになるだろうか。

イスラエル／パレスチナ問題がアメリカを主導とした和平交渉では決して解決出来ないことははっきりしており、真の解決は遠い将来、おそらく国際的なプレッシャーを重要なファクターとしながら、イスラエルという国のあり方が変わることによってしかあり得ない。大衆意識の変化に期待するのではなく、イスラエルの政治指導者が思い切った政治判断をすることが必要だ。政治のもつそうした実効的な力ゆえに、政治のありかたを分析するという射程の確実性、政策に関わる有用性は論を待たない。それに引き比べ、イスラエルの文化や社会について何ごとかを論じることは、現実にイスラエル／パレスチナで起きていることに対して、何の役割も果たすまい。だが、イスラエルという国はどれほど特殊な歴史と状況のなかにある特異な国に見えようと、同時に国家というものが抱えもつ普遍的な問題性を体現してもいる。日本や日本社会に生きる私たちが遠い他人事として捉えるのではなく、そのなかに日本という国家の問題、私たちの社会が抱えもつ差別や排外主義を逆照射するとき、誰もがその担い手であり、異なる表象を見せながらも普遍的な問題を含んでいるがゆえに、「文化」を問題にするというアプローチはそれなりに有効なのではないかと思う。

なお本書では、イスラエル国内のアラブ人について文脈上明確なときには単に「アラブ」「アラブ人」としてある（アラビア語で「アラブ」とはそれだけでアラブ人をさすが、「アラブの」という形容詞と区別するために「アラブ人」とした場合もある）。一般的に彼らのことは「イスラエル・アラブ（Israeli Arabs）」と呼ばれ、彼らが「アラブ・イスライーリー（イスラエルのアラブ）」と自称する場合もあるが、こうした特殊なアラブ人カテゴリーを作り出しているのはあくまでイスラエル国家の側であり、こうしたテーマに敏感なアラブ系のNGO職員などが「イスラエル・アラブ」という呼称には反対だと明言するケースもある。公的な用語としては「イスラエルのアラブ人（Arabs in Israel）」が使われることが多く、アラビア語では「アラブ・フィー・イスラーイール」となる。この「フィー（～の中／～における）」こそが重要であり、これによってイスラエルはあくまで現在の居住地を指し、身分証明書の上での帰属にとどまることが明示されるわけだ。より一般的には「アラブ・サマーニヤ・アルバイーン（四八年アラブ）」とか「アラブ・フィッ＝ダーヒル（内側のアラブ人）」と呼ばれ、「イスラエル人／イスラエルの」という形容詞は好まれていない。他方、「パレスチナ人」と自称されるのは、被占領地のパレスチナ人との連帯意識を言外に示したい場合や、政治的なスローガンのなかでのことが多く、外部の人間としては、どんな場合でも「イスラエルのパレスチナ人」と呼べば済むというものではない。ユダヤ人しか代表していないイスラエルの政治文化の中で、「自分は何者であるのか」という意識の第一に来るのは、パレスチナ人ということよりもアラブであることが多いようだ。本書では文脈に応じて使い分けるようにしたが、「アラブ／アラブ人」という表現に偏っているのは、実際に耳にした頻度を反映している。

イスラエルの民主主義・マイノリティ運動

イスラエルは、この国の基本的性格や政策を支持する人々から、中東における唯一の民主主義国家であるとか、欧米社会と価値を共有する唯一の社会であるとか言われる。民主主義が、選挙による政権交代が制度的に保証されているというほどの意味ならば、確かにイスラエルは、中東における数少ない民主主義国家の一つである。だが民主主義であるということは、占領政策やパレスチナ人抑圧政策を何ら正当化するものではない。またイスラエルの「民主主義」そのものが、マジョリティであるユダヤ人にのみ優先的な地位を与えている「エスニックな民主主義」であることが看過されてはならず、その意味では白人のみが民主主義を謳歌できたアパルトヘイト下の南アフリカにむしろ近い。黒人に選挙権が与えられず、人種別議会制度を作り上げていたアパルトヘイトのような制度化された差別とは異なることはもちろんだが、それは、数の上でユダヤ人が優位を保つような政策があらかじめとられているからである。

とはいえ、その社会のあり方を現象的にとらえるならば、イスラエル社会を知る人間がよく言及するように、議論好きの人間が多く、何でも自由な意見を口にできる風潮がイスラエルのユダヤ社会には確かにある。喧嘩のように怒鳴り合い、声が大きい人間がその場を支配

するというケースも見られ、互いの意見を尊重しながら議論するとは限らないのが実態だが、ともかく意見を口に出すことを恐れてあらかじめ黙っている、といったような状況はまれである。また、大学教員や企業の役員など地位の高い人間がラフな恰好を好み、気さくに誰にでも意見を求めたり友人のように対等な態度を示すことも多い。

こうした見地からアラブ社会を眺めると、それが何と権威志向で、本音と建前を使い分けてばかりの社会に見えることか。実際、イスラエルのユダヤ社会のこういった率直でオープンな側面を知るアラブ人が、彼らに感嘆し、彼らのことが大好きになり、彼らから学ぼうと意気込むということは、意外とよくある。イスラエルのアラブ人の圧倒的多数はユダヤ人との良好な関係を望んでおり、問題は、ユダヤ人がアラブ社会のことをよく知らないこと、知ろうともしていないことだと考えている。政治的な意見表明をするような場ではよく「自分たちは反イスラエルなのではなく、イスラエルに対して意見を述べているだけだ。民主主義国家なのだから、意見表明は自由なはずだ」といった言い方がされる。これはアラブ政治家の戦略的なロジックにも似ているが、少なくとも民衆の素朴な感情としては、本音に近い発言である。

イスラエルのユダヤ人口の過半数は中東諸国やアフリカからの出身であるミズラヒーム〈Orientals〉であるにも関わらず、この社会の支配的文化が西欧志向であるということは間違いない。効率性の重視や個人主義的傾向のなか、人間が機械化され肉体が疎外される傾向が生じている一方で、言論の自由や少数者の権利擁護といった価値を重視しようとする建前が

存在する。従って、特にゲイやレズビアンなど、性的マイノリティの権利運動の盛り上がりは、中東の中では群を抜いている。

しかしこうした運動の担い手が、国内のアラブや占領地のパレスチナ人の状況にまで関心を向けることはほとんどなく、むしろイスラエル国家の寛容性や文化の多様性を享受し、それを誇示する方向での表現にとどまっていることが多い。こうした運動や表現の存在が、全く別の意図をもった人間たちによって、占領政策などに関してイスラエルを批判することそのものを封じようとする口実に政治利用されてしまうこともある。例えば同性愛が法的に禁止されているイランなどのような国が引き合いに出され、イスラエル批判を行う人間はフェアではないというのである。あるいは、サウジアラビアで女性の参政権がないことや、イスラーム以外の宗教の活動や宗教的シンボルを用いることが公共の場では一切禁じられている、などということも同様に利用される。しかし、こうした比較によってイスラエル批判を全面的にタブー視することが非論理的であることは自明だろう。中東諸国における性的マイノリティの状況を本当に憂慮するのであれば、それは政治利用のためではなく、抑圧されている人間の人権を守ろうとする意識から問題にされるのでなくてはならない。イスラエルによる占領に関しては、そのもとでパレスチナ人が抑圧され人権を蹂躙されていることが問題なのであって、イスラエルが仮にどれほど高度な民主主義国家であろうが文化的多様性を保証する国家であろうが、この場合は関係ない。

こうした主張は、論理的整合性よりもその主張のボリュームの高さに力点を置いた確信犯

であることが多いとは言え、イスラエルの占領政策や、占領下のパレスチナ人に対する抑圧政策を批判的にとらえている人たちにもしばしば見られる陥穽である。民主主義やマイノリティの権利保証となると、これをもってイスラエルを支持するまでには至らないにせよ、評価を曖昧なままにしてしまうのである。また、平等志向で社会主義的という初期のシオニズムのイメージにとらわれている人も多いだろう。採用されている制度ではなく、その中でどういったメカニズムが働いているかということが問題なのである。同様に、イスラエルのなかでのマイノリティの権利要求運動についても、問われるべきはその中身である。

とりわけイスラエルのフェミニズムに関しては、その歴史的成果とともに、一貫してつきまとっているジレンマについて、整理し提起される必要性を感じる。イスラエル建国以前から存在したシオニズムの中の男女平等思想は、キブツの中での家事労働の共同や、建国のために女性も武器を持って戦うのだという理念として結実した。一九七〇年初頭、アメリカのウーマンリブの影響を受け、アメリカから移民してきた女性たちを中心に生まれたフェミニズムは、社会のあらゆる場での女性の男性並みの処遇を要求し、第四次中東戦争勃発後は軍隊内での男女平等を要求する動きとして盛り上がった。

だが八〇年代、レバノン戦争に反対する運動がイスラエル人兵士の母親たちを中心として盛り上がったことなどによって、女性運動と平和運動が結びつくようになった。長期にわたる無意味な戦争のために、自分の息子たちがこれ以上死の危険に晒されるのにはもう耐えら

れない。……ここでは息子を失う母親の気持ちはパレスチナ人の母親も同じであると気づき、パレスチナ人との対話や和解を訴える人々が生まれた一方で、パレスチナ人への敵視をそのままに、戦略的撤退を訴える人々もいた。両者の差異は非常に大きいものの、兵役というシステムの是非そのものや、シオニズムというイスラエル建国の理念を問うことが中心的なテーマにならなかった点では同じである。第一次・第二次インティファーダにおいて、それまでパレスチナ女性との対話を指向していたイスラエルのフェミニストの主流の運動がジレンマに陥り、沈黙を守ったのは偶然ではない。

より若い世代のあいだでは、フェミニストを名乗ることよりも、より中心的なテーマとして占領に反対し、反シオニズムを名乗る潮流も、少数ながら現れている。マルクス主義が破綻を見た現在、いかなる思想であれトータルな解放思想として振りかざされるべきではないという一般論はともかくとしても、このことはフェミニズムの側から深刻に受け止められ、検討されるべき問題だろう。イスラエルのフェミニズムがシオニズムを超えることが出来ずにいることは、オスロ合意以降のイスラエル社会の右傾化に抗する強力な思想が生み出されていない状況とも関わって、広い意味でのイスラエルの左派の混迷を象徴している。

鏡としてのイスラエル

それにしてもイスラエルのアラブ人と話をしていると、ユダヤ人社会への批判や不満と同時に、アラブ社会への自己批判をよく聞くことに気づく。アラブ社会の中にある差別意識、民衆の中に根強くある権威主義。マッチョな指導者を志向しがちで、その人間に権力が集中しがちなこと。力を持った人間の前で、立場の弱い人間は発言をしないこと。男性が女性に若さを求め、三〇歳を超えた女性を結婚相手と見なすようなことが、一般的にはほとんどないこと。子どもを生み育てることに対する価値づけが非常に高く、そうでない生き方を肯定的に評価しないこと。

ネゲブ砂漠のベドウィン社会の出身者であり、オーストラリアでコンピューター分野の博士号を取り、アメリカに本社を置く世界的に有名なコンピューター関連企業で働く男性は言った。「ユダヤ人社会よりもアラブ社会の中でこれまで受けてきた差別の方が、ずっと露骨で酷かった。君のルームメイトのアラブ女性は、僕が独身であることや僕の勤め先の名前を知れば、間違いなく君に、僕のことを紹介してくれと頼むだろう。その後で、僕がベドウィンだと教えてみてごらん。態度の豹変ぶりを観察するのは、絶対に面白いよ」。社員五〇〇人のうちアラブ人は二人だけだという。また、彼の知るところでは、コンピューター関連の博士号を持つイスラエルのアラブ人も、今のところ二人だけなのだそうだ。そんな超エリートの彼だが、非常にクールな女性観を持ち、アラブ社会の分断状況を体現しているようだった。

アラブ社会の中の女性を取り巻く諸問題に取り組んでいるフェミニズム団体で働くアラブ女性は言った。「公的な政治言語では、『ムスリムもクリスチャンもドゥルーズもない、我々はパレスチナ人、占領地のパレスチナ人は我々のきょうだい』って言うわよ。そりゃイスラエルは占領地で酷いことをしているわよ。でも、このアラブ社会自体が、どれだけ私たち若い女を抑圧しているのかを思い知れば、そんなことは吹っ飛ぶわ。いっそ中東全部がイスラエルになっちまえばいいって思うわよ」。彼女は最近、男性と性的関係をもった未婚の女性が男性の家族によって殺害される「名誉殺人」に抗議するキャンペーンのために、アラブの村に通っているのだと言う。

確かに、アラブ社会の抱える問題の根の深さは深刻だ。だが、アラブ諸国でも同様の問題があるにも関わらず、こういった調子で自分たちの属する社会を批判することは、民衆レベルでは滅多にない。イスラエルのアラブ人によってなされる自分たちの社会に対する自己批判は、イスラエル社会の影響によってさまざまな視点が導入され、彼らにとって見える世界が広げられたこととも大きく関わっている。

むろんここで、こうしたアラブ社会の問題が、イスラエル建国によってむしろ維持され、イスラエル当局によって利用されてきたことを指摘することも出来る。アラブ社会で既得権益をもつ者や保守層が、周囲の環境から自分たちの社会を守ることを口実に、それまでのありようを維持しようとしてきたからだ。またこうした自己批判の声は、イスラエルにおいては「後進的な」アラブ社会への優越感にすりかわってしまい、この問題が一層こじれることにもなる。「でも、自分たちはまだまし」。どの社会も、状況は違っても構造的に見れば同じような問題を抱えているにもかかわらず、自分の社会と相手の社会の間にある明確な差異として意識させられる。自分たちは解放されたずっと良い社会にいるつもりになり、「後進的な」社会にいる相手を見くだす。こうしたとき、自分の社会に対して抱えている不満や鬱屈は忘れられている。いや、そうした不満や鬱屈の強度に比例して、「後進的な」社会を見くだす視線が強まる。

イスラエルだけの問題ではない。自国のお粗末な民主主義のあり方への自嘲はマスコミレベルで普通に存在しているにも関わらず、「独裁的な」近隣諸国や「後進的」な他者に対するとなると途端に一致団結して露骨な優越感を示すことは、日本のなかにいれば簡単に経験できるのではないか。

アラビア語を学ぶことから、私は中東社会との付き合いを始めた。ようやくアラビア語が話せるようになって多少の自信もつき、アラブの文化やイスラームについても学び、その奥行きの深さにようやく目覚めた私にとっては、アラブ社会にどっぷりと浸かっていることのほうが、楽しさという点だけから言えば、ずっと楽しかっただろう。また、パレスチナを追われ、難民として日々苦労しながら逞しく生きるパレスチナ人たちから学ばせてもらえることも多かった。

だが、周辺地域との関係やアメリカとの同盟関係を考えるなら、日本はむしろイスラエルによく似ていることに気づかざるを得なかった。日本は現在占領地を持っているわけではないが、かつて植民地支配を行い、アジアに近代化をもたらすというロジックと軍事支配とを両立させる企てを行った。それは、遅れたオリエントの地にユダヤ人国家を作ることで「野蛮に対する文化の前哨の任務」を果たそうとしたテオドール・ヘルツルの夢と重なって見えないこともない。非西欧の地域にあって、例外的に西欧的な価値観を接ぎ木し、周辺地域に対して抑圧的な存在であることをその自負によって支えてきた、ユーラシア大陸の西と東にある二つの国。日ユ同祖論やユダヤ謀略論が繰り返し流行するのも、まんざら偶然ではないのだろう。

日本の現状をあまり顧みることなくパレスチナ人と親しく付き合ったり、パレスチナでの運動に参加したり調査をすることは出来るかもしれない。だがイスラエル社会を批判的に捉えようとするとき、日本の姿がそこに映し出される。イスラエルの問題点はそれとして批判しながらも、高見から全く一方的に裁断してよしとするわけにはいかない。日本社会を知っているからこそイスラエルの姿がはっきりと見え、また日本をよりよく知るためにイスラエルから逆照射しようとするのかもしれない。占領に抗するパレスチナ人のたたかいは日常生活の維持というレベルでも続いてゆくしかないが、イスラエル国家に政策転換を迫り、社会のあり方を変えてゆくのは、結局のところイスラエル社会に生きる人々、とりわけマジョリティであるユダヤ人自身でしかない。数の上ではごく少数派だが、イスラエル社会の内部にあってその社会を変えてゆき、パレスチナ人との対等な共存を目指している人々が存在している。彼らから学ぶだけでなく、互いの経験を共有することで、支え合いたい。日本社会を批判的に捉え、もっと生きよい社会に変えたいという切実な願いを持つからこそ、他人事として高見に立つのでなく、友人としてイスラエル社会と関わる可能性が生まれるのだと思う。

イスラエル社会を変えてゆこうと長年奮闘しながら、地道に活動を続けている人々。政治的に声を上げることはないが、現状のイスラエル国家のありように背を向けて生きる人々。政治犯として捕らえられている人々。さまざまな事情でイスラエルを離れ、国外でイスラエルと格闘する人々。彼らもイスラエル国家の主流のイデオロギーを信奉する人々からすれば、〈不在者〉である。

本書ではこうした人々の活動や思想について特に取り上げることはしなかったが、彼らの存在がイスラエルでの私の支えの一つだったことを付記しておきたい。あの眩しい光と熱線のなかで、イスラエルの〈不在者〉たちの溢れんばかりの存在感にむしろ私は圧倒されていた。

＊アラビア語・ヘブライ語のカタカナ表記については、なるべく原音を尊重したが、一般に定着しているものは慣例通りとした。

〈例〉「マッカ」→「メッカ」

＊アラビア語のカタカナ表記の中で、ハイフンがあるのは、原音の表記上、定冠詞「アル」の後ろである。

＊ヘブライ語定冠詞「ハ」の後ろは読みやすさを重視し、ハイフンを用いた場合と用いていない場合がある。

第Ⅰ部

ユダヤ社会と国家

第一章

愛国気分が充満するイスラエルの春

キッチュな国旗と記念日と

ペサハ　妄想と現実

春先の三月頃といえば、パレスチナやその周辺地域で、自然の光景が最も美しく見える季節だ。まだ寒さを残しながらも、日中の日差しはゆっくりやわらかくなり、山や野原がさまざまに彩られる。日本の桜によく似ているとよく言われるアーモンドの花[1]が咲くのもこの頃である。花見などという面倒な風習に邪魔されずに野山を飾る姿は、私から見ると桜などよりずっと愛らしく、シンプルな喜びを味わわせてくれる（そしてこの後にはアーモンドの実がなるのだ！）。

▼1　**アーモンド**　木はバラ科サクラ属。日本では生のアーモンドを目にすることはまずないが、梅を一回り大きくしたような緑色の果肉が実り、その種子の中

しかし四月に入ると、形勢は逆転する。ハムシーン▼2という中東全体に吹く埃まみれの季節風がぶわっとした暖気を運び、大気を黄色く濁らせる。いつも変わらぬ深い青色で目を楽しませてくれていた地中海も、この時期ばかりはぼんやりしていて、水平線さえ判然としない。そんな中あちこちでエアコンが一気に稼働し始め、バスも図書館も容赦なくキンキンに冷やされる。冷房に弱い私には、迷惑この上ない。さらに追い討ちをかけるように私の気を滅入らせるのは、四月中旬ころから五月まで、イスラエルのユダヤ人に関わる祭りと祝日がダダーッと続き、国中が愛国気分で充満することだ。一連の騒ぎが終われば夏はすぐそこ。ぎらぎらした太陽光線と白い反射光に目は眩み、逃げ場のない熱気の中で喘ぐような日々が続く。

愛国気分高揚の儀式の先陣を切るのは、「ペサハ」というユダヤ教の祭りだ。「過ぎ越しの祭り」と言えば、耳に覚えのある人が多いだろう。ユダヤ教の祭りだから、本来はイスラエル国家とは無関係なはずで、世界各地のユダヤ人が祝う祭りである。しかし、何しろこの祭りの後に、イスラエルでは「建国記念日」が来るのだ。そのために、四月あたまからぼちぼち公道脇の花壇が整備され、国旗が飾られ始める。それと時を同じくして、各家庭ではペサハの準備のための大掃除がある。建国記念日に向かうムードの中に、七日間（イブも入れると実質八日間）のペサハの祭りが埋め込まれた格好だから、これが愛国的な気分に回収されていくのは必然というものだ。

加えてペサハの持つ意味づけ自体が、愛国モードに共鳴してしまう。これは旧約聖書の

にある仁を乾燥させたものを食用する。中東の庶民は、こうしたナッツ類や豆類を乾燥させたり煎ったりする前に、生の状態でも食べる習慣がある。

▼2 ハムシーン　二月末から四月末にかけて、サハラ砂漠からエジプトの方向に吹く風で、熱帯モンスーンの一種。ハムシーンとは五〇の意味で、およそ五〇日間続くことに由来すると言われ、気温の上昇で発生した低気圧が砂漠の少ない水分を吸い上げたものが、断続的に吹く。英語でもKhamsinという語が使われている。

「出エジプト記」に由来する。かいつまんで話をまとめておこう。……訳あってエジプトに移住したイスラエルの民は次第に子孫の数を増やしたが、そのうち数が増えすぎてエジプト人に敵視され、重労働を課されるようになった。そこで、神の命令を受けたモーセ[▼3]が指導者になってエジプトを去ることになったのだが、彼らの労働力を惜しんだエジプト王はそれを認めない。対抗手段として、神はエジプトに厄災をもたらした。川の水を血に変えたり、エジプト中に蛙やブヨ、アブを異常発生させたり、疫病を流行らせたり、等々……。はっきり言って、エジプトの民はたまったものではなかっただろうと思う。エジプト人が支配階級であったとしても、彼らとてエジプト王の抑圧の下にいたわけだろうに。最後のだめ押しのように、神は真夜中にエジプト中の家の初子を殺す。ところがイスラエルの民の家は、神の言いつけどおり、子羊の血を入り口に塗っておいて目印にしたため、神はそこを過ぎ越して子どもを生かしておいた。エジプト中が子どもの死に悲しみ動揺している中、イスラエルの民はエジプトを出る。

「過ぎ越し（**pesach/passover**）」という意味の祭りは、この逸話に由来する。エジプトでの苦難を思い出し、出エジプトと奴隷状態からの解放を祝い、記念する祭りである。何とも一方的で身勝手な話ではないかと思うのだが、多かれ少なかれ自分たちにとって都合の良い神話というものを持っているのは、どこの共同体にも言えることだ。神話としてだけなら、こういう話は興味深く面白い。しかし問題なのはこの神話が、現代シオニズムの中で利用されていることである。

▼3 **モーセ** ヘブライ語ではモシェ。旧約聖書の「出エジプト記」によれば、モーセが誕生した当時、イスラエル人はエジプトで奴隷として酷使されていたが、モーセは数々の妨害を打破して、彼らをエジプトから連れ出すことに成功した。なお、アラビア語ではムーサーと呼ばれ、クルアーン（コーラン）にも頻出する。ムスリムの名前として、現在でもよく使われている。

毎年ペサハが近づくと、出エジプトの神話にかこつけて、現代のユダヤ人がどのようにしてもともとの居住地から出てイスラエルにやって来たかというエピソードが、メディアの中で垂れ流される。特にアラブ諸国に住んでいたユダヤ人が、差別され迫害され、ようやくイスラエルに「戻って」来た顛末や、自由を得た喜びが回顧されたりする。無論、パレスチナ人を追い出して強引に国を作ってしまったのだから、直接シオニズム運動に関わりのなかったユダヤ人も敵視され、苦労を味わわされただろう。それは不当なことだったに違いなく、だからこそ、ニワトリと卵を混同してはいけない。少なくとも中東においては、イスラエルの建国こそがユダヤ人への敵視を生んだのであって、ユダヤ人迫害の責任は、イスラエル国家がパレスチナ人に対して暴力的な形で建設されたことにこそある。

ペサハの最初の夜の晩餐は「セデル」と呼ばれ、一通り手順の決まった儀式が各家庭で行われる。宗教的な家庭でなくても、伝統行事として大抵の家庭で行われている。というよりも、もともとセデルなどしなかった非宗教的な家庭が、イスラエルに移民したことをきっかけにセデルを行うようになる、という傾向がある。家中の人間が一堂に会し、読誦の文句を書いたハガダーと呼ばれる小冊子を片手に長い儀式を行い、その後に食事をとる。日本の正月と同じで、結婚して別所帯を構えた子ども夫婦も、孫を連れて夫婦どちらかの親の家に行く。儀式を執り仕切るのはその家の男性家長だ。この儀式は長いので、かなり疲れるしお腹が空く、らしい。

お客を招くことは良いこととされており、非ユダヤ人を招いてくれることもある。アラブ人の場合、クリスチャンやドゥルーズ[4]ならば招待された経験を持っている人も少なくないようだが、ムスリムのケースについては知らない。二〇〇五年のペサハで、私も初めてユダヤ人の家庭に招かれた。

　この目で見たことがないのだから、緊張感かつ恐怖感さえあった。神妙な顔をして行う静粛な儀式が思い浮かぶ。イスラエルのユダヤ人の日頃の大雑把さに似ず、この儀式だけはキチンとした秩序が支配する。遅刻は絶対に許されない。儀式が始まってから、ドアホーンが鳴ったりしては興醒めだからだ。……ペサハの儀式に対するこのような私のイメージは、主に写真やイラストの付いたユダヤ教の各種解説書によって作られたはずである。

　それとは趣の異なるものだが、芥川賞を取った『過越しの祭』という小説もある。語り手は、アメリカのユダヤ人との間に、障害のある子どもを持っている日本人女性で、その苦労の日々を、過ぎ越しの祭りの日の出来事と重ねて回顧している。日頃の恨みを積もらせた妻は、夫の家族に義理を果たすことには消極的で、夫の方はヤキモキしている。小説としての出来はともかく、過ぎ越しの祭りが日頃ユダヤ教には無縁な世俗的ユダヤ人にとっても大切な、家族や親族間で欠かせない義理となっている行事であることはよく分かる。[5]

　当日の夕方、言われたとおり七時にじゅうぶん間に合うよう、早めに家を出た。この日は土曜日でそもそも休日だということもあり、店は閉まっているし車もほとんど通っていない。ようやく乗れた乗り合いタクシーの中は、着飾った女性や、花を持った人たちばかりだ。目的の家の近くと思われる場所で降りた私も、奮発して大きな花束を買った。まだ時間に余裕

▼4 **ドゥルーズ**　イスラームから分かれた宗派。宗派名およびそれに属する人々を指す。イスラエル国内では、男子のドゥルーズは兵役に就くため、ユダヤ人社会から自分たちの仲間とみなされる傾向にある。第四章も参照のこと。

▼5 **『過越しの祭』**　一九八五年芥川賞受賞作、著者は米谷ふみ子。ユダヤ系アメリカ人の日本文学研究者デイヴィッド・グッドマンは、この作品について激しい批判を行っている。『過越しの祭』は閉ざされた作品

があるはずだが、地図で確かめたはずの道路の名が付いた標識が、なかなか見つからない。セデルを執り行う家は知り合いの実家であり、初めての訪問先なのだ。道を聞こうにも、もう誰も歩いていないではないか。ここはユダヤ人地区であり、セデルが始まってしまえば皆、家の中にこもっていることになるわけだ。だんだん焦ってくる。しかも、先方の電話番号を書いたメモを忘れて来るという大間抜けである。定刻を過ぎたら、もう訪ねて行けないし、帰るための車も見つからない！　気前よく買った花束がやたらに重たくなり始め、一瞬絶望しかけた。

七時を少し過ぎてしまって、全身に汗をかきながらようやく辿り着いてみると、どうも様子が違うのである。リビングでは、マットの上で小さな子どもがブロック遊びなどしている。キッチンの方で用意が進んでいる様子だが、想像した厳粛なムードはかけらもない。とにかく遅刻してホストの気分を害することだけは免れたので、もうどうでもいい気分だった。そのうち、ようやく家族が集まった。普段は離れて暮らしている人々なので、ほとんどの人が私にとっては初対面だ。老夫婦に、三〇代・二〇代の子ども三人と、その連れ合いと小さな子どもたち。フィリピン人の若い女性が登場し、私のように招かれた客だと思っていると、ホームヘルパーとして雇われている人のようだった。▼6　特に説明はされなかったが、一〇歳くらいの双子の女の子が知的障害を持っており、その世話をしているようだ。家族同士、写真を撮ったり、プレゼントを交換したりしてのんびりと談笑している。もしかすると、この家

である。選考委員に評価された、大阪弁を導入した文体にしても、主人公の内面の言葉であり、まわりのガイジンどもにわからない言語として用いられている」。そして過ぎ越しの祭りは人間の解放と自由とは何かを吟味するための祭典であり、生半可な知識でもってそれを歪曲・罵倒するだけの「文学」を奨励するのはおかしい、と述べている。

▼6　イスラエルの外国人労働者数は、ピークの二〇〇一年でおよそ二四万三千人に達した。男性のルーマニア人、タイ人、フィリピン人、中国人などが建設現場やキブツで働く一方、フィリピン人や中国人の女性が高齢者や障害者などのケア・ワーカーとして、主に家庭内で働いている。

ではペサハの初日に家族が集まるだけで、例の儀式はやらないのではないか？　という疑惑さえ沸き始めた。

……ようやくテーブルへと促されたのは、夜九時である。本や新聞で見る、セデルの儀式用に整えられた食卓▼7を見て、私はほっとした。

席順が決まり、さて、というところでガチャン、とグラスの割れる音。子どもが落としたのだ。ムードはあくまで和気あいあいということで、誰も顔をしかめたりはしない。おじいさんがやおら立ち上がり、何となく調子外れのような節を付けて、章句を読んでいく。私は目で追っていくのもやっとだが、せっかくの機会なので真面目に文字を追う。「すごい真面目に読んでるわねえ。めずらしいんだね」と冷やかされた。気がつくと本を開いて熱心に文字を追っているのは、進行役のおじいさん以外では私だけだ。ほかの人は子どもに目が離せず、何だかんだと頻繁に席を離れるし、若いカップルはずっと関係ないおしゃべりをしている。おじいさんも、特に場を仕切ろうとするわけでもなく、一人で淡々とこなしている。「さあここで乾杯だ」とか「さあ、ここで手を清めるんだよ」などと、本に書いてある通りに従う。参加者一人ずつが、順番に読んでいく部分もある。これは私が密かに怖れていた最大の難関だったのだが、こんなにくだけたムードの儀式だったから、特に緊張して声が上ずったりもせず、無難にこなす。考えてみれば当然なのだ、堅苦しい儀式なんて大嫌いなイスラエル人が、仰々しくこんな儀式をやるわけはない。ただし、宗教的な家庭の場合は、全く別なのかもしれないが。

▼7　**セデルの食卓**　パセリなどの苦菜、リンゴとナッツ類とワイン・スパイスを混ぜたもの、固ゆで卵など六種類の食材が丸い皿に並べられ、儀式の進行の中で使われる。たとえば苦菜はエジプトでの苦役の象徴とされ、固ゆで卵は古代神殿の喪失を象徴するなどとされている。

気がつくと、子どもたちがいない。じっとしていられないので、母親がどこかに連れて行ってしまったようだ。場は明らかに求心力を失っていたが、おじいさんは一人で詠み続けている。苦み野菜を口に入れるという儀式が何度かあり、「これはエジプトでの苦難を思い出すためなんだよ」などと丁寧に解説してくれる。何しろ熱心に付き合っているのは私だけなのだ。「僕ももう逃げたくなったよ」と、隣に座った知人が私に言う。「これを全部詠むんだからね。時間かかるよ」。もう一人の娘は「今年のペサハは恥ずかしいわ。みんな途中でいなくなっちゃうし」などとぶつぶつ言いながらも、成り行きに任せていた。

端折ったのか、最後までやったのかよく分からなかったが、ようやく一〇時半ごろになって「さあ終わりだ」ということになり、ご馳走が並び始めた。儀式の後に本当にご馳走が出てくるのかということも、確信がなくなっていた。いざ出てくると、このご馳走はすごかった。スープ、サラダ数種類、ご飯料理二種類、肉料理二種類、デザート二種類。ペサハ中は、パンを食べることは禁止なのだ▼8。その後の歓談は夜一時過ぎまで続き、私は満腹で眠くなってきた。あんなに緊張していたのが嘘のようだ。無論セデルのやり方は各家庭それぞれなのだろうが、それにしても本による知識はあてにならないものだ、と思うことしきりだった。

▼8　エジプト人の初子が皆殺しにされるという災いの後、エジプト人はイスラエルの民をせき立てて国から出すことにした。そこで彼らは酵母を入れたパンを用意する暇もなく、パンの練り粉を粉ねて鉢ごと包み担いだ、と「出エジプト記」にある。この出来事を記念し、ペサハ中は普通の（パン種の入った）パンを食べることが禁じられ、代わりにマツォートと呼ばれる、パサパサのクラッカーのようなものを食べる。発酵の作用で膨らむことが罪の象徴と考えられ、転じてビールの泡や炊飯による米の膨張もペサハ中はタブー視される場合がある。

ポップでキッチュなイスラエル国旗！

この家庭のおじいさんとおばあさんは、共にエジプト出身のユダヤ人だ。▼9 一九五〇年代初頭、彼らにしてみればまさに現代の「出エジプト」を行ってイスラエルにやって来たというわけである。彼らの政治的な立場や対アラブ人観については、ほとんど分からない。しかし非常に感じのいい家庭で、少なくとも、アラブ人に対する排外的な発言などを耳にすることは全くなかった。おじいさんは全く威張ったそぶりもなくむしろボケ役で、かといって存在感が薄いわけでもない。ぼそっと気の利いた冗談を言ったかと思うと、キッチンに立って皿を片づけ始めたりする。大きな皿洗い機があるので楽そうではあったが、アラブ人の家庭では、この年代の男性が家事をやる姿など絶対に目にしないため、その姿は私にとって非常に新鮮だった。

エジプトのユダヤ人は、ユダヤ人という民族意識よりも、社会の上流に位置するヨーロピアナイズされた人間としての自己意識を持っていた、と言われている。この夫婦は、お互い同士ではヘブライ語ではなく、何とフランス語で会話をしていた。彼らの母語は当然アラビア語だろうと私は思っていたのだが、子どもの時は二人とも、家庭でフランス語を話していたというのだ。アラビア語は近所の人との付き合いの言葉であり、学校で教科として習った

▼9 **エジプト出身のユダヤ人** 一九四八年まで、エジプトには七万五千人から八万人のユダヤ人がいたと言われる。イスラエル建国宣言に続く第一次中東戦争、一九五六年のシナイ戦争、六七年の第三次中東戦争と、イスラエル・エジプトの間で戦争が起こるたびにエジプト国内でユダヤ人を排斥する動きが強まり、ユダヤ人はイスラエルのほかフランス、アメリカ合衆国、ブラジル、アルゼンチンなどに向けて出国した。

▼10 **テクニオン** イスラエル工科大学。イスラエル建国前の一九二四年、パレスチナのハイファに開校された。一九一二年の建設着工後、教育言語をヘブラ

言葉なのだという。彼らの上の娘と息子はテクニオン▼10を卒業。もう一人の娘はテルアビブで俳優養成学校に通っている。夜一二時過ぎにこの娘のボーイフレンドが登場し、おばあさんに分厚い歴史の本をお土産に持ってきた。私の知るアラブ人の家庭では「あり得ない」雰囲気に、驚くばかりである。

彼らはおそらく、右派の入植者とも宗教的なユダヤ人とも全く違うメンタリティの持ち主なのだ。アラブ人に対しても、粗野な蔑視感情など決して持ち合わせてはいまい。それでもシオニストには違いないだろうし、イスラエル国家に対して真っ直ぐな愛国心を抱き、その立場からアラブ人とも平和共存したいと願っている、ハイファのリベラルな中流市民の典型的なイメージに合致する人々なのだろう。

歓談中、長男のガールフレンドの女性が、自分がもらった贈り物のアクセサリー類を取り出して、身に付けては解説した。「これは独立記念日につけようと思ってるの」というネックレスは、イスラエル国旗を意識したのか、水色の石を使った物だった。独立記念日は、ユダヤ人家庭の多くがピクニックをし、バーベキューなどを楽しみながら、思い思いにのんびりと過ごす。▼11熱狂的な興奮は見られないが、その呑気な一家団欒は、その同じ日がパレスチナ人の故郷喪失・離散を象徴する日だという記憶を完全に閉め出してしまう。独立記念日ばかりは、たとえ誘われてもユダヤ人一家の祝い事には合流したくはない、とこの時思った。

ペサハが終わると、再び街は一気に「独立記念日近し」というムードに戻る。といっても、

イ語にするかドイツ語にするかの議論が起き、開校は一九二四年まで延びたが、ここでヘブライ語の大学教育が初めて行われることになった。技術開発によって国を支え強大にするという建国の理念が強く押し出され、同大での産学軍共同の研究プロジェクトは国防にも大きく影響している。

▼11 **独立記念日のピクニック** イスラエルの独立記念日（ヨーム・ハアツマオート）に、家族で車で出かけ、近くの公園などでバーベキューをして過ごすことは、イスラエルのユダヤ系市民の「国民的行事」として知られている。アメリカの習慣が持ち込まれたようだ。他方、イスラエル建国によって国内難民となったアラブ人は、この日だけはもともと住んでいた村を訪問することが許されていたという。ミッシェル・クレイフィー監督の映画「マアルール村はその破壊を祝

ペサハ前は一般のユダヤ人が掃除や買い物に忙しく、日本で言う師走の雰囲気に近かったのに対し、もうこれからは本来、行政のお仕事である。前述のごとく、街がきれいに整備され始め、主要な広場などには、イスラエル国旗が各自治体の旗と一緒に並んで飾られる。加えて一般人も、自分の家の窓や自家用車に国旗を飾る。独立記念日を前にしての国旗の氾濫というこの現象、知っている人にとってはやや食傷気味の話題でもあるが、一九九九年の国旗国歌法以降、一段と強制の度合いを強めている日本の「日の丸・君が代」の問題を意識しながら、イスラエルの国旗状況を紹介しておきたい。

イスラエル国旗は、▼12 ご存じの通り白地に青い横線が上下に二つ、そして真ん中に「ダビデの星」がある。見たくないものを見せられる「視覚の暴力」をこの国で毎日のように味わわされるたびに、いろいろ考えたものだ。イスラエル国旗は「日の丸」と奇妙な対照をなしていて、見方によっては「似ている」と言える。大体私の知る限り、白地に別の色を一つだけ落とすというデザインは、世界の国旗の中で、この二つ以外にはフィンランドの国旗▼13があるくらいだ。「日の丸」の、寛大そうに見せながら異なるものをはねつける円環と、イスラエル国旗の、神経質そうで硬質なライン。かたや白地にくっきりとした赤、かたや白地に濃い青。二色しか使わない国旗はいくつかあるが、白地にくっきりとした原色

ハイファ市の式典の広告
「独立記念日おめでとう」

う(Maalul festeggia la sua distruzione)」(一九八四年)はその日をめぐるドキュメントである。

▼12 白地に青い横線は、タリートと呼ばれる礼拝用のショールのデザインに由来する。「ダビデの星」を用いたデザインが何通りも考案され、最終的には一八九八年、スイスで行われた第二回シオニスト会議で決められた。後に建国されたイスラエル国家はこの旗を国旗として採用するが、もともとはいくつもあるユダヤ人の運動の一潮流に過ぎないシオニズム運動のシンボルとして決められたものだった。

▼13 フィンランドの国旗も白地に青のスカンジナビア十字を描いたもので、白地に原色(青)が落とされたデザインという点では同じである。白は雪、青は湖を示すと説明されている。

を落としたデザインは、ほぼ日本とイスラエルの旗だけに共通する点で、だからこそこれが、他者排除と自らの高潔性・優位性を誇示するデザインに見えてしまうのだ。白と青の組み合わせは、一般的には「さわやかさ」「すがすがしさ」を連想させると思うのだが、イスラエル国旗に用いられた途端、それは暴力を伴った「汚れなき潔癖性の維持」を象徴する組み合わせ、つまりパレスチナを抹殺する「消毒」「無菌状態」のイメージと結びつく。……まさにこれは、イスラエルの旗ではないか。

このように妙に同類めいた二つの旗だが、扱われ方に関してはまるで対照的で、ある意味興味深い。独立記念日を前にした時期、行政の整備する国旗よりもずっと、街角で個々人が飾る国旗が目立つ。車に立てるための小旗を、子どもなどが路上で売る。信号待ちの車のドライバーが、窓から手を出して金を払う。これは小さくて安価だし、場合によっては左右に二つ飾ってたなびかせながら走る車もある。それから個人の家の窓辺だ。これはかなり大きいものを飾るから、そうそう毎年買い直すわけにもいかないのだろう、遠目にも灰色に薄汚れて見える国旗も多い。それから洗濯ばさみで留めているベランダなどもたまにある。洗濯物が干してあるみたいだ。「そんなことではかえって不敬ではないのか」と揶揄もしたくなる。それよりも不思議なのは、家中にある旗を皆見せびらかしたいかのように、いくつも旗を並べる飾り方だ。数が増えるほどありがたみが減って安っぽくなるから、何となく滑稽に

公道沿いの、ある家のベランダ

路上で売られる国旗

金物屋の入り口で

国旗を付けて走る車

おもちゃ屋さんの入り口

あるカフェテリア

主要道の電信柱は、みなこんな感じ

ある家のベランダ

ショッピングセンターの正面

感じる。一方商店や銀行は、きれいな旗を仰々しく出そうとしていることも多いが、やはりそれも過剰で、品のなさを感じさせる。

旗を売るのは、日本のように専門店などではない。アクセサリー店や雑貨屋、新聞・缶ジュースなどを売る小さな売店でも扱っている。安っぽい材質で出来た小ぶりの旗なら「何でも五シェケル（約一二五円）」の安売りショップでも通年売られている。と思っていると、袋入りの国旗が新聞の中に挟まれているのに気付いた。日本でもたまにゴミ袋などが新聞販売店のサービスで折り込まれているが、そういう調子でテカテカとした材質の国旗が新聞に折り込まれているのだ。これでは安っぽくなるのも当然で、私は何だか感心してしまった。

日本の場合、「国旗掲揚」はただ揚げればいいというものではなく、「国旗に相応しい」掲揚方法が求められているわけだが、イスラエルの場合、「数が多ければ多いほどいい」し「目立って、祝祭気分に花を添える」のであれば何でもいいことになる。国旗の重要な意匠である「ダビデの星」が、それだけでアクセサリーに使われていることも多い。今回改めて街を歩きながら、私自身、イスラエル国旗に対する生理的嫌悪感を以前ほどには強く感じなくなっている、ということに気付いて愕然とした。洋服屋さんの入り口で見つけた、国旗を持ったマネキンを見て、一瞬「かわいい」と思ってしまったくらいだ。大衆が自分のセンスで飾り立てる、ポップでキッチュなイスラエル国旗。内心

洋服屋の入り口で

呆れ、馬鹿にしながらも、「日の丸」とは全く質の違う押し出し方に不意を突かれ、お祭り気分だけは身体が共鳴していることに気づくのだ。

こんなことは「日の丸」ではあり得ない。「日の丸」は周囲を威圧し、身体をこわばらせ、空気を固定させる。決して「数あってなんぼ」のものではなく、それ自体を偉くて高貴なものとして演出することこそが重要だ。街中のごちゃごちゃした場所にあっても風景に埋没・一体化することはなく、周囲から浮き上がり、仰々しく存在する。だからこそ「日の丸」が完全に大衆化することはないのだし、それが体制側にとってのジレンマでもある。

また、日本では学校の卒業式と入学式が「日の丸」強制のための中心的な媒体になっているが、イスラエルの一般の学校の場合、そもそもそのような儀式がほとんど存在しない。イスラエルの学校は「規則正しい生活」や儀式での身体の動かし方を教える場所ではなく、そういう事柄を教え込む場所は軍隊なのである。軍人や政治家が国旗に対して仰々しく「敬意ある態度」をとっている場面はテレビなどで見るし、国旗取り扱いに関する法律も実際には存在する。だが少なくとも、日常生活における国旗のありようは、全く別次元の話になっているのである。

愛国モードに抗する、オルタナティブ

こんな状況で、国旗を嫌だと感じる人々は、一体どうしているのだろう？

イスラエル国旗に反対したり国旗の改変を求めることを主要なテーマにしたイスラエルの中のアラブ人の運動団体の存在は、聞いたことがない。しかしイスラエルの差別政策などが話題になるとき、アラブ人はよく国旗のことを例に出す。「イスラエルの旗をご覧よ。あれはユダヤ人のことしか代表（表象）していないじゃないか。私たちアラブのことを表してはいない」。しかし、イスラエルの学校で儀式がほとんどないことも手伝ってか、強制されたという記憶を強烈に持つ人はあまりいない。

ある友人はこう言う。「一般的には、各学校にはイスラエル国旗が掲揚されてなきゃいけない、と聞いたことはある。でも自分の学校に旗があったかどうかは、覚えていない。毎年必ずやる儀式？　そういうのはなかったね。……今思い出したけど、一度、確か高校の時、学校に来賓があって、その時は旗を飾らされた。誰だか覚えていないけど、ユダヤ人。たぶん教育省の人だったんじゃない？」。

イスラエル建国から間もない五〇年代の建国記念日に、アラブの町や村で、ユダヤ人の町以上にたくさんのイスラエル国旗が揚がっていたことを皮肉っぽく描いたのは、イスラエル

のアラブ人作家、エミール・ハビービーだった。▼14 軍事政府のもとで管理されていたのだから、やむを得ない面もあっただろう。しかし八〇年代くらいから、イスラエルのアラブ人居住区で、国旗掲揚が見られなくなったということが指摘されている。曲がりなりにも社会的経済的な力をつけ、それでも対等に扱われないことへの彼らの不満が、そのまま現れているのだろう。第一次インティファーダの開始以降、占領地のパレスチナ人への連帯感も手伝って、イスラエルの大学の中で、アラブ人の学生がイスラエル国旗を燃やす抗議行動も見られ始めた。

抗議の意思表明として国旗を焼くという行為がうまいやり方だとは、私には思えない。何かの局面でそうした表現が力を持つことはあるだろうが、象徴的な行為として儀式のようにそれを行っても、敵対的な立場にある人間のファナティックな情動を、いたずらに刺激するだけだと思うのだ。旗の存在をうまく揶揄するようなパフォーマンスでもあれば面白いだろうが、私が見るに、旗が過剰に氾濫する状況それ自体が既に滑稽であって、それを上回るような面白い状況を抗議のための表現として作り出すのは、至難の業なのだ。

ハイファ大学で、ユダヤ人の学生から簡単な聞き取りをした時だ。たまたま話がアラブ人の「過激派学生」に及んだ。「イスラエルの政策に反対するのはいいんです。民主主義国家だし、言論の自由はある。でも、イスラエル国家のシンボルを傷つけるのは、非常に攻撃的な行為です。彼らは口では『自分たちは反イスラエルではなく、政策への意見表明をしているんだ』とか言うくせに、実際の行動では反イスラエル的なことをしているんです」。第一次イ

▼14 **エミール・ハビービー** 一九二一年、ハイファ生まれ。一〇代の頃からパレスチナ共産党の活動に参加し、イスラエル建国後はイスラエル共産党の創立メンバーの一人となる。アラブ人党員とユダヤ人党員の宥和に努め、一九五二年から国会議員となる。作家としても活躍し、一九七四年に書かれた代表作『悲楽観屋サイードの失踪にまつわる奇妙な出来事』（山本薫訳、作品社、二〇〇六年）はアラブ世界各地で衝撃をもって迎えられた。

▼15 **アハマド・ティービー** 一九五八年生まれ。産婦人科医で一九九九年から現在まで、国会議員を務めている。タジャンモウ（第六章註131参照）に属していたが、のちに一人政党「変化のためのアラブ運動」を作り、二〇〇六年の選挙ではイスラーム運動系の「統一アラブリスト」と共闘した。

ンティファーダ勃発直後に、ハイファ大学のキャンパスでアラブ人学生が国旗を焼いた光景が忘れられない、と彼女は言った。「イスラエルの大学で勉強し、イスラエルで暮らしていくなら、反政府的な言動をすべきじゃない。国家は、彼らのためにもたくさんの予算を使っていて、彼らはその恩恵を受けて学生生活をしているんだから」。決して彼女に共感したわけではなかったが、国旗を焼くという行為が表現として何も伝え得ないこの国の状況を、改めて感じた。

現在のイスラエル国旗についてのアラブ人の態度については、イスラエルのアラブ議員の発言も注目に値する。共産党系の統一会派に属していた国会議員アハマド・ティービー▼15はこう述べる。「イスラエル国歌の象徴と儀式はすべて、変更するべきだ。イスラエル社会の完全な参画者・市民として我々（イスラエルのアラブ人）を遇しようと思う人間は誰でも、この我々の立場に目を向けなくてはならない」。また「統一アラブリスト」▼17の前国会議員タレブ・アッ＝サーニウ▼16は一九九八年、国会に国旗と国歌を変更することを可能にする法案を提出している。「大統領が、アラブ人とユダヤ人を含むイスラエルの全市民を代表しているように、国旗と国歌も、一部ではなく全市民を代表しなくてはならない。今あるのはイスラエル国家の国旗でも国歌でもなく、イスラエル国家が成立する以前からのシオニズム運動の歌と旗なのだ」。反イスラエルではなく、イスラエル国家の枠内で対

▼16　**タレブ・アッ＝サーニウ**　一九六〇年、ネゲブのベドウィンの家庭に生まれる。一九九二年以来の国会議員で、現在「統一アラブリスト」議長。

▼17　国歌「ハティクバ」については第三章参照。

ある公立小学校

等な市民権を要求する立場は、占領地のパレスチナ人のそれとは全く違うが、イスラエル国家の持つ性格に挑戦するという意味で、重要なものだと思う。

一方、まさに反イスラエル国旗の運動としては、実はユダヤ人自身の、それも宗教的なユダヤ人の運動の方がずっと大きく、また過激だ。

信仰深いユダヤ人の中には、イスラエル国家の存在を決して認めない人々がいる。ユダヤ人の国は神の意思によってこそ実現されるのであって、人間の手によるシオニズム運動の結果生まれた現在のイスラエル国家は、ユダヤ教の教えに反していると見るからだ。私自身はこうした運動に関わっている人々を直接には全く知らないのだが、あるサイトでは、正統派ユダヤ教徒による反シオニズム・グループのごく一部として、一九の団体が挙げられている。[18] その中でもネトゥレイ・カルタ（Neturei Karuta）は最も有名な団体だと思う。この団体のサイト[19]を開くと、黒装束・長い揉み上げという正統派ユダヤ教徒の格好をした人々が、「シオニストはユダヤ人を代表していない」などといった「反イスラエル」のスローガンを掲げてデモを行っているような写真が目に飛び込んでくる。また、検索欄で「旗（flag）」と入れて検索すれば、イスラエルの国旗を燃やす行動の報告をリアルな映像入りで見ることも出来る。旗を燃やす運動に抵抗のある私も、他ならぬ敬虔なユダヤ人自身がこういう行動に打って出ている映像を初めて見たときの衝撃は、忘れられない。アラブ人が国旗を燃やすことに不快感を隠さないユダヤ人に対しても、こうしたユダヤ人自身の運動を紹介してあげるのが一番説得力を持つはずだ。ただしこうした運動は、イスラエルよりアメリカでのほうがずっ

▼18 非シオニスト・ユダヤ人 http://www.jewsnotzionists.org/

▼19 http://www.nkusa.org/

▼20 **ショアー記念日** 正確には「ショアーと英雄のための記念日」（ヨーム・ハショアー）。ペサハ最終日から数えて六日目の、ユダヤ教の「ニサン月」二七日に決められている（西暦

と強い。

彼らのような非シオニストの敬虔なユダヤ人が、今あるイスラエル国家を認めないことの徹底ぶりはすさまじく、常に「いわゆるイスラエル国家」「いわゆるイスラエル独立記念日」という書き方がされる。ネトゥレイ・カルタの場合、全パレスチナ人のパレスチナへの帰還権を主張し、パレスチナ自治政府とも協力し合っており、パレスチナ人との平和的共存への意思は本気である。そうは言っても、パレスチナ人の権利回復に第一の比重を置く立場とは異なるし、すべてユダヤ教の教えに依拠して主張を行うのは、一種の宗教的原理主義ではないかという疑念を払拭できない。その上で、こうした運動がシオニズムの「化けの皮」を剥ぐことに貢献している点には、大いに注目したいと思う。

実はペサハと建国記念日の間に、また別の重要な祝日がある。「ショアー（ホロコースト）と英雄のための記念日」▼20と、独立記念日前日の「イスラエル国防軍戦没者記念日」▼21だ。両方とも休日にはならないが、公式の儀式があり、公共機関の窓口はそのために早く閉められる。ショアー記念日の場合は朝一〇時、戦没者記念日の場合は前夜八時と当日一一時にサイレンが鳴り響き、二分間黙祷をすることになっている。

初めてこの黙祷に居合わせた時は、やはり驚いたもの

食品会社の広告「独立記念日おめでとう」

では、四月の半ばから五月初旬までの間）。ヒトラー政権やドイツ占領地域で行われたユダヤ人の組織的絶滅作戦を記念する日を特定の一日に決めるまでには多くの議論が費やされたが、結局、ワルシャワ・ゲットー蜂起（一九四三年四月一九日から五月一六日）の期間中であるこの日に決められた。無抵抗のまま殺されていった「弱い」ユダヤ人を記念するのではなく、ゲットーで起きた生存のための闘いを現代のイスラエルのなかで再現し、愛国主義と結びつけるためのイメージ操作である。

▼21　**戦没者記念日**（ヨーム・ハ＝ズィカロン）正確には「イスラエル戦没者とテロリズムの犠牲者記念日」。前項のショアー記念日から一週間目、独立記念日の前日であるイヤール月四日と決められている。

だ。大学のキャンパスを見降ろせる場で見ていると、サイレンと同時にピタッと人の動きが止まるのだ。戦没者記念日のサイレンの時は、バスに乗り合わせていた。いきなりバスが止まり、座っていた乗客が一斉に立ち上がったのである。サイレンに気づかなかった私は動揺した。この国ではなるべく目立たず暮らしたいと思ってきた小心者の私だが、いくらなんでもイスラエルの戦争の戦没者に対して、立ち上がって黙祷なんか出来るわけない。二分間の長かったこと。窓の外を見ると、車のドライバーは車から降りて直立していた。

それにしても戦没者記念日の翌日が独立記念日、というのは全く分かりやすいというか、見え透いた感情操作だ。二つの追悼記念日の後、いきなり「明るく楽しい独立記念日」が来るという安っぽさは、キッチュな国旗によるお膳立てに、全くよく見合っているではないか。

二〇〇五年のショアー記念日の夜、オルタナティブな取り組みとして、非シオニストの歴史学者イラン・パペ▼22を囲む小さな集いがあった。ナチズムの時代、強制収容所で虐殺されていくユダヤ人を救出することをユダヤ人機関がまともに検討しなかったにも関わらず、建国後のイスラエル国家はショアーの記憶を国民意識の強化のために利用した。そうした経緯についてパペが概論を述べ、その後は自由な討論となった。必ずしもパペの見解には与しない人々も、様々な自説を展開し始めた。討論は次第に散漫になっていったが、ショアーの記憶と、パレスチナ人のナクバの記憶を結びつけることが必要ではないか、というパペの静かな主張は、心に残った。社会的なインパクトからすれば全く取るに足らない規模の集まりだっ

▼22 **イラン・パペ**(Ilan Pappe) 一九五四年、イスラエルのハイファ生まれ。明快な反シオニズムの立場に立って歴史研究を続ける、イスラエルのアカデミズムに身を置く学者としてはほとんど唯一の存在と言える。オックスフォード大学に留学し、第一次中東戦争に関する論文で博士号を取得。帰国後、ハイファ大学で教鞭をとり、シオニズム批判から研究を積み重ねる。一九四八年に起きたタントゥーラ村でのパレスチナ人虐殺事件を扱ったユダヤ人学生の論文を擁護したことでハイファ大学を追放されかけるが、パペに対する国際的な支持の声が集まり、処分は覆った。二〇〇七年からイスラエルを離れ、エクセター大学教授に就任。近著 *The Ethnic Cleansing of Palestine*, Oneworld Publications, 2006
また日本語テクストとして、『イラン・パペ、パレスチナを語る「民族浄化」か

たろうが、他ならぬショアー記念日に、ユダヤ人側のイニシアティブによってこのような集まりが開かれることの意味は、決して小さくない。特定の集団に対する大量虐殺という出来事は歴史上何度も起こっているし、ショアーによる犠牲者はユダヤ人だけではない。にも関わらず、ショアーをユダヤ人だけに起きた特別な出来事として語るという、イスラエル国家によるショアーの記憶の独占こそが、パレスチナ人への暴力を正当化する力学として働いているのだ。

安っぽい言説がはびこるこの国で、まともに歴史を振り返る作業が正統に評価されることは、いつ、どのような力学によって可能になるのだろうか。愛国気分に浮かれたイスラエルの春先のムードは、楽観的な気分をなかなか与えてくれない。

イラン・パペさんを囲んで（2005年5月5日）

ら「橋渡しのナラティヴ」へ』（ミーダーン〈パレスチナ・対話のための広場〉編訳、つげ書房新社、二〇〇八年）

第二章

歴史の破壊と断絶の場

「キブツ」から過去を凝視する

それはキブツからはじまった

イスラエルと聞いて咄嗟に「キブツ」[23]を連想する人間は、世代的にはどのくらいまでなのだろうか。それに、社会主義、実験的共同体、ユートピア、等々のイメージを懐かしさやほろ苦さとともに回顧するか、単に暗色の地理世界史用語集と蛍光マーカーの中の「キブツ」という用語を思い出すかでは、大分違ってくる。

「キブツは農業を中心とした同志的共同体であり、すべての生産、消費を共同化し、私有財産を持たない一体化社会であり、全員が労働者であって、全員が経営者である。平等観と労

▼23 **キブツ**（キブーツ）ヘブライ語で「集合」を意味する。イスラエル建国以前のパレスチナの地に移民してきたユダヤ人たちが作った農業入植地。労働手段の共有、労働の共同といった集産主義的な生活様式に特徴がある。現在もイスラ

働の尊厳を基盤とするから、労働は生命であり、生活そのものである。小学生時代から働く習慣を身につけることを、第一義とし、労働を通じて真実を体得するので、生活にうそがない」▼24

当時どこまで日本の中で広まったのか、私には分からない。しかし、キブツ運動が紹介され始めると、もともと日本にあったコミューン運動とも結び合って理想社会として喧伝され、雑誌が生まれ視察旅行が広く組織された時期が、確かにあった。ヤマギシズム▼25などの運動や、それとは別個に日本の農業再生に関心を持つグループ、若者を中心にヒッピー的なメンタリティが影響したケースなど、思想的な背景はさまざまだが、現実の社会に異議を唱え理想的な社会を求めた時、既に一国家の強い基盤のもとに存在する実践例が、ほかならぬイスラエルのキブツだった。今では日本でのブームが去ったばかりでなく、イスラエルでのキブツのありようも大分変わった。だが現在も存在していることには変わりがなく、イスラエルに関心を持つ一定数の若者を惹きつけているようだ。

私はといえば、初めてイスラエルという国に足を踏み入れてからもう一〇数年が経つが、かの有名なキブツという場所に、ほとんど近寄ったことさえない。「キブツでボランティア労働をしている」などという若者にたまに出会うと、失礼ながら内心、猛烈な侮蔑感を抱いたものだ。第一、あの無機的な白い建物の周囲に広がる人工的な農場を思い出しても、全く面白そうに思えない。生活の糧を得るための労働として、農園で果実の収穫をするということはあり得るだろう。きちんと対価を貰う普通の仕事なら、特に言うことはない。だが、外国

エルの人口の約三パーセント、一三万人がキブツで生活している。

▼24 『キブツ普及15年 新しい生活の原理』(手塚信吉著、富民協会、一九七七年)

▼25 **ヤマギシズム** 幸福会ヤマギシ会の活動を支える思想。同会は一九五三年に「山岸式養鶏普及会」として発足。のちに会員の私有財産の供出を義務づけ、集団生活を営む運動体として急成長を遂げた。

人が経験として一時期だけ関わるという場合、あくまでボランティアである。食・住付きとはいえ小遣い銭程度しか与えられず、モチベーションの維持が難しいらしい。怠けている人が目につき始めると、はじめは意欲満々だった人間も馬鹿馬鹿しくなってくるという。

しかもその中で与えられる仕事といえば、のどかな農園からも遠ざけられ、今や工場の単純作業か、キッチンの皿洗いや、掃除だ。室内で黙々と一人でこなす仕事が多く、何のためにわざわざ遠くまで旅をしたのか分からなくなってしまった、という話を何度か聞いたことがある。キブツ全体の傾向として農業の比重が下がり、工場を持つようになったためだ。また、キブツの成員が働いて分配し合うという本来の精神からすると明らかな路線変更が生じ、今では外国人労働者を含め、多数の賃労働者を雇い入れている。欧米系の若者を中心とするボランティアは、キブツにとって不可欠の存在ではなくなっているようだ。

というわけで、自分には無縁と思っていたキブツだが、思わぬきっかけで足を踏み入れることになった。日本人女性Wさんについての噂話を耳にしたからだ。長年キブツ生活をしているらしい。大学で偶然会い、立ち話をした時の印象だと、年格好は六〇歳くらいに見えた。ということは、七〇年代前後、日本でキブツが理想郷とされ、コミューン運動たけなわの頃にイスラエルに来ていた、という可能性がある。この頃イスラエルのキブツで働き、それをきっかけにパレスチナ問題を知り、以来この分野で精力的に活躍して来た人物として、フォト・ジャーナリストの広河隆一▼26がいる。

つてを頼ってWさんに連絡をとってみた。何と彼女は、「六七年に、広河さんと同じグルー

▼26 **広河隆一** 一九四三年生まれ。六七年、早稲田大学教育学部を卒業後、イ

プで来ました」と言うではないか。彼女が今住んでいるキブツがまさに、彼らが最初にイスラエルに来たときに、ボランティアとして働いたキブツなのだそうだ。それを聞いて、途端にそのキブツをこの目で見たくなった。さっそくWさんにお願いして、案内をしてもらうことにした。

パレスチナ問題の格好の入門書、という紹介のされ方をすることが多い『パレスチナ』▼27の中で、広河は自分がパレスチナ問題を知るきっかけとなったのが、一九六七年、二三歳の時の「キブツ研修旅行」だったということを明らかにしている。「若者たちが街頭での直接行動から退却し始めたとき、コミューンやユートピアという言葉が、何か素晴らしい響きをもって現われる時期がある」。広河にとってそれは「大学の授業料値上げに端を発する運動が、おそらく誰にも納得のいかない終わり方を見せた時期」のことだった。広河はマルティン・ブーバーの言う、「少なくともまだ失敗していない」社会主義の企てとしてのキブツに、強く惹かれたという。▼28

五月にイスラエルに到着してから、広河は「地中海に面した町ハイファ近くのキブツ」の美しさと、そこでの健康的で規則正しい生活を、当面は満喫したようだ。ところが翌月の六月、第三次中東戦争が起こって一週間で終結し、イスラエル社会が勝利に沸く中、彼は「正義の戦争」という言葉に疑念を持ち始めた。しばらくして今度は、キブツの近くで「白い廃墟」に遭遇し、後になってそれが、破壊されたアラブ村だったということを知るのである。

スラエルに渡る。八二年、ベイルートのパレスチナ人虐殺事件の記録により「よみうり写真大賞」受賞。「パレスチナの子どもの里親運動」顧問、「DAYS JAPAN」（二〇〇四年四月創刊）編集長。

▼27 『パレスチナ』岩波新書、一九八七年刊行。『新版 パレスチナ』は二〇〇二年刊行。引用は旧版『パレスチナ』より。

▼28 マルチン・ブーバー著、長谷川進訳『もう一つの社会主義』、理想社、一九六六年。ブーバー（一八七八—一九六五年）はその「対話の哲学」で知られるユダヤ系哲学者。一九三八年パレスチナに移住。

「私は、あの村の人々が追放され、難民キャンプに押しこめられ、村が廃墟となったあと、その畑で働いていたことになる」。「私にとって、キブツが急速に色あせたものに見えはじめた」。「内部でいくら美しい社会を築いても、それが他人を追い出してその土地のうえに築かれたものなら、何の意味があるのだろう」。こうして広河はキブツへの心情的思い入れと訣別する。そしてキブツを含めたイスラエルの土地の上にかつて住んでいたパレスチナ難民のことを知るために、彼らの暮らす土地へと向かっていくのである。

広河の個人体験に留まらず、社会運動の挫折と共同体主義への傾倒、さらにそこからの訣別、という、ある意味普遍的な経験を、とりわけ戦後の日本人の政治・社会思想的な試行錯誤のひとつとして見てみることに、私は興味を持ってきた。私は一応アラブ圏のことを専門にしているため、運動的にこの地域と関わってきた人たちへの関心は、どうしても強くなる。とはいえ、キブツのように成員皆で何でも決めてゆく共同体など、集団行動が苦手な私にはゾッとする話でしかなく、共感を覚えたためしはない。試しに広河が感動したというブーバーの『もう一つの社会主義』も読んではみたが、残念ながら全然ピンと来なかった▼29。それにいくら若いとはいえ、友人やさまざまな活動基盤が存在する社会から離れて、直接何の接点もない外国に突然飛び込むメンタリティというのもよく分からない。私とてイスラエルに長期滞在中の身だが、世界中の情報がいつでも入ってくるためにフットワークが軽くなった現在と、当時の事情は全く違う。

逆に、だからこそ選択の違い、経験の違いが生まれる。その違いから来る違和感を容易に

▼29　最近になって、ブーバーのシオニズムについて複眼的に検証しようという試みが生まれている。ブーバーのシオニズム政策についての論考を収めた『ひとつの土地にふたつの民』（合田正人訳、みすず書房、二〇〇六年）。『ユダヤとイスラエルのあいだ』（早尾貴紀著、青土社、二〇〇八年）。

埋めるのでもなく切り捨てるのでもなく、そうした違いがどういう要因に由来するのかを突き詰めたい。広河の個人経験に限るなら、広河による「パレスチナ問題の発見」が他ならぬキブツにおいてであったこと、シオニズム批判のきっかけがキブツで生まれたということそれ自体が、当時の時代状況を物語っている。この頃、イスラエルといえば「アウシュビッツのユダヤ人」が作った国、という程度のイメージしかなく、具体的な接点を作る場としては、キブツはほとんど唯一の場だっただろう。▼30

広河の経験は、自分で考えようとする意思さえ持っていれば、そんな場所からでも歴史的事実の一端を掘り起こせてしまうことがある、という実例だ。

しかし他方で、別のことが気になりはじめる。広河と同じグループのほかの人々は、第三次中東戦争後のイスラエルで、何の疑問も持たずに過ごしていたのだろうか？　キブツという狭い空間の中で政治にほとんど触れず、明るい陽射しと美しい風景、おいしい野菜や果物の中で自足して、一年間それだけで暮らせるものなのだろうか。戦後民主主義の空気に触れて育った彼らが、イスラエルによる占領地獲得やイスラエル社会の好戦・愛国ムードを一定受け入れたとするならば、それは意識的にせよ無意識的にせよ、どのような軌道調整の結果なのだろうか？

晴れ渡った初夏のある日、目的のキブツ、「ダリヤ」に向かうバスは、案外な混み具合だった。私の住むハイファからほど近いというのに、バスが出てしばらくすると、全く初めての

▼30　広河の経験よりも少し後になるが、ジャーナリストの土井敏邦も、一九七八年のパリでのユダヤ人青年との出会いと、その後のキブツでの滞在によって「親イスラエル」になった経緯を記している。「個性豊かで、独立心が強く、豊かな伝統文化を持つキブツのイスラエル人の姿に、一種の憧憬の念さえ抱いたものだった」。その後イスラエル占領地に行きパレスチナ人に出会うことで、理想郷キブツの生活が「砂上の楼閣」であることを知ったという（『アメリカのユダヤ人』岩波新書、二〇〇二年）。

光景が目に飛び込んでくることに驚いた。よく通うアラブの村が点在するのはハイファから見て北東部だが、ダリヤキブツの方向は、南東部になる。バスの通る方向には、確かにアラブの村は(現在は)存在しない。全く別の場所でよく見てきた、典型的なユダヤ人の入植地の風景へと変わっていく。同じ形をした丘の上の住宅群の赤い屋根が、手前に見えたり、後ろになったりする。こんな光景がハイファ付近でも広がっていることは意外だった。ほとんどの人々は、こうした場所でバスを降りていく。しばらく進むと、もう住宅地は見えず、バスの進行方向によって、丘陵と薄緑色の農地が形を変えていくばかりだ。バスのドライバーは「エレッ・ヤッフェー(美しい国土よ)!」などと、わざわざ何度も口に出す。人工的な自然の上っ面の美しさにせいぜい似合った陳腐な台詞だ。こういう場面には何度も遭遇したが、すでに怒りが湧くというのは通り越して、あまりの安っぽさに鼻白んで脱力するだけだ。ああ、こんなつまらない無機的な光景に感動できるんだから、人間の感性なんて全くあてにならない。

最後の乗客になって間もなく、ダリヤキブツの標示が見えた。色とりどりの花が植えられ、田舎の保養施設の入り口、という感じの外観だ。広河は、このキブツ近くで彼が発見したという「白い廃墟」について、「破壊されたアラブ村」としか表現していない。一体何という村の上にこのダリヤキブツが建設されたのかを知りたくて、事前に少し調べてみた。

このキブツを設立したのは、一九三〇年代にルーマニアやトランシルバニアから来た若者グループと、ドイツから来た若者グループが、一九三九年に合併されて出来た集団だ。どちらも「ハショメール・ハツァイール（若き警護員）」という非主流の左派労働運動に属するユダヤ人グループだった。一九四〇年、アラブの村「ダーリヤッ＝ラウハー」の付近でキブツの建設が始まったという。このキブツの歴史を紹介するサイトの中の文章を引用しよう。「ツール社を通じてユダヤ民族基金から補償を受け取った村の住民は、キブツのメンバーが到着する前に去っていた。建設地域にはいちじくの樹が一本立っていて、周囲の山腹は一面の岩や石だった」[31]。入植者がアラブ側を描写する際に使われる、典型的な情報操作が読みとれる。すなわち、住民は合意のもとに自発的に出ていった。住んでいたのは半遊牧民で、彼らがそこを出ていっても、彼らが失うものは何もなかった。端的に言えば、「そこには何もなかった」。

アラブの村「ダーリヤッ＝ラウハー」。そこに何もなかったはずはない。ちなみに「ダーリヤ」というのはアラビア語で、ブドウ棚を覆うブドウの蔓や葉全体を指すのだが、女性の名前にも使われる。ラウハーは「美味しい空気」。ブドウの芳香が充満した丘の斜面に広がる村をイメージさせる「ダーリヤッ＝ラウハー」の名前を、現在のダリヤキブツも引き継いでいるわけだ。後で知ったが、ダリヤキブツはブドウのマークを採用していた。「ダリヤ（ダーリヤ）」はアラビア語でブドウの蔓の意味であると、キブツの人も教わっているそうだ。元のアラビア語名と全く違う名前に変えられるのも腹立たしいが、平気で「ダーリヤ」の名を名乗っているという神経もまた、何とも不可解な気がする。

▼31 http://www.dalia.org.il/kibutz/

『カイ・ラー・ナンサー（忘れないために）』▼32という、イスラエル建国以前のパレスチナの村の情報を載せた本がある。イスラエル国内では、アラビア語で読める文献としては最も総合的なものとして出回っている本だが、これを開いても、この村について知ることが出来る情報は、そう多くはない。しかし驚くのはマムルーク朝の第八代スルタンであるカラーウーン▼33が一二八一年、十字軍（第一〇章註188参照）との戦いの時にこの村に宿営したという記述が、一五世紀の書物に載っているという指摘だ。住民はムスリムで、農耕と放牧を行っていたという。

さて、肝心なのは、この村の住民がどのように村を後にせざるを得なかったのか、という点である。同書から引用してみよう。

「ダーリヤッ＝ラウハーの住民たちは、早い時期に追放された。イスラエルの歴史家ベニー・モリスによれば、一九四八年以前にいくつかのユダヤ基金が村の土地をすでに購入しており、一九四八年二月の時点で、住民たちは小作人としてそこに住んでいた」。「おそらく村の住民は二月に追放されたが、ニューヨーク・タイムズによれば、この村自体は四月一四日に占領された。このことが起こったのはミシュマール・ハエメク入植地付近で起きた戦闘の最中で、この時占領された村は、一〇を数えた」。「七月半ば、イスラエル首相ベン・グリオンは（中略）この村の破壊は完全であると、日記に書いている」。「一九三九年に建設されたダーリヤの入植地は村の南方に位置し、もともとこの村と一続きの土地の上にある」。

最小限ここから読みとれるのは、村の住民は「キブツのメンバーが到着する前に去ってい

▼32 ワリード・アル＝ハリーリー著『忘れないために』(*Kay lanansa, qura filastina llati dammaratha israil*, Institute for Palestine Studies, 1997 原著は英語。

▼33 マムルーク朝は、カイロを首都とし、トルコ系の奴隷軍人を支配者とした王朝（一二五〇—一五一七年）。第八代スルタンであったカラーウーンは、十字軍の駆逐を目指して奮戦したほか、国際交易にも努めて一時代を築いた。

た」どころか、土地を手放し、その一部にキブツが建設された後もこの村に残っていたということだ。村のアラブ人口は、一九三一年で一六三人、一九四四年または四五年では二八〇人ということだから、自然増を考えても、ほとんどの人が残っていたわけだ。そういう状態で残っていた彼らが追い出されたのだから、力づくの追放に伴う残酷な状況があったと想像するのは自然だろう。一九四八年、六〇年前のこの土地で、それは起きたのだ。

私欲と堕落のキブツ？

そうしたことを頭の中で復習し終える間もなく、Wさんが私を迎えに来てくれた。案内してくださる好意を無にしたくないし、私はキブツの現状について全く無知なのだから、とにかく現在の様子を見せてもらうことに徹しよう、というのがこの日の腹づもりである。

朝に出て一一時半頃に着いたので、ちょうど早めの昼食の時間だ。まっすぐ食堂に案内してもらう。食堂とキッチンは独立した建物の中にあって、キブツの総会など、集会にも使えるような作りになっている。天井が高く、ガラス張りのドーム式で、気持ちが良い。入り口でお盆と食器類を取り、自分で好きなものを取

ダリヤキブツの図書館の内部

っていくカフェテリア方式だ。私は全体に何があるかを把握する前に目の前のものを取ってしまって、早まったと思った。裏を返せば私が予想した以上に食べ物の種類が豊富なのだ。デザートまで何種類もある。会計は、キブツ専用のカードで済ませるということで、Wさんにご馳走になった。知り合いが通るたびに、彼女は簡単な挨拶をしている。毎日これでは気疲れしないか、などと思っていると、「今はほとんどここは利用しないで、自分の家で作って食べているんですよ」ということだった。この食堂自体、今は一日三食の提供は止め、朝と昼だけになっているそうだ。

キブツといえば労働手段の共有、労働の共同。キブツのあり方は随分変わったが、キブツで働く人が、私有財産を蓄財できないシステムは、原則的には変わらない。キブツの外で働くメンバーもいるが、収入はいったんキブツに入れる。Wさんは、六七年に来て一年後に日本に戻り、最終的には八〇年からずっとこのキブツに住んでいるそうだ。むろんボランティアとしてではなく、キブツの正式なメンバーである。数年前にユダヤ人のパートナーを亡くされながらも、元気そうに生活している。ちなみにキブツのメンバーになるのは容易なことではなく、メンバーの投票によって認められる。キブツに生まれた人間も、自動的にメンバーになるわけではなく、あくまで「メンバーの子ども」である。兵役を終えてから、投票によって初めてメンバーとして認められるのだそうだ。だとすると兵役拒否などということは、非常に考えにくいものなのだろうと想像するしかない。この点について質問を切り出すことは、出来なかったのだが。

それから、メンバーがキブツの外の人間と結婚した場合、相手はメンバーになることを望まないというケースも多いという。つまり、あくまでキブツの家を借りて住んでいるだけの形となり、キブツの外で働き続け、収入はその人のものになる。そのような形態の家族も増えて来たために、個人財産を持った家もさらに増加したわけだ。現在キブツのメンバーは五一〇〇人弱、非メンバーである家族などが三〇〇人弱いる。

ダリヤキブツはイスラエルのキブツの中でも豊かな方の一つだ。石鹸や化学合成洗剤を作るイスラエルでも指折りの大きな工場「ゾハル」と、水道の計器や灌漑に関わる製品を作る工場「アラド」を持つ。遠目にも大きな鉄塔が見え、外の人間が迂闊には近づけないような規模である。Wさんに言わせれば、この二つの工場は「ドル箱」だ。キブツの外の人間が経営者となり、経営の計画を立てているそうだ。他にバイオテクノロジー関係の会社や、出版社、代替医薬品（漢方など）の開発会社がある。キブツ内にしゃれたログハウスが建てられ、宿泊施設としても経営されている。のどかな農業共同体のイメージは完全に時代遅れで、今やこのキブツで作っている農産物は、アボガドとヒマワリだけだ。ちなみにアボガドというのはもともと中東で作ってきたものではなく、育成に水を大量に必要とする。パレスチナの水利を奪い、水を使いたい放題のイスラエルでこそ作られうる作物である。だから周辺国ではアボガドなど見かけることはない。

昼食後、雑談をして休んでから、キブツの中を案内してもらった。食堂の近くに、キブツの事務局や診療所、食料や日用品などの販売所などの主要な施設が集中している。

よく知られているように、キブツではかつて集団保育が行われ、子どもたちは両親の家庭ではなく、担当者が付き添う「子どもの家」で集団的に育てられた。しかし一九八〇年代に入り、リナー・ミシュパハティート（家庭での寝泊まり）というシステムに徐々に移行していく。社会が豊かになって余裕が生まれ、個人のプライバシーを大切にする傾向が出てきたためといわれ、現在の親子関係は、普通の家庭と変わらなくなっている。今は、すでに使われなくなっている「子どもの家」が建物として残っているだけだ。セキュリティ上、施設の集中する一帯の中心地におかれている。

洗濯を共同で行うための施設は、今も機能している。有名な共同保育に比べ、家事労働の共同については私の認識不足であった。汚れ物を投げ込む扉が並ぶ細長い部屋がある。大きなタオル、小さなタオル、汚れの著しいタオル類、色物の下着類、等々、かなり分類が細かく指定されている。反対側からそれを受け取り、大きな洗濯機で洗っていくわけだが、残念ながら作業時間は終わっていた。向かい側の部屋は、アイロンをかける作業をする場所で、それが済むと洗濯物の総重量を量って、家庭ごとの洗濯費用を計算する。区別できるよう、すべて洗濯物には各家庭の番号が付けてあるそうだ。Wさん曰く、「出してから出来上がりまで一週間かかるし、洗濯物が行方不明になることもある。だから今の人たちは洗濯機を買って、自分でやっている人が多いですね」。

Wさんの話には、「今の人」「若い人」という言葉が何度も出てきた。「若い人たちは、万事が金、金、金、ですからね」。それから「共同保育で育った第二世代」への批判はさらに強い。

彼女の話を整理してみると、およそこういうことが浮かび上がる。

一九三九年に設立されたこのキブツの第一世代は、一九一〇年代から二〇年代に生まれた世代だと見積もっていいだろう。すでにほとんどが亡くなっており、今キブツの運営の中枢にいるのは、第二世代である。一九四一年生まれのWさんも、年齢的にはこの第二世代の人々と同じだ。この第二世代の人々は、軌道に乗り始めた時期のキブツに生まれ、イスラエル建国後、キブツの実験的共同保育が理想化されていた時代にそこで育てられ、成人してからもずっとキブツで暮らし、発言力を強めた世代だ。つまりキブツ運動が一番華やかな時代にそこで手厚く育てられ、外の社会をあまりよく知らない人々が多い。従って、保育も教育も老人ケアも、キブツのそれが一番だと思いこんでいる、頭が固くて官僚的な世代だという。

「何でもキブツが一番」だと決め込んでいるキブツ第二世代の人々に対するWさんの批判は、彼女の実体験に基づいている。彼女はパートナーを数年間介護していたが、キブツ側の無理解や硬直した態度に随分苦労させられたという。例えば、介護について何の勉強もしてきておらず基本的な知識さえない人が、キブツでは介護の仕事に就いている。熱意も専門性もなく、ただ与えられた仕事をこなすことで事足りている。介護を受ける側の苦痛をできるだけ取り除こうといった、配慮や想像力などまるでない。改善のための提案をしても鼻もひっかけない態度に終始し、とりつく島が全くない。「社会主義というのは心がな

洗濯物を分類して入れる棚。反対側に扉があって、取り出す。手前上の表示は「下記のタオル：黒、青、茶、赤、紫」。

い、というのは本当です」。これはキブツの問題であると同時に、イスラエルの人々の「国民性」も関わっている、というのが彼女の見方のようだ。「老人に対し、自然に枯れていく美しさを理解する感性がない。『まあ醜く老いちゃって！』なんて、平気で言うんですよ。老人も老人で、濃い化粧をして人工的な美を追究しているでしょう」。

彼女より若い「第三世代」が、今後どうなっていくのか、彼女は注目しているという。ただし若い世代は「怠け者」だし、消費文化に浸かっている。「昔のキブツの労働は、朝五時くらいから始まった。涼しいうちに一仕事して、それから朝食。今なんか、八時に始まるといっても、その時間に来る人はいない。平気で遅れてくるし、注意する人もいない。注意しても相手にしない。そういう怠け者と一緒に仕事するのは、ほとほと嫌になりましたよ」。真面目にキブツでボランティアをするつもりだったが、実態を見て幻滅した、という話を私も以前耳にしたことがある。

しかし、最近のキブツの生産性はアップしたという報告がある。その理由は、外から賃労働者を雇い入れたから。仕事だし、怠ければクビだから、彼らは熱心に働く。もともと労使の分離がなく、皆が労働者でありかつ経営者であるというのがキブツの最大の売り物だったが、今や外部の労働者を働かせている雇用主になってしまった、という批判は、一般によく耳にすることだ。さらに、外国人労働者を低賃金で働かせているキブツも多くなった。Wさ

キブツの家（最初期のころのタイプ）。かつての二軒分を一軒分として使っているそうだ。

んは、このキブツには外国人労働者はおらず、アラブ人・ユダヤ人から成るイスラエル人労働者だと言うのだが、食堂では東アジア系の顔立ちをした人を、何人か見かけた。気楽なボランティアの若者とは、やや違う雰囲気のように見受けられたが。

キブツの中の住宅は、想像していたような同じ形の家ではなく、かなりバラエティに富んでいる。Wさんの家は単身者用の小さな方の家に属するらしいが、東京の住宅事情と比較すると、びっくりするような大きさだった。しかも皿洗い機はあるし、自分で野菜を育てられる土地もある。

はじめ建てられた頃の住居はかなり小さな平屋で、長屋形式だ。以前の二世帯分のスペースを、今では一世帯が使っていたりする。家族が増えたため、増築するケースも多い。正当な理由があり、キブツが認めれば、キブツの費用で増築が出来る。しかし今は、メンバーでない住人も増え、その人たちには私有財産があるから、私費で増築を行ったり、中には自力で建ててしまう家もある。そうでなくても、新しいタイプのキブツ住宅は、ため息が出るほどの大きさだ。どの家族にどの住宅が割り当てられるかについては、キブツの中での発言力にも大きく左右されるという。

車を持っている家も多い。本来車は共有物であり、このキブツはブドウのマーク入りの車を数十台持っている。コンピューター化された予約システムを使いながら、必要な時だけ車を利用している。しかし、ここでも「若い人はやり

キブツの家（新しいタイプ）。
子どものいる家族用だが、
大きさにビックリ。

たい放題」だ。譲り受けた、などとさまざまな理由をつけて、車を所有している人が多い、という。

広いキブツの中は、小型乗用カートとでも呼ぶべきか、免許不要の二人乗りの箱形四輪車を運転している人が多く、歩いている人間をほとんど見ない。Wさんの指摘を待たずとも、豊かな消費生活ぶりはイスラエルの一般の市民社会と変わらないと感じた。もっとはっきり言えば、何て豊かで余裕のありそうな暮らしぶりであることか。豊かといっても、精神的な贅沢ぶりや充実を指す豊かさではなく、もっと即物的な、大量消費してエネルギーをじゃんじゃん使う、あの「豊か」さである。外部と同じように、ゴミは分別一切なしのまま捨てられている。外部のゴミ収集システムに依存しているのだから仕方ないが、せっかく共同体やってるなら、分別してリサイクルシステムでも工夫すればいいのに！　などと、お節介な感想ばかりが浮かんでしまう。質実剛健とされた昔のキブツの生活のイメージに何の思い入れもなかった私だが、それでも何だかダラクしているなあと感じてしまった。きびきびとした生活態度が板についたWさん自身を含め、そういう方向とは別の生き方をしている個人の存在は否定できないが、全体のシステムとしては物質主義・消費主義のほうが優勢に見える。

よろしい、百万歩譲って「何もない砂漠を耕作して、豊かな土地に変えた」というシオニストの主張を、仮に受け入れたとしましょう。でもその結果生まれた「豊かな生活」が、じゃんじゃん水や電気を使ってどしどしゴミを出す「ただの消費文化」だったら、何の魅力も感じさせない。そう思いませんか？

誰が「共存」を望むのか？

唐突だが、「マイム・マイム」というフォークダンスは、日本でも比較的よく知られていると思う。では、これがイスラエルのフォークダンスだということについては、どのくらい知られているのだろうか？　さらに歌詞の意味はどうだろう。少なくとも私は意味も深く考えることなく、曲名の不思議な音の響きを符号のようなものとして受け取っていた。本来は曲全体をカバーする歌詞があるらしいが、日本でよく知られているのは、ダンスの輪を小さくしながら、皆で掛け声を上げる次の部分だ。

マイム　マイム　マイム　マイム　ベッサッソン！

私が習ったのは小学校の五年生の時で、林間学校のキャンプファイヤーで踊るために、夏休みにわざわざ登校して体育館で練習させられたのをよく覚えている。▼34「ベッサッソン」の部分は「セッセッセ」とか「エッサッサ」とか、やけくそで叫んでいた。

それからおよそ一〇年も経ってパレスチナ問題に関心を持ったころ、この曲はとあるキブツで井戸を掘っていて、ようやく水が出てきたことを喜ぶ歌だということを、この方面に詳

▼34　小学校の体育の「リズム」という単元の中に含まれているが、学習が必須のものではなく、運動会など学校行事のために教えられることが多いという。なおこの曲には、志村建世という人が一九六七年に作った日本語の歌詞もある。一番は「さばくの　真ん中不思議な話　みんなが集まる　命の水だ　マイム　マイム　マイム　マイム……」二番は「らくだも集まりキャラバン休む　緑のオアシス　夢かとばかり（以下略）」三番「お祈り忘れりゃこれまた不思議　たちまち消えさる　魔法の水だ（同）」。同氏によれば、「当時は何も情報がなく『砂漠に水が出たという歌らしい』と聞いただけでした。そこで自分の自由な想像で三番までの歌詞を作った次第です」(http://pub.ne.jp/shimura/)。ユダヤ的というよりアラブ風のイメージが付与されているのが面白い。

しい知り合いから聞いて、ビックリした。「水　水　水　水　水　水だ　嬉しいな！」という歌なのだ。もう少し丁寧に書くと、旧約聖書「イザヤ書」▼35の一二章三節、「あなたは喜びのうちに(ベ・サソン)救いの泉から水(マイム)を飲む」から由来するという。キブツ運動というのは非宗教的な運動じゃなかったのか、とつっこみを入れたくなるが、それ以上に、私たちは歌詞の意味を教わりもせずに声を上げ、踊らされていたんだ、と思うと恨めしい。曲の舞台になったとされるのはナアムというキブツで、一九三八年、一〇年以上も水を掘っていて、ようやく水が見つかったときの喜びを表現した踊りである、というのがイスラエルのフォーク・ダンス史における一般的な説明だ。ナアムキブツというのはテルアビブの南東部にあるが、こちらも豊かで大きなキブツらしい。現在は灌漑システムの企業を経営しているということで、ここでもイスラエルによる水の独占、というテーマに関わる。

さて、私が訪ねたダリヤキブツも、この「マイム・マイム」と薄い関わりをもっている。一九四四年、ダリヤキブツの屋外ステージでは、パレスチナのユダヤ人入植者たちを大動員した「フォークダンス・フェスティバル」が行われ、そこで東欧起源のダンスの他、入植者たちによって新しく作られたフォーク・ダンスなどが実演されたのだ。四四年ということは、ダーリヤ・ッラウハーの村の土地はすでにユダヤ組織によって購入され、アラブの村民は小作としてこの村に残っていた、そういう時期である。彼らはどのような思いで、このフェスティバルの賑わいを遠くから眺めていたのだろう。「マイム・マイム」の歌声も彼らの耳に入ったのだろうか。

▼35 **「イザヤ書」一二章三節**　イザヤ書は旧約聖書の三大予言書の一つ。この一二章は初期予言集の最後の部分で、ユダヤ民族が救われたことへの感謝の言葉であるという。

今でもその場所が残っていることへの期待は抱くまいと思っていたが、Wさんとキブツの中を歩き回っている時に、それがあるということを教えられた。フォークダンスのフェスティバルは一九六八年にもあり、Wさんはそれを観たという。「それは壮観でしたよ」。確かにステージは、二つの丘をなしている斜面の底にあって、遠くからでもよく見えそうだし、音響効果もありそうだ。第三次中東戦争の翌年、まだまだ戦勝後の浮かれ気分も手伝って、華やかな舞台が展開されたことが想像される。イスラエル外務省のホームページによれば、この六八年のフェスティバルは、「独立記念日」のイベントの一環だったそうだ。……やっぱり。またこれによると、フェスティバルは四四年から六八年まで、通算五回開かれている。中でも五八年のフェスティバルは大規模で、二千人のダンサーと五万から六万人の観客を動員し、三日間に渡って行われたそうだ。

　このフェスティバルを企画運営したのは、イスラエル建国以前のユダヤ人共同体でフォークダンスの普及に努めたグーリット・カドマンという女性。出身地を異にする移民たちが、親しく混じり合うきっかけとして、フォークダンスは格好の手段だったらしい。楽しく踊れば分かり合える、とは何とも安易な話だが、目的や利益を同じくするユダヤ人入植者同士だからこそ、それも可能だったわけだろう。建国後になると彼女は、今度はイスラエルのフォークダンスを世界各国に紹介するために活動した。

　日本でのフォークダンス・ブームは、戦後のある時期の空気を映し出している。歌声運動は有名だが、フォークダンスも戦後民主主義の一つの象徴的光景だったには違いない。▼36 一九

▼36　例えば『すぐに役立つフォークダンスハンドブック』の著者である石益久の経歴紹介にはこうある。「昭和六年、東京に生まれる。戦後直ちに青少年活動に専念、荒廃した日本の復興のため、新生活運動、青少年の健全育成に奉仕、東京都板橋区においてレクリエーション活動にはいる。東京都体育指導委員、板橋区体育指導委員、板橋区志村青年学級講師、東京都フォークダンス連合会指導部長、日本フォークダンス連盟出版委員長、……（以下略）」

五六年に日本フォークダンス連盟が発足し、一九六三年には来日したカドマンを迎え入れている。▼37 この時にイスラエルで踊られている振り付けを、日本でそのまま指導したのだそうだ。輪になって踊る、というのは水が発見された井戸を囲んでいる、という意味であって、「マイム マイム マイム マイム」と歌いながら輪を小さくしていくのは、井戸に向かって駆け寄っていくさまなのだ。ということは、この曲の意味も知らずに踊っていた私たちは、アラブ人を追っ払ったあとの土地の上での入植者たちの浮かれ騒ぎを、そのまま再現していたことになるのだ。何ともお粗末な話ではないか。

ダリヤキブツが「ハショメール・ハツァイール（若き警護員）」という労働運動に属するグループによって設立されたことについては、すでに触れた。主流派が「労働のヘブライ化」、つまりユダヤ経済のもとでのユダヤ人労働者のみの雇用を主張したのに対し、このグループはアラブ人労働者の取り込みを主張した。ユダヤ人だけによる労働、というのは非現実的だから、非ユダヤ人とも対等なメンバーシップを作り出すべきだ、と考えたのである。住んでいた土地からアラブ人を追っ払い、そこに作ったキブツに彼らを労働力として取り込むというのは全く欺瞞的な話だが、非ユダヤ人を駆逐して純粋な「ヘブライ労働」を推し進めようとする考えとは一線を画していたのは事実である。ダリヤキブツで実際にどのような試みがあったのかなかったのか、現時点では分からないが、同系のキブツで行われたそのような試みの内実は、わずかながら知ることができる。

▼37 二〇〇六年は日本フォークダンス連盟結成五〇周年に当たり、五月一二日から一四日まで、横浜アリーナなど横浜市各所で大会が開かれ、総計一万人が参加した。

アタッラー・マンスールというアラブ人作家が、イスラエルのアラブ人としては初めてヘブライ語で書いた小説がある。[▼38] この小説の主人公は、イスラエル建国時の戦争で孤児となり、ユダヤ人のもとで育てられた。そして自分の素性を隠してキブツで生活するのだが、正式なメンバーとしての資格を申請したことで、アラブ人だということが知られる。キブツのメンバーは「民族を問わない対等なメンバーシップ」という理想と「ヘブライ労働」へのこだわりの間の揺れを見せるが、主人公は結局、正式なメンバーとしては認められない。この話は、イスラエル建国後、アラブ人を招き入れるというキブツの初の実験的プログラムに参加し、失意を味わった作者の実体験に基づいている。「ハショメール・ハツァイール」の後身である「マパム（統一労働者党）」による企画で、「シャアル・ハ・アマキーム」というキブツでのことだった。ここに住んだ彼は、一日九時間無給で働きながらヘブライ語を身につけ、ユダヤ人労働者たちと親しく接するが、一年後、一ヶ月分の給料にも満たない「贈与」を渡されて、ただキブツを出されただけだった、という。アラブ人を「招き入れる」という試みは、キブツのメンバーの態度やものの考え方に変更を迫るものではなく、彼らを一切脅かさないという条件においてのみの、ご都合主義的で一方的なものだったわけだ。

現在のダリヤキブツの住人たちにしても、ほとんどがパレスチナ人との平和的共存を望むと答える人々だろう。しかし、主人と奴隷の関係、奪った者と奪われた者のありようをそのまま維持した状態での「共存」を望むのは、奪った方の人たちだけだ。こういう話になると、ではここから出て行けというのか、という反応が良心派のユダヤ人から返ってくることが多

▼38 『新たな光のもとに』(Atallah Mansour, *BeOr Hadash*, Karni Publishers Ltd. 1966) アタッラー・マンスールは一九三四年生まれのクリスチャン。ヘブライ語紙ハアレッツの記者としても活動した。なお、イスラエルのアラブ人によるヘブライ語作品としては、後年、アントーン・シャンマースによる『アラベスク』(一九八六年) が注目を集めるが、本作品は最初期のものとしてもっと注目されてよい。

い。しかし彼らに対し、このキブツから出て行けとは誰も言わないし、言っても意味がない。言えるのは、例えば「ダーリヤッ＝ラウハー」の住民がどのように追われたのか、今どこに住んでいるのか、知ろうとして欲しい、関心を持って欲しい。彼らやその子どもたちを探し出して欲しい、彼らを訪ねていき、彼らの話を聞いて欲しい。彼らに謝罪して欲しい。彼らを自分の家に招き入れて欲しい。彼らの尊厳や権利の回復とはどのようなものなのか、考えて欲しい。他の人とも話し合って欲しい。それは一回限りのことではなく、ここに彼らが生き続けようとする限り続くことだし、彼らの子どもたちも引き継がなくてはならないことだ。そしてもちろん、これ以上の被害者を出さないで欲しい。イスラエルの占領政策を変えるよう努力して欲しい。

フォークダンス・フェスティバルのあった会場を見渡せる位置に立つと、前方左手かなたの山の上に、町が見える。あれが「ウンム・ル＝ファハム」▼39だとWさんに教えられた。イスラエルのアラブ人の町では最大規模の大きさで、イスラーム運動が強い場所として知られている。そしてウンム・ル＝ファハムの見える方向をほぼ真っ直ぐ延ばしたその向こうには、西岸地区のジェニーンの町と難民キャンプがあるはずだ。▼40

この場所からは、きっともっといろいろなものが見渡せるだろう。見ようとする意思と、想像力さえあれば。

▼39　ウンム・ル＝ファハムについては、第六章を参照のこと。

▼40　ジェニーンは被占領地である西岸地区の北部に位置する町。第二次インティファーダ開始後の二〇〇二年四月、イスラエル軍が侵攻・包囲したジェニーン難民キャンプでは、数十人から数百人が殺害される虐殺事件が起きた。

かつてフォークダンス・フェスティバルが行われた屋外会場
（中央の平面がステージ）。現在はほとんど使われていない。

第三章

ニュータウンのフォークダンス

シオニズム文化の神髄、ここにあり？

「ユダヤ人スポーツ」イデオロギーと現実

二〇〇五年夏、イスラエルは「マカビヤー」の年だった。

マカビヤーとは、世界中のユダヤ人スポーツ選手が一堂に会して行われる、「ユダヤ人のオリンピック」だ。現在では四年に一度、普通に言われるオリンピックの翌年に行われており、二〇〇五年の大会で一七回目。七月一一日から二一日まで開催された。

「ユダヤ人のオリンピック」という言葉は、少し考えると非常に変である。いわゆるオリンピック精神と呼ばれているものは、「全ての人々」が肉体と精神のバランスを保ちながらその能力を高め、人類の共存共栄を目指すことを目的としている。オリンピック憲章によれば「人種、宗教、政治、性別、その他の理由に基づく国や個人に対する差別はいかなる形であれオリンピック・ムーブメントに属する事とは相容れない」とある。▼41 四年に一度のオリンピック大会が「全人類のためのスポーツ祭典」だとするなら、そこに「ユダヤ人の」という限定をつけてしまえば、それはオリンピックではない。▼42 そのためか、マカビヤーの主催団体である「マカビー世界連盟」は、「ユダヤ人のオリンピック」という言葉を直接使うことを注意深く避けているようだ。しかし、ユダヤ人のスポーツ関係諸団体サイトでの紹介文などを見ると、そこには必ず「四年に一度のユダヤ人のオリンピック」といった表現が出てくる。

「ユダヤ人のオリンピック」を通じた、「ユダヤ人＝人間」化。これについてもう少し詳しく述べる前に、もう一つの点を確認しておきたい。マカビヤーがオリンピックと大きく違うのは、開催国が毎回変わるのではなく、各地のユダヤ人選手たちがイスラエルに呼び集められるという点だ。つまり、世界中のユダヤ人の単なるスポーツ交流イベントなのではない。イスラエルこそがユダヤ人のナショナル・ホームであるというシオニズムのイデオロギーを体現した催しなのだ。▼43

改めて述べるまでもなく、イスラエルには世界中からのユダヤ移民に自動的にイスラエル国籍を与える「帰還法」がある。▼44 世界中のユダヤ人コミュニティを代表してやって来るスポーツ選手は、シオニズムの立場から見ると、まだ帰還を果たしていない人々だ。だから彼ら

▼41　日本オリンピック委員会の公式サイトで英和対訳版のオリンピック憲章を見ることが出来る。http://www.joc.or.jp/　なお本文中に引用した憲章は、二〇〇四年九月一日から有効のバージョン。

▼42　無論、実際にはオリンピックは「全人類のための」祭典ではない。国ごとに代表選手の選考が組まれ、国籍を持たない人や難民がそのままの状態で参加することは想定されていない。また欧米先進国一四ヶ国の参加によって始まった第一回大会から現在まで、開催国は先進国、または先進国と認められようとする国ばかりである。ホスト国では、オリンピック開催のために野宿者が排除されるほか、学校や地域を通じた半

がイスラエルへ派遣されてやって来るということは、イスラエルへの栄光を帯びた帰還を模擬的に先取りする儀式でもある。もともとスポーツに情熱を捧げる選手にとって、スポーツ交流を名目に海外に派遣されることは、どんな理由であれ嬉しいだろう。かくて、特に自覚的なシオニストでもない世界中のユダヤ人スポーツ選手にとっても、イスラエルとの結びつきはアイデンティティの一部となり始める。その波及効果は、小さいものではないはずだ。

しかしながら、ユダヤ人の「帰還」を推進するための宣伝活動としては、こんな、たかだか四年に一度のスポーツイベントは、全く影が薄い。世界中のユダヤ人とイスラエルのつながりを強化し、イスラエルに「帰還」することを人生における選択肢の一つとして彼らに意識させるためのプログラムは、他にも豊富にある。有名なキャンペーンの一つに「バースライト（生得権）・イスラエル」というのがあり、これは一八歳から二六歳までのユダヤ人の若者に、イスラエルへの一〇日間の旅行の機会を無料提供する、というものだ。▼45 多数のユダヤ機関がバックに付いており、アメリカ合衆国出身者を中心に、最近では毎年一万人近い若者が参加しているという。そのほか、イスラエルの各大学が提携するアメリカの大学からの派遣生として、学費免除で学ぶユダヤ人学生も多い。

さらにすごいものでは、訓練を受けイスラエル国防軍に入隊する、二年間の義勇兵ボランティアさえある。▼46 軍事マニアは飛びつくだろうが、残念ながらユダヤ人限定だ。軍に入らないまでも、病院や学校で働くためのボランティア・プログラムや、それをアレンジする団体はいくらもある。イスラエルに直接行かなくても、世界各地のユダヤ機関が、さまざまな形

強制的な動員といった人権侵害もある。

▼43　ヘブライ語版「ウィキペディア」（http://he.wikipedia.org/wiki/）にはこうある。「マカビヤーは、ユダヤ人スポーツ選手の参加によって、イスラエルで四年ごとに開催される、多種目スポーツ競技。マカビヤーの暗黙の大前提は、世界中からのユダヤ人のスポーツ選手が参加するユダヤ人のオリンピックを、イスラエルの地において開催するということである」

▼44　**帰還法**　「全てのユダヤ人は、オレー（帰還者）としてこの国に来る権利を有する」で始まる、一九五〇年制定の法律。世界中にいるユダヤ人をイスラエルに帰還させることを目指すシオニズムにとって、根幹をなす法律である。

▼45　「バースライト・イスラエル（birthright Isr-

でイスラエルへの寄付を呼びかけている。イスラエルに樹を植えましょう、貧困家庭に食べ物と衣服を。これらは実際に資金獲得のためである一方で、世界中のユダヤ人にイスラエルとの一体性を常に意識させるという効果もある。

　こうしたさまざまなシオニズムのプロジェクトの中で、マカビヤーを「帰還」を促す宣伝活動としてのみ位置づけるのでは不十分だ。むしろ、「ユダヤ人とスポーツ」というその結びつきそのもののイデオロギー性と、シオニズム運動が発展し、そのイデオロギーが具体的な形となって現われたものとしてのマカビヤーの役割こそが重要である。

　「マカビヤー」の第一回の開催は一九三二年のこと。つまりイスラエル建国以前のパレスチナですでに始まった。一九三二年というのは、ローマの支配に対してバル・コフバという人物が反乱の烽火を上げたとされる年（紀元一三二年）から一八〇〇年目で、この年に合わせた開催の準備が進んだ。それより三〇年以上前、バル・コフバをユダヤ人の男らしさの象徴として引き合いに出して影響を与えたのは、医者で哲学者のシオニズム指導者、マックス・ノルダウだった。

　マックス・ノルダウによるユダヤ人のためのスポーツ振興運動プランは、「ユダヤ人とスポーツ」という話題になると必ず引き合いに出される。一八九八年、スイスのバーゼルで行われた第二回シオニスト会議で、彼が強く主張したものだ。東欧の狭く不衛生なゲットーに押し込められたユダヤ人たちは、スポーツを通して健康で強く逞しいユダヤ人に生まれ変わら

ael)」のサイト http://www.birthrightisrael.com/

▼46 「国外ボランティア (Mitnadvei Hutz L'aretz) の略語である「マハル (Mahal)」という組織が、国外のユダヤ人男女に限定した募集を行っている。イスラエル建国時に世界中から参加した義勇兵に由来するという（http://www.mahal2000.com/）。また「イスラエルへの奉仕 (Sherut Le' Israel)」の略語である「サル・エル (Sar-El)」という組織は、一九八二年のレバノン戦争時、キブツのメンバーによるボランティア参加をきっかけに設立された（http://www.sar-el.org/）。

なくてはいけない、と演説したのである。「ゲットーの狭い通りにあって、我々は真っ直ぐ立ち運動するということを忘れてしまった。我々の家を日光が照らすことはなく、永遠の暗闇が支配した」。「我々ユダヤ人が肉体的のみならず精神的にも回復するためには、スポーツが教育上重要である。スポーツは、自分のもつ力に対する自信を与えてくれる」。「スポーツ万歳。スポーツ施設を成長発展させよ」[▼47]。

差別する側による「ユダヤ的身体」の烙印と、そのリアクションとしての「身体の再生」という言説。「ユダヤ的身体」を乗り越えるためには、オリンピック精神で謳われる普遍主義的人間観は、分かりやすい理想像だった。アテネで開催された第一回オリンピックは、ノルダウの演説に二年先立つ一八九六年のことである。シオニズム運動の進展のなか、その理念の実践場は、ヨーロッパでのユダヤ人差別とは関係のないパレスチナへと移り、この新しい地において新たな身体の誕生が目指される。それはスポーツの振興を通じた、すでに存在する身体の作り替えだけでなく、ヨーロッパ起源の優生学の興隆という、生命の選別の思想が根を張ってゆく経緯でもあった。強くあれ、堂々たれ、弱い肉体は、残ってはいけない。「不潔で惨めな」パレスチナ農民から土地を奪い、やがては彼らを抹殺してゆくことを可能にしたイデオロギー上の要素の一つは、ユダヤ人共同体内におけるこうした身体観ではなかっただろうか。ともあれ第二回シオニスト会議終了後間もなくの一九〇〇年代から一〇年代にかけて、ヨーロッパ各地ではユダヤ人のための体育施設が次々に作られていく。

体育活動の興隆には複数の系列があるようだが、主流のものは「マカビー」という名のつ

▼47 ノルダウの演説 "Jewry of Muscle" 以下に所収。Paul Mendes ed., *The Jew in the Modern World*, Oxford University Press, 1980

いた施設だった。後の一九二一年には「世界マカビー連盟」という組織が生まれる。マカビーというのは古代、ユダヤ教禁止令に抵抗して「マカビーの反乱」を起こしたと言われる英雄イェフダー・ハ＝マカビーに由来する。現在のユダヤ人オリンピックである「マカビヤー」もこの「マカビー」の名詞形だ。こうしてマカビヤーでは、バル・コルバとマカビーという、二人の古代ユダヤの英雄に関する集団的記憶を用いられるようになった。▼48

現在、約六〇カ国に「世界マカビー連盟」の支部が存在している。任意の国のマカビー団体、例えば「マカビー・カナダ」のサイトを開くとこう書いてある。「マカビー・カナダは、出来るだけ多くのユダヤ人の若者をイスラエルに赴かせ、自分たちの宗教、伝統に触れてもらい、彼らにとりわけ『イスラエル経験』を授けることを主な目的にしています」。イスラエルという国が、アラブ人も含めた「そこに住む人々」のための国ではなくて、アメリカを中心とする世界中のユダヤ機関を通じて、世界のユダヤ人だけのための国家になっているということの一端は、こういう場面にも表れているのではないだろうか。

テレビで「マカビヤー」の開会式を見る。各国の選手団が入場する様子など、オリンピックの作りとよく似ている。今回は五五カ国から約七千人が参加しているという。アメリカの選手団はさすがに多い。しばらく脇目で見ていると、アナウンサーが「ヤパーン（日本）！」と叫ぶではないか。何と日本からも参加している選手が一人だけいる。もともとオーストラリア生まれの選手で、日本に在住しているとの説明だ。大きな「日の丸」の付いた鉢巻きを

▼48 「マカビー」の名はユダヤ民族解放運動のシンボルとみなされ、強さや力というイメージと結びついているため、多くの組織・商標名に「マカビー」が用いられている。よく知られているのはビールの銘柄「マカビー」で、そのシェアはイスラエルのビールの九〇パーセントを占めるという。

しての登場で、何だかいたたまれない。

さて私がこの「マカビヤー」の存在を初めて知ったのは、このスポーツイベントに関連して起きた事故のニュースでだった。一九九七年、第一五回のマカビヤーの開会式で、テルアビブのヤルコン川に架けられた急ごしらえの「マカビー橋」を選手たちが行進していた時に橋が陥落し、オーストラリア人選手ら四人が死亡するという事故が起きたのだ。さらに少し後になって、この事故の被害者数十人が原因不明の後遺症で苦しんでいることも明らかになり、こちらの方が事故そのものより大きな波紋を呼んだ。この橋が架かるヤルコン川の汚染が原因だった。後に、四人の死者のうちの三人の死因も、川の汚染によるものだったと判明する。ただし、イスラエルのマスコミは意図的に詳しい報道を避けたようである。▼49

選手全員の入場が終わると、案の定、この死んだ選手たちを追悼する短い儀式がある。ハアレツ紙には「生き残った者の物語」として、事故で夫を亡くし、自分も川に落ちた選手の記事が載っている。生きる気力を一時全く失い、後遺症で苦しみながらも、二人の子どもを育て、河岸での追悼儀式のために、再びイスラエルの地を訪れようとしている女性。イスラエルのマスコミが飛びつきそうな題材である。こうした報道はもっと素直な感想に蓋をするかのようだ。すなわち、ユダヤ人の「身体の再生」という思想に由来する大仰な構えのセレモニーと、手抜き工事による橋の陥落、川の汚染の発覚という、お粗末な展開との落差を前に、思わずニヤけてしまいたくなる気分。死んだ人は気の毒だと言うしかないだろうが、このスポーツイベントの醸し出すいいかがわしさに見合った、何とも滑稽な出来事ではないか。

▼49 Alon Tal, *Pollution in the Promised Land, An Environmental History olsrael*. University of California Press, 2002（『約束の土地の汚染 イスラエルの環境史』）

何かを神聖なものとして演出しようとする際につきまとう大仰さと、一枚皮を剥げば現れ出る安っぽさ。事故自体は偶然にしても、イスラエルという国のありようを的確に象徴してはいないか。

……と、私はこうした事実に感動さえしてしまいそうになるが、実はマカビヤー自体がイスラエル国内でそれほど話題になっておらず、焦点化されにくい。マカビヤーはなぜ人気がないのか、ということが、イベントの開始前から記事にされているくらいだ。たかだかスポーツの世界に比べ、現実の政治的出来事のほうがよほど深刻だと言ってしまえば、それまでだ。しかし、サッカー試合の中継となると、夜、近所中から声援が聞こえるくらい熱中する人は多いのだから、人気のなさはイベントそのものに由来しているはずだ。要するにマカビヤーの場合、世界中からユダヤ人の選手を集めてみてもそれほど有力な選手が存在しないため、競技の迫力の面でも記録の面でも関心を集めにくい、ということらしい。また、クリケット▼50などイスラエルではほとんど行われていない種目が、世界中のユダヤ人の様々な文化に配慮して加えられている、ということもある。

しかしそれを言うなら、そもそもイスラエルのスポーツというのは大したものではない。これは、教育課程で「体育」が過剰に重視され、プロ・アマを問わずスポーツが「国民」の関心事に占める割合が非常に高く、オリンピックでの金メダル獲得が「国民の悲願」であるかのように報道され、金メダルを取れる選手を育成するために莫大な金がかけられている日本と比較すれば、の話だ。一九五二年の初参加以来、これまで獲得したメダルはたった六個、

▼50 **クリケット** イギリスで発展したスポーツで、イギリスの他、イギリスに長く植民地支配された旧大英帝国諸国のなかで盛んである。

そのうち四個は銅である。二〇〇四年のアテネ・オリンピックで、ヨット選手ガル・フリードマンが金メダルを取り、イスラエルとしては全競技を通じて初めての金メダルとなった。▼51 頑丈そうで、いかにも体力ありそうなマッチョなイスラエルの若者の肉体に対する私のイメージからすると、意外な印象を受けたものだ。人口規模が小さい、ということもあるが、国家による関与の差が結果に現れていることは間違いない。

さらに言うならば、スポーツの記録を伸ばすために要求される精緻な肉体管理や生真面目さに、イスラエルの若者が耐えるのは確かに難しそうだ、と私は感じる。管理されるのが嫌いで、だらだらと無造作に身体を動かす習慣は、イスラエルの若者によく見られるものだ。管理されることが嫌いだという点については大いに共感するが、それだけでは自覚的な思性を汲み取るのは難しい。日本社会では好意的に評価されることの多い、かちっとしたメリハリある身のこなし方は、「自然」なものではあり得ず、特定の社会の要請によって作られているのだということを思い知らされる。

イスラエル人のこうした身体の動かし方は、単なる習慣であるにも関わらず、マッチョ性とか乱暴さ・他人への配慮の欠如といったことをどうしても感じてしまう。軍隊経験の反動という面も大きいと言われ、彼らの振る舞いを見るたびに、彼らの背後にある軍国主義を思わずにはいられないのだ。

▼51 イスラエルの最初のオリンピック参加は一九五二年。四〇年後のバルセロナ五輪で、はじめて銅メダル（柔道）を獲得した。ガル・フリードマンのメダル獲得は、九六年の銅メダルに続き二個目。金メダルを獲得した際、国旗を背に掲げ、派手なパフォーマンスを行った。

踊る人々のシオニズム

マカビヤーの期間中、これとは全く無関係に、北の町カルミエールでは三日間の「国際ダンス・フェスティバル」が行われた。ダリヤというキブツで以前行われていたフォークダンス・フェスティバルについて前章で述べたが、このイベントの開催地がカルミエールの町に移り、引き続き行われているのである。思うところあって、初日だけこのイベントに顔を出してみた。

カルミエールというのは、完全にユダヤ人だけの町である。イスラエル北部のガリラヤ地方の、中心的なベッドタウンだ。この辺りの光景は、ガリラヤ地方の山々が季節や天候によってさまざまな表情を見せ、非常に美しい。これまで、アラブ人の村を訪ねた際に、山の上のカルミエールの町を何度となく目にしてきたが、直接訪ねるのは、今回が初めてである。一九六四年に出来た新しい町だが、アラブ人からすれば恨めしい町だ。

ガリラヤ地方は、イスラエル建国後にアラブ人の村が比較的多く残った地域である。イスラエル政府は、イスラエル国家全体でユダヤ人の人口的優位を保つだけでなく、各地域においてユダヤ人が多数派となるように人口を配分しようとした。その結果ガリラヤ地方では、ユダヤ人の町がアラブ人の町のすぐ隣に新しく作られた。アッカの新市街や、アラブ人の町としては最大規模のナザレの横にナツェレット・イリート（「上ナザレ」）を作ったのがそれである。カルミエールの町もそうした町の一つなのだ。単に「新しく建設した」わけではない、もともとアラブ人の所有だった土地を収用して、そこに建てたのだ。一九五七年に「上ナザレ」が作られたときは、ナザレのアラブ人の土地所有者から、一二〇〇ドゥナム[52]が没収された。さらにカルミエールが作られたときは、周辺の四つのアラブの村から計五一〇〇ドゥナムが没収されたという。イスラエル建国以前は農民として、貨幣経済的には豊かでないながらも自足した生活を送っていたアラブ人は、イスラエル建国後、建設現場や運転手として村の外で働く賃労働者になることを強いられた。

というわけでカルミエール＝悪玉の町というイメージは強く、今回は覚悟を決めた上での初訪問だ。山の上に建つ清潔な近代的な町で、入り口にはやはり、お決まりのように「マクドナルド」がある。[53]ユダヤ人のニュータウンの入り口、といえばこれなのだ。バスを降りて歩き出せば三六〇度、周辺の山並みが自然に目に入り、確かに気持ちがいい。これが「ユダヤ人だけの町」でなければ断然好きになれるかもしれないが、それは無意味な

気持ち良さげなカルミエールの街中

▼52　ドゥナムはオスマントルコ時代の単位で、一ドゥナムおよそ三〇メートル四方だった。イギリス委任統治時代、一ドゥナム＝一千平方メートルと決められた。

▼53　イスラエルへのマクドナルドの進出は一九九三年で、現在およそ八〇の店舗がある。二〇〇四年、イスラエルのマクドナルドで従業員にヘブライ語を話すことを義務づかせ、アラビア語を話していた従業員を解雇したという報道がされた（例えばガーディアン紙五月一一日）。「ユダヤ基金」などとの関係の強さから、イスラエル支援企業と見られ、パレスチナ連帯運動団体によるボイコットの対象に挙げられている（http://www.inminds.co.uk/）。

想像だ。「帰還法」によってユダヤ人がどんどん移民してくる国で、ユダヤ人口をこの地域に移植するためにこそ、こんな人工的な町が作られたのだから。

「国際ダンス・フェスティバル」のメイン会場は、山の傾斜面に向かう広い公園である。経験はないが、日本の「フジ・ロック・フェスティバル」のような光景に近いのだと思う。何カ所かある会場一帯が「村」のようになっていて、屋台がたくさん出ている。三日間続くので、あちこちでテントの設営作業をしている。「村」の構成者は、もちろん若者も多いのだが、中高年の姿も目に付く。暑いせいで上半身裸の中年男性などもいる。ここには全く、宗教的な人々の陰も形もない。西エルサレムなどで目にするユダヤ教超正統派の人々の文化とは対極的で、彼らのことを思い出すと、妙な気がする。

オープニング・パレードは、夕方屋外の運動場に参加グループが集まって、代わる代わるほんの短く踊る、というもの。参加グループは、トルコやアルゼンチンなどの海外組も少しあったがほとんどは国内のもので、各地の大学や町、キブツのダンス・サークルなどだった。これが終わると司会者は「さて、これからは全員で踊りますよ！」と言う。「フィナーレの盛り上がり」を演出するためにやることはどこでも変わらないなあ、と思いながら見ていたのだが、この観客参加のフォークダンス、いつまでたっても終わらず延々と続くのだ。決して大いに盛り上がって高揚している、というわけではなく、ただ黙々と、流れる曲のままに踊っている。しかしまあ、よくもこれだけの曲の踊

カルミエール・ダンス・フェスティバルの屋外宿泊会場にて

り方を知っているものだと感心させられる。踊っているのはほとんど中年。また、参加者の多くは肩にカバンなど提げ、仕事帰りに近所から立ち寄った、という雰囲気である。知り合い同士であることも多く、参加者の多くがこのカルミエールの町の人たちであることを伺わせた。イスラエルのフォークダンス文化を担ってきた非宗教的な労働党支持者層、というのが表面的な印象だ。フォークダンスはキブツと切り離せない。彼らの生まれはキブツで、結婚してカルミエールに移り住んだが、彼らの親たちはまだキブツで暮らしている、……例えばそんな一人のユダヤ人の人生を思わせる。

夜九時半からは、もう少し本格的なオープニング・ショーがある。総勢一五〇〇人のダンサーが登場してイスラエルのフォークダンスを踊るということで、これを見るのが一応の目的だった。これも外の会場で、観客は皆、シートや折りたたみ椅子を持って会場に入ってくる。しかも皆、家族や友人と一緒で楽しそうだ。何の準備もなく連れもいない私は、仕方なく新聞を敷いて陣取ってみたが、目を離した隙に、家族連れが新聞を取っ払ってしまった。開始までの間、イスラエルの「懐メロ」が流れている。軍の楽団が演奏してヒットした昔の曲が多い。▼54 建国当時から七〇年頃までの軍の楽団の曲は、ある年代以上の人々のノスタルジーを大いにそそる。好戦的な曲ではなく、郷土を美しく歌い上げた印象的な曲が多い。曲の表面的な意味が問題なのではなく、イスラエル人の共同的

飽くことなくフォークダンスを続ける人々
（カルミエール・ダンス・フェスティバルの会場にて）

心情を形成したのが他ならぬ軍隊発の文化であり、イスラエルの軍事的拡張の中で育った文化であることそのものの問題だから、根は深い。左派の集会でだって、こういう曲が歌われることがあるのだから！

いよいよ開始だ。カルミエール市長の挨拶などの後、うっかりしていたが「ハティクバ斉唱」。「希望」というタイトルのイスラエル国歌だ。皆さん一斉に起立する。私はよそ者だし、座ったままでいることにプレッシャーはなかったのだが、周囲が一斉に立ち上がると何も見えないではないか。仕方なく最後の方で立ち上がってみた。見渡す限り、皆立って歌っている。皆で「斉唱」という形をとる「君が代」に比べ、「ハティクバ」の場合、テレビ中継ではマイクを持った一人の歌手の顔がクローズアップされる。スメタナの「モルダウ」に似た、哀調を帯びた曲である。イスラエル国歌だと知らされず、歌詞の意味も全く分からないとしたらこの曲調に引きつけられるのは間違いないだろうから、音楽というのはやっぱり怖いものだ。

ユダヤの魂が恋い慕い　いざ東へと向かわせ
眼（まなこ）がシオンをのぞむ限り
我が希望は尽き果てぬ　二千年が望みは
かの祖国で自由を得んがため　シオンとエルサレムの地で

▼54　軍の楽団音楽はイスラエルの音楽の中で、大きな一潮流を占めている。一九五一年、ナハルの歩兵部隊から「ナハル楽団」が生まれたのが最初とされるが、一九六七年の第三次中東戦争でイスラエルが勝利し、広大な占領地を手にして後、多くの部隊が自前の楽団を持つようになった。

ようやくダンスが始まる、フォークダンスと言っても、モダン・ダンスの要素を組み込んだ、全くの新作もあるようだ。しかし半分くらいはやはり観客のよく知る「懐メロ」で、一緒に歌う人も多い。先ほどの中年男女が黙々と踊るフォークダンスの光景とも思い合わせ、これこそがイスラエルにおけるシオニズム文化の神髄ではないか、という思いがふっと沸いた。

世界中のユダヤ人選手が参加するスポーツ・イベントであるマカビヤーがシオニズム運動と共に発展しながらも、イスラエルにおけるシオニズム文化やイスラエル人の身体性と今ひとつ合致していないように思えたのに対し、フォークダンスこそは「これこそが現代シオニズムの思想を体現している」と感じさせる身体表現なのだ。オリンピックの種目にあるような現代スポーツが、周囲から距離を置いた自己鍛錬や克己心、休むことのない毎日のトレーニングを必要とするものであるのに対し、フォークダンスは踊り手を選ばない。もちろんプロの踊り手と素人の踊り手の違いはあるが、スポーツの場合のような高い垣根はない。何年も踊っていなかった人間も、音楽に促されながら、いつの間にか身体の動きを取り戻すことだって出来る。そして何よりこの、音楽が持つ集団的喚起力。シオニズムは大衆的運動なのだから、限られたエリートのスポーツ選手に代表させてはいけないのだ。

この会場では踊るスペースはないが、代わりに観客は皆、何と「家の中」と同じようなのんびりした雰囲気でいることか。場所を詰めてなるべく前に移動する、などということはせず、一人一人がごろ寝できるような空間を保っているし、それに対して何の苦情の声も出ない。司会者の詩の朗読などの合間には、ごろんと横になり、知っている曲がかかり出すとやおら起きあがる。スポーツ観戦で作り出される熱狂や一体感とは全く違う作法で、公共の場が私的空間化され、いわば一つの大きな「団欒の場」になっている。音楽に身の動きを委ねきっている人もいる一方で、声高く関係ないおしゃべりをしている人もいる。立ち上がって知り合いを捜したり移動したりする時に、その後ろに座っている人のことなど全く気にしないで、のんびりと身体を動かす。ここではアラブ人も、宗教的なユダヤ人も、エチオピア出身者など黒人のユダヤ人の姿も見当たらない。初期のシオニズムの担い手たちであり、イスラエル社会の上層に位置してきた、アシュケナジー[55]の文化だ。司会者の男の自己陶酔ぶりには参ったが、それでもヘブライ語の音の響きの美しさは自然に脳髄に浸みてくる。偉大なヘブライ語詩人、ナタン・ヨナタン[56]やイェフダ・アミハイ[57]の詩、それに曲が付けられ、華やかなダンスとなって色とりどりの動きが展開していく。

会場がどっと沸いたのは、「兵士はつらいよ」とでも訳したくなる「コル・ハヤリーム（すべての兵士）」という曲とダンス。軍服を着て銃を持ったダンサーたちが、ユーモラスに兵士の失敗譚を表現する。やっぱり遠い目で見るしかない、異世界の異物と言うべき文化だ。いつか、こうした文化が彼らに対して喚起する「魅力」の根源こそ、もっと掘り下げてみるべきなのだが。

最後の締めくくりでは、舞台にダンサーが総登場しながら、頭上で花火がババババンバンと広がる。鼻白むというより、何だかこっ恥ずかしくてたまらなかった。「オオー！」と歓声を

▼55 **アシュケナジー** 複数形はアシュケナジーム。ドイツ系ユダヤ人の意で、ロシア・東欧系のユダヤ人を指したが、今日一般には欧米系のユダヤ人を指すことが多い。イスラエル建国運動の中心を担った層であり、長らくイスラエル社会の主流だった。

▼56 **ナタン・ヨナタン**（一九二三―二〇〇四年）イスラエル現代史を生きた、イスラエルの代表的詩人。ウクライナ生まれで二歳の時に両親に連れられパレスチナに移民。聖書から着想を得た自然や戦争を歌った詩が多い。

▼57 **イェフダ・アミハイ**（一九二四―二〇〇〇年）イスラエルの代表的詩人。ユダヤ人の都市としてのエルサレムへの熱情、甘い愛を歌った歌などで知られる。

上げる観衆の、私もその中にいることには変わらない。何故こうもまた、イスラエルのイベントの締めはいつも花火ばかりなのだろう。有名なのは「独立記念日」のイベントのフィナーレを飾る花火だ。会場に行かなくとも、イスラエルの各地でこの花火が見える。耳栓をしていても聞こえる。この安っぽさ陳腐さに、彼ら自身が嫌気を感じることは絶対にないのかしらん。……イスラエル国旗のありようについて、キッチュでポップだということを第一章で述べたが、国旗に限らず、安っぽさキッチュさは現在イスラエル文化における、欠かせないキーワードだと私は思う。そして、そういう批判に一切動じないのがまた、安っぽさの安っぽさである所以、その文化の「強さ」の秘密でもあるのだ。

銃を構えながら踊る「すべての兵士」

ダンスによるユダヤ化とダンスのユダヤ化

大きなイベントだから宿は何とかなる、または夜中でも臨時バスが出る、という薄い期待もあったのだが、やはりそんなはずはなかった。参加者の多くは、近所の人々か、自家用車を持っているか、テントに宿泊する人々なのだ。このショーが終わったのが夜一二時近くで、「村」では依然として賑わいが続いている。いくつかの屋外会場では、参加者がずっと踊りまくるプログラムがあるからだ。仕方なく私は、夜中に文化会館でやっているモダン・ダンスのプログラムを観たあとは、早朝の始発バスが出るのを待つことにした。

イスラエルのフォークダンスに興味を持ち始めてから、『イスラエルとパレスチナにおけるダンスと正統性　ネーションを実演する』▼58という本を見つけた。このフェスティバルまでにあまり読む時間がなかったので、持参してみた。ダンスに背を向け、好奇な目を向ける人々をあまり気にしないようにしながら、頁をめくる。一九二〇年代から三〇年代にかけてのパレスチナにおけるユダヤ人移民たちの間のフォークダンスの興隆についての言及部分では、やはりマックス・ノルダウのスポーツ振興論が紹介されている。この部分は、初め読んだとき何となく違和感を持った箇所だ。ノルダウが主張したのは、あくまで「スポーツ」であって、集団で丸くなってわいわいとやるフォークダンスの隆盛の根拠とするのは、少し無理がある

▼58　Elke Kaschl, *Dance and Authenticity in Israel and Palestine: Performing the Nation*, BRILL, 2003

のではないか、と感じる。

興味深いのは、カルミエールの町のダンス・サークルの起源と、大規模なダンス・フェスティバルを主催するに至るまでの経緯だ。カルミエールという町が北部への入植政策によって出来たことと、この町でのフォークダンスの興隆は、切り離せないことがよく分かる。入植地として設立されても、この町がすぐに現在のような近代的コミュニティになったわけではない。不便な北部の山の中で、ユダヤ人移民はなるべく早くここを逃げだそうとした。七〇年代後半「都市化戦略」が打ち出される一方、一九八二年にはこの町の文化政策として「カルミエール・フォークダンス集団」が設立される。文化会館の設立や公演の誘致を通じて、カルミエールは「北部の文化センター」として認知を得ることに成功する。フォークダンスは、新移民の統合にも有効だった。これは共同体内部の中の話に限定されない。フォークダンスによって、カルミエールは一つのアイデンティティを獲得し、一つの独立したユダヤ人の町となったのだ。いわばフォークダンスを踊ることを通じてユダヤ人の場所を作り出し、イスラエル北部地域をユダヤ化するための根拠地を作ることに成功したのだ。

朝六時近く、もう空は明るいというのに、屋外会場ではまだ大勢の人々が踊っている。古いフォークダンスの他、最近ヒットしたダンス・ミュージックもかかっているが、曲調の変化にも動じることなく踊っている。くるくるとパートナーを交代しなければならないダンス

カルミエールの町の中の案内板（ヘブライ語と英語）。この町にはアラビア語の影も形もない

でも、一人としてアブレる人がいない。昨夜の花火といい、周辺のアラブの村の住人たちに、この騒ぎはどう映っているのだろうか。

帰宅して翌日の夜は、「マカビヤー」の閉会式である。イスラエルの国営テレビの一〇チャンネルと三チャンネルは、同じ番組をそれぞれヘブライ語とアラビア語で流すことがあり、マカビヤーの開会式・閉会式でもアラビア語の中継があった。マカビヤーなんてそもそもユダヤ人の間でも関心が低いのに、アラビア語で放送して一体誰が見るのだろう、と思うところだ。しかしごく少数だが、熱心に見ているアラブ人もいるはずである。

……そう、これまで書いてきたことがまるで嘘のような種明かしがある。あちこちで「ユダヤ人のオリンピック」と呼ばれ、キャッチフレーズのようになっているにも関わらず、実はマカビヤーにはアラブ人も参加しているのだ。無論、イスラエル国籍を持つアラブ人であって、マカビヤーの規約では「イスラエル人」としか表現されていない。

このことは、今回はっきり確認したいと思っていた点だ。一体いつから、どんな経緯でアラブ人が参加するようになったのだろう。……ところが、この疑問に答える報道を、見つけることは出来なかった。知り合いになった、イディオト・アハロノト紙のアラブ人スポーツ記者さえ、知らないと言うのだ。「すべ

ダンス・フェスティバルの
オープニング・ショーのフィナーレ

ての市民が平等」というイスラエル国家の建前からして、アラブ人の参加はイスラエル国家の側からの要請でもあるだろう。しかし「ユダヤ人のオリンピック」として世界中のユダヤ人選手に参加を呼びかけている以上、アラブ人が参加していることを、特に積極的にアピールしたくないし、マスコミもことさら取り上げたくない。そんな矛盾する意図が見えてくるような気もする。

ところがマカビヤーの競技が始まってすぐに飛び込んできたのは、一七歳のアラブ人、アサラ・シャハーダが、二〇〇メートルの平泳ぎでイスラエルの最初の金メダルを取った、というニュースだった。「ユダヤ人のオリンピック」にアラブ人選手がご都合主義的に取り込まれているのを見るのは苦い思いがする一方、鼻を明かしたことへの小気味良さも感じてしまうのだ。

ふとカルミエールの町の、周辺のアラブ村を見下ろすようなロケーションを思い出す。あの山腹で延々と続いたフォークダンスのステップ。あれはもともと入植者たちが知っていた東欧起源のものに、パレスチナの「ダブケ」▼59と呼ばれる農民のダンスの要素が加味され練り直され、キブツ運動の中で発展していったものだ。フォークダンスというイスラエル文化の誕生と成熟の陰には、ユダヤ人入植者たちによる、パレスチナ文化の簒奪とも言うべき側面がある。ダンスそのもののユダヤ化を通じてこそ空間のユダヤ化は成し遂げられたのであり、身体的にも空間的にもアラブは見えなくさせられた。それに比べ、国際基準で記録が測定さ

▼59 **ダブケ** パレスチナやレバノン、シリアなどで知られる、伝統的なダンスで、一列になって地面を蹴り上げたり、飛び跳ねたりしながら踊る。農民が農作業の余興に踊るなど、共同体の中で生み出された踊りで、民族的な友愛感情や連帯感情を感じとることが出来る。近年は多くのパレスチナ難民キャンプで青少年を対象としたサークルが結成され、パレスチナ人の民族的アイデンティティを表現する機会となっている。

れるオリンピックのスポーツ競技では、選手を全員ユダヤ人にすることは出来ても、競技そのものの「ユダヤ化」は不可能だ。スポーツが国際化すればするほど、単一の基準と様式が要求される。だからそれが、ユダヤ人だけで行なうゲームになった途端にそれほど人気を呼ばなくなることには、根拠があるのだ。だったらその中にアラブ人が参入していったとしても、イスラエル国家には何の脅威でもないだろう。

民主主義国家でありかつユダヤ国家、というイスラエル国家の国是。民主主義という普遍主義的価値と、ユダヤ民族至上主義の奇妙な結合。前者の理念は二〇〇メートル平泳ぎといったスポーツ競技によって体現され、後者の理念は入植地でのユダヤ人のフォークダンスによって体現されている。民主主義とユダヤ性というこの二つの理念は、シオニズム国家においてお互いを必要としているし、相互に依存し合ってもいる。従って、両者を掲げた国家理念が矛盾していると指摘するだけでは、不十分に思えるのだ。イスラエルは特殊な国に見えることもあるが、普遍的なものと特殊なもの、聖なるものと俗なものを使い分け、同居させている姿は、むしろ極めて「普通の」国家である。だから私は、イスラエルがいかに「普通の」民主主義国家とかけ離れている国家であるかという視点は大事にしながらも、同時に国家という制度そのものを問うていく必要を強く感じるのだ。

アーイダ難民キャンプで、ダブケの練習をする子どもたち
(同キャンプはヨルダン川西岸地区の、ベツレヘムとベイト・ジャラの中間にある)

第四章

揺らぐ「国民皆兵」

軍隊と女性たち

彼女の話を、まずは聞く

私がラケルに出会ったのは、彼女からの一方的な電話のおかげだった。こちらの耳が痛くなりそうなくらいの大声で言うには、大学で日本語を勉強しているのだが、日本語会話のテストが近づいたので、練習に付き合って欲しい。報酬は大学の学生支援組織がお前の口座に入金する。ついては明日さっそく会えないか。……人の勉強の面倒を見る暇などないはずだったが、有無を言わせぬ勢いで話しが続き、またしてもノーと言えない自分の性格を自覚させられる羽目になった。

よく知られているように、イスラエルでは徴兵制が敷かれ、男女ともに兵役義務がある。一八歳から、男性は三年間、女性は一年と九ヶ月間だ。大学入学前に兵役を終えるので、学生の平均年齢は比較的高い。兵役を終え、働いたり世界中を旅したりしてから大学に入る人もいる。そのせいもあって、日本の学生よりもずっと大人びていて、何につけ自分の意見をしっかりと持っている人が多い。「イスラエルの若者は大人で、独立精神に富み、素晴らしい」といった、イスラエルびいきの日本人が生まれてしまうわけだ。私は反対に、彼らに対してはどうしても苦手意識がある。ごく単純に、軍隊の論理を身に付けている人間を怖いと感じる。こちらから敬遠していると、当然ながら知り合いも増えない。親しいのは、反戦運動やフェミニズムの運動にコミットしている、広い意味で「左派」のユダヤ人ばかりだ。偶然のきっかけではあるが、ラケルの勉強に付き合うことは、兵役も経験した「普通の」ユダヤ人の女性と親しくなる機会かもしれない。

予想通りラケルは、大学三年生とはいえ、パワフルで自信に溢れ、堂々とした大人の女性だった。このところ気落ちしがちな私は逆に励まされ、今回ばかりは彼女の強引な依頼に付き合って良かった、と思う。

そうだ、彼女の話を聞かせてもらおう。兵役を経験しているからといって、はじめから距離を置いてしまうのではなく、まずは彼女の人生を少しでも追体験しようとすることから始めよう。……その上で、私が彼女だったらどのように生きてきたか、想像するならば、どうだろうか？

ラケルのテストが済んでしばらく過ぎた頃、彼女にインタビューをお願いしてみた。兵役の話を中心に聞きたいとは思いながら、それを切り出すことに躊躇があったが、こちらから聞かなくても、その話はすぐに出てきた。兵役経験というものが、彼女たちの日常生活の延長上にあり、人生のほかの場面でのものの考え方や行動とも分かちがたく結びついていることを、改めて認識した次第だ。

以下、彼女が話してくれた内容をできるだけそのまま再現してみた。

三〇歳。キルヤト・アッター▼60の宗教的な家庭に生まれ育った。一二人家族。私は一〇人きょうだいの七番目。七って数字は神秘的だから、このことを意識したときは嬉しかったよ。▼61 知ってるでしょ、宗教的な家庭では避妊しないで子どもをたくさん産む。▼62 実家は豊かではなかった。両親は、今はハイファに住んでいる。リタイア前、父親はハイファの大きな工場で働いていた。母親は主婦で、チュニジア系。▼63 だから私は、少しだけアラビア語を話せるんだよ。

宗教的な家庭の雰囲気？　あまり話したくないわねえ。私は六歳ですでに自我を自覚し始めて、母親とは違う生き方をしようと決めたんだ。今では家族との関係は、とても遠いものになっている。滅多に親の家には帰らない。ペサハ〔第一章参照〕の時も帰らない。だって、あれほど退屈なものはないわよ。男たちがぐうたらしている中、女だけが料理をこしらえて、儀式以外の時間はひたすら食べるだけで、何日間も過ごすんだよ！　遊びに行き

▼60 **キリヤト・アッター** ハイファに近いユダヤ人の住宅街で、現在の人口は約五万人。イスラエル建国以前に作られた集団農場を母体としている。

▼61 **七という数字** 神は天地創造のために六日間働き、第七日目には休んだとされていることをはじめとして、七という数字が聖別されていることを示す記述が旧約聖書には多数ある。

▼62 キリスト教徒の一部と同様、ユダヤ教徒の一部も「産めよ、増えよ、地に満ちよ」という「創世記」第一章二八節の有名な言葉に従い、避妊や中絶を受け入れない。子だくさんの超正統派ユダヤ教徒の夫婦の妻が小さな子どもの手を引き、夫または年長の子どもがベビーカーを押しているという光景は、超正統派が住む地域ではよく目にする光景である。他方、出生率の高い超正統派の人口の

たい、って？　絶対にお勧めできないね。

私は三年前に離婚したの。夫はとってもハンサムだったけど、馬鹿な男だったよ（彼女は机の上から、結婚式の時の写真を取り出してくれた）。今より豊満でしょう。離婚してから、苦労が絶えなかったからねえ。

　離婚後に、日本語を勉強しようと決めて、大学に入ることにしたんだ。理由？　私は兵役を終えてから、あちこちのキブツに住んだんだけど、デガニヤキブツ▼64で日本人の素敵な男性に会ったんだ。ミタカという名。……素晴らしい男性だった。私は食堂でマネージャーとして働いていたんだけど、彼は食堂の仕事を完璧にこなしていた。……彼は何も話さなかった。何も話さないで、必要なことをすべてやり、足りないことは何もなかった。誰も、彼に何かを要求する必要を感じなかったよ。彼がキブツの生活を楽しんでいたか、だって？　知らないよ。だって本当に、ほとんど何も話さなかったんだよ！（笑）。それで私は、日本の文化習慣を理解したいと思うようになったんだ。

　一八歳の時に、兵役に就いた。宗教的な家の子どもは、兵役に就かないのが普通だけど、すぐ上の姉がそれを破って、兵役に就く前例になってくれた。母親は猛反対だったけど。私は、ゴラン高原の救助兵▼65になった。ハードだったわねえ。朝七時に起床して、夜一〇時に終わることもあれば、そのままさらに夜中まで仕事のこともあったよ。休みは金曜日から日曜の朝まで▼66。だけど外出が出来るのは一週おき。実家には帰らずに、ゴラン高原のキブツに部屋を借りて、住んでいたんだ。カツェリン▼67の近く。ゴランは静かで何もなくて、

割合が増えていることに苛立ちを抱いている世俗派のユダヤ人も多い。

▼63　チュニジアにも古来からユダヤ人コミュニティが存在しており、イスラエルの建国直前には一〇万人以上のユダヤ人がいたとされる。イスラエル建国後、中東各国における反ユダヤ感情が高まったことなどから、チュニジア在住のユダヤ人のほとんどは出国し、第三次中東戦争後には二万人まで減少した。その多くは移住先としてフランスを、次いでイスラエルを選んだ。

▼64　**デガニヤキブツ**　イスラエル北部のガリレア湖畔の町ティベリヤ南部にあるキブツ。イスラエルの建国以前のパレスチナ史を「イスラエル史」に組み込むシオニズム史観では「イスラエル最初のキブツ」と言われる。一九一〇年に入植活動が始まり、その後のキブツの原型となったとされ

小さなキブツが点在していて、まるで静かな農村の暮らしみたいだったわねえ。
　ゴラン高原の素晴らしい風景は忘れられない。冬は寒くて、屋内でも一日中ヒーターがついていた。雪？　雪は降らなかったけど、冷たい雨がよく降って、あちこちが水で溢れていた。それが春になると突然、一面が緑になる。動物が仔を生んで、小さな仔が駆け回っていたわねえ。

軍隊生活は自分にとって非常に大切な経験だったね。自分は少し甘やかされて育ったし、まあ今もそうだね。見てよ（とチョコレートの包みを指し）、こういうのがないと生きられないんだ。だけど、軍隊生活は自分を鍛えてくれた。食事は調理担当兵が作ったんだけど、とてもまずかった。軍隊で七キロも痩せちゃったわよ。だけど男性は大抵、軍隊生活のせいで太る。これはよく言われる話だよ。まずい食事に飽きて、シェケム▼68で買ったジャンクフードをたくさん食べるから。私は、お金がなくてあまり買えなかったせいで、痩せたんだよ。

自分の任務はゴラン高原各地のクリニックを車に乗って巡回して、足りない部品がないかチェックして補給したり、負傷兵の扱い方の指導をすることだった。予備役兵のクリニック担当だったから、しょっちゅう兵士が入れ替わっていて、大変だった。ただ、ゴラン高原中を巡回していたから、どこに行けば美味しい食べ物を買うことが出来るか知っていて（笑）、立ち寄っては購入した。袋入りのお菓子じゃなくて、ファラーフェル▼69やホンモス▼70。今でもこういう匂いをかぐと、ゴラン高原のことを思い出してしまう。匂いが特定の

ている。

▼65 **ゴラン高原**　シリアとイスラエルの間に位置し、沖縄本島の面積にほぼ等しい面積を持つ。一九六七年までシリア領だったが、第三次中東戦争によってイスラエルに占領され、一九八一年には一方的に併合された。住民の大多数はイスラーム少数派のドゥルーズ派に属しているが、彼らはシリアへの帰属意識を持っており、イスラエルの身分証明書の取得を拒否している。他方ユダヤ人入植者は約三万人が住む。

▼66　安息日の考え方としては金曜日の日没から土曜日の日没までが休みで、実際には金曜日の昼過ぎで役所や商店は閉まり、日曜朝が週明けの始業となる。兵役中の若者が金曜日になると、洗濯物などを詰めた大きなバッグを持って自宅方面に向かうバスに乗り込むさまは、イスラエルではお

記憶と結びついているんだよね。……（それからしばらく食べ物の話が続いた）

日本にもし留学できるなら、できるだけ長くいられるように頑張る。そして願わくばイスラエルには戻ってこないで、日本で働いて、日本人男性と結婚したい。絶対、日本の素敵な男性を見つけて結婚する。そして子どもをたくさん産んでやる！

ワーオ、聞いてよ、私は人生に対して大きな夢を持ってるのよ！

日本では、ダイヤモンドを売る仕事▼71をしたい。以前ティベリア▼72で、ダイヤモンドのショールームのオフィスで働いていた。だから私は、ダイヤモンドを扱うノウハウを持っているんだ。日本にダイヤモンドを輸出する業者になって、お金持ちになりたいわね。で、休暇は南の島で過ごすの。ウッフッフ。

アラブ人の学生に対してどう感じるか、ですって？　どう、ってどういうこと？（「よく、兵役を終えたユダヤ人が大学で同じクラスにいるアラブ人学生とどう接触して良いか分からず当惑するという話を聞きますが」と問い直した）。ぜーんぜん、問題を感じなかったわよ。人間は人間よ。アラブ人でもユダヤ人でも、良い人もいれば悪い人もいる。日本人もそうでしょ？

大学に入る前のアラブ人との関わり？（生まれた町の）キリヤト・アッターにはアラブ人は住んでいなかった。でも周辺の村から、物を売りに来ていたね。スイカとかイチジクとか、サボテンの実とか。お店じゃなく、車とかトラクターで運んで。私の子どもの頃は、

なじみの光景である。

▼67 **カツェリン**　ゴラン高原のユダヤ人コミュニティの中心地で最大の町。人口は七千人だが、二万五千人の居住が見込まれて建設されている。居住者の約三割は、旧ソ連圏からの新移民である。

▼68 **シェケム**　軍隊関係者の売店。基地や駐屯地に売店があるほか、一般の小売りも行う。イスラエル経済全体で民営化が拡大する中、電機部門が一九九四年にエルコ社によって買収されたほか、商品部門ごとに民間企業との提携が進んでいる。

▼69 **ファラーフェル**　ヒヨコ豆のコロッケ。次項のホンモスと並び、手軽で安い食べ物の代表だが、いずれもパレスチナを含むアラブ起源の料理である。しかし「イスラエルの食べ物」として紹介されるケースも

ロバに積んで来ていたわねえ。

友だちとしてのアラブ人の存在？　大学に入ってからが最初ねえ。

今の私のベスト・フレンドの一人は、クリスチャンのアラブ人だよ。私たちはムスリムに対してより、キリスト教徒のアラブに対してもっとオープンに話せる。ムスリムは閉鎖的で、伝統的だけど、クリスチャンは西欧的で、私たちに近い。

もちろん相手の宗教は、初めて会ったときすぐには分からないよ。明らかにそうだと分かるのは、ベールをつけた女のムスリムの場合だけ。ストレートには聞かないわよ、こんなこと。とても慎重になる。彼ら（ムスリムとクリスチャン）▼73はお互いに憎み合っているからね。休日がいつだ、とか、そういうやりとりがあったときに、分かることが多い。

ドゥルーズ？　彼らはもちろん全然別だよ。彼らは私たちの一部。軍に参加しているから。アラブ人はドゥルーズを憎んでいるけどね。

「彼らはお互いに憎み合っている」。これはイスラエルのユダヤ人からよく聞かれる、典型的な発言だ。実態の理解に基づいているというよりも、アラブ人のあいだに亀裂や対立が生まれることへの期待表明として捉えた方がいい。第六章で少し触れるが、ムスリムとクリスチャンの間の対立は、確かにしばしば顕在化する。しかしその背後には、指導者層の利害が物理的に絡んでいたり、それを政治的に利用しようとする力学があり、イスラエル当局こそがそうした対立を利用し、支配に都合よく管理しようとしているのだ。アラブ社会で不毛な

多く、文化的な簒奪の身近な例としてしばしば言及される。

▼70　**ホンモス**　アラブ世界で非常にポピュラーな食べ物の一つ。ヒヨコ豆を茹で、調味したペースト。ヘブライ語では「フムス」と発音されるが、アラビア語からの借用語である。

▼71　**イスラエルのダイヤモンド産業**　現在全世界で宝飾品として使われる小型ダイヤの約八〇％はイスラエル製であり、イスラエルの対日輸出の大部分も加工ダイヤである。

▼72　**ティベリヤ**　アラビア語ではタバリーヤー。イエスが湖上を歩いたという奇跡で知られるガリラヤ湖（ティベリヤ湖）畔の町で、現在はイスラエル有数の観光地。サラーフッ＝ディーン（サラディン）が十字軍を破ってエルサレムを奪還した「ヒッティーンの戦い」

対立の道具として宗教が使われることを避けるためのさまざまの配慮は、政治的なメッセージやイベントの宣伝・運営方法、日常的な人々の言葉遣いのなかなどで観察することが出来る。日常の付き合いの中で絶えず「憎み合っている」というような、単純なものではないのだ。

「アラブ人はドゥルーズを憎んでいる」というのも、あまりに陳腐な発言だ。まず、ドゥルーズがまるで「アラブ」ではないかのような言い方だが、これこそまさに、イスラエルがドゥルーズと他のアラブを分断統治し、「ドゥルーズ」を「アラブ」と別のカテゴリーとして作ったことによる。その結果ドゥルーズは、アラブに他ならないにも関わらず、イスラエルではアラブとは別の存在として名指しされ、しばしば自称さえされるようになってしまった。

ドゥルーズはイスラームから分かれた宗派で、それに属する人々のことも指す。現在、シリア、レバノン、イスラエルなどに計約百万人が暮らしている。マイノリティであるため、各地に住む指導者が共同体の防衛・維持を優先した判断を下すことが多く、イスラエル建国時には中立的態度を維持したのもその一例だ。そうした経緯から、一九五六年にはドゥルーズの男性をイスラエルの兵役に就かせるための法改正がなされ、今日まで続いている。アラビア語を話せるために占領地での任務に就かせられることも多く、占領地住民から直接の憎悪の対象とされる立場に立たされるなど、非常に苦しい状況がある。そうした状況総体の深刻さ、ドゥルーズの男性一人一人に背負わされた困難に引き比べ、イスラエルのユダヤ人の口から言及されるときの、軽々しさはなんだろう。この圧倒的な不均衡さのなかでこそ、こ

で知られるヒッティーンにも近く、イスラーム・キリスト教・ユダヤ教それぞれの歴史にとって重要な場所である。現在はユダヤ人の町になっているが、湖畔の丘陵には追われ去ったアラブの住宅が残り、一部は塗り替えられ商店やホテルになっている。

▼73　イスラエルの公的な休日・祝日はユダヤ教に基づいて決められているが、アラブ人の村や町の役所や学校は、キリスト教・イスラームそれぞれの祝日に基づいて運営される。

の国は維持されている。

良かれ悪しかれ、アラブ人とユダヤ人はお互いに非常に影響し合っている。何が一番かって？　うーん、やっぱ食べ物でしょ。ファラーフェルとホンモスはイスラエルで一番ポピュラーな食べ物じゃない？　それからヘブライ語には、アラビア語からのスラングがたくさん入っているんだよ。▼74

（イスラエル社会におけるアラブ人の影響をどう思うか、という問いに対して）……問題はたくさんあるわねえ。彼らは機会がありさえすれば、この国を乗っ取りたいと思っている。占領地のアラブ人のことか、って？　違うわよ。この国にいるアラブ人のことよ。彼らはもちろん、占領地のアラブ人と様々な関係を持っている。親戚もいるし。それから脅威なのは、彼らの出生率の高さだね。クリスチャンじゃなく、ムスリムのことだよ。平均的なユダヤ人の家庭の出生率は、二人。だけどムスリムは五人も六人も生む。将来このままだと、間違いなく（イスラエル人口の）半数を超える。この国の将来については、私は悲観的だわ。

何パーセントまでならアラブ人口を認められるか、だって？　今でも二〇％いるんだよ。そして更に増えていく。……うーん、二五％なら、いいでしょう。三〇％も……、うーん、いいでしょう。……ギリギリ、認めてもいいわ。ふぅー。……でも、三五％となったら危ない。はっきり言うけど、危険だよ。▼75

▼74　アラビア語からヘブライ語に入ったスラングは多数あるが、頻繁に耳にするものとしては、「アハラン（ようこそ）」、「ヤッラー（「来い」という意味だが、相手の動作を促すどんな場合にも使える）」、「サバーバ（すてき、すごい、素晴らしい）」などが代表的。

▼75　こうした露骨な人種差別的な発言が、普通の人からぽろっと出てくるのがイスラエルという国の恐ろしさである。建国直後から、イスラエルでは国内に残ったアラブ人、特にムスリムの出産率の高さから、彼らがイスラエルの全人口に占める割合が増加することが懸念され、対策が提起さ

この国のアラブ人がパレスチナ人だと自称したら、私は怒る。何言ってるの、あなたはイスラエル人でしょ、って言いたいよ。彼らがイスラエル人として、この国の一員として生きるという姿勢を見せる限り、私は彼らを受け入れる。でもパレスチナ人としては、絶対に認められない。

今の生活？　もちろん勉強で忙しい。そして毎日大学の授業が終わると、バスに乗って仕事に行く。画廊で働いているんだ。この仕事は……、クソつまらない！　それから夜は、見てよこの通り、宿題の山。でも、それにも関わらず、しょっちゅう友人とコンタクトを取って会っている。私はすごく社交的な人間なんだもん。それから週末はカフェでビールを飲んで、格好いい男を探す。私は万能の武器の持ち主だからね！　……つまりこういう時、私の色気は最高に引き出されるんだ。

それからね、ボランティアもしている。貧しい移民の世話。彼らの家の惨状と来たら……言葉を失うわ。私の愛する祖国に、こんな状態のユダヤ人家庭があるなんて、恥ずかしいし辛いこと。ここが私の国？　ああ何て情けない、って思うよ、こういう時は。

私は女性の問題に関心があるの。配偶者から暴力を受けている女性たちの問題。このことを話すにはあと何時間も必要だね。私は、弱い者を見過ごすことが出来ない。……実は日本でも、こういうことをやりたいんだ。でも、留学申請書にこんなことを書いても受理されないでしょう。だから普通に、日本語に関係したテーマでまとめようと思ってる。

（ラケルの話・終わり）

れていた。現在、この人口問題の急先鋒として有名なのは、ハイファ大学の地理学教授で、国家安全研究センターに所属するアルノン・ソフェルである。「イスラエル・人口学　二〇〇〇―二〇二〇年」と題する小冊子では、二〇二〇年にはイスラエルのユダヤ人口の割合は六四パーセントにまで減り、占領地を含めると四〇パーセントになると記されている。そしてなるべくパレスチナ・アラブの人口密度の高い地域のみをパレスチナ側に返還することが提案されている。こうした発言はテレビやラジオなどでも流され、それが問題視されることはない。

兵役に就く人・就かない人

春が近いことを感じさせるとはいえ、二月のある日、私はくすんだセーターを着てマフラーまでして、ラケルと大学のキャンパスで初めて待ち合わせをした。私に気付いてやって来た彼女は、上着を手に持ち、ノースリーブ姿でサングラスをかけていた。この人、夏は一体どんな格好をするんだろうかとあきれながら、芝生のベンチにうながされた私は、それからは彼女のペースに巻き込まれっぱなしだった。

逞しさ。溢れる自信。自分への信頼感。会うたびいつも、彼女のこうした資質に目を奪われる。そして用件が終わると、「さあー、今日はやることがいっぱいあるんだ、サヨナラー」などと言いながら本を腕に抱え、お別れのキスをくれたかと思うと、さっさと去ってしまう。インタビューをした日、例によって取り残された私は、彼女への好感と嫌悪感のどちらもはっきりと自覚しながら、しばらくぼんやりしていた。

私がもしこの国のユダヤ人として生まれていたら？　私も当たり前のように兵役に参加し、それを終えると大学生になり、この芝生の上で寝そべっている学生たちのように、ヘソ出しファッションでキャンパス内を闊歩したりしているのだろうか？　兵役体験を経てここにいるユダヤ人の学生を、自分と全くかけ離れた存在として遠くから眺めるだけでは済まない、とその時感じたのだ。

ラケルのように、宗教的な家庭で生まれ育ち、専業主婦である母親の生き方に反発を持ち、自由にひたすら憧れていたとしたら、徴兵年齢を迎え軍隊生活に入ることは、家庭の束縛から離れる大きなチャンスだったに違いない。その気持ちは、私にも十分に想像できる。軍隊での女性の任務は、特殊なケースを除けば、これまで医療・通信・情報・教育など非戦闘部門に限られてきたため、軍隊に入ることへの心理的ハードルは、男性に比べれば相当低いはずだ。イスラエル社会に生まれ育って、兵役を拒否するなどという発想を持つ人は、よほど持って生まれた個性や周囲の環境に恵まれた人物だろうと思う。私にしても、仮にイスラエル人として生まれていたら、ありふれた選択をした可能性は十分ある。……いや、間違いなく兵役に就いていたのではないか、と思えてくる。

そのことを認めた上で、考える。だからといって彼女に共感できるわけではない。格好の良い自立した大人の女性であるラケルが、アラブ人については凡庸な決めつけでこと足れりとしているのには、鼻白んでしまう。一八歳の人間が、目先の思惑やその時点でイメージできる将来像を見据えて兵役に行くのは、仕方のないことだろう。しかし三〇歳という大人のもつ価値観はかなりの程度本人の責任であって、イスラエルの「洗脳教育・偏向マスコミ」のせいだけにはは出来まい。もちろん人は生きている限り、いつでも変わる可能性を持っているのだが。

イスラエル人のユダヤ人から兵役について聞かされるのは、それがいかに自分たちの共同のアイデンティティ形成に役立っているかということである。ある時私に、簡潔で美しい教科書的説明をしてくれたのは、モロッコ系の母親を持つという、若いダンサーの男性だった。「ヨーロッパ、アフリカ、中東、南北アメリカ。世界中のあちこちからやって来た異なるエスニシティに属するユダヤ人たちが、軍隊の中でイスラエル人になるんだ。同じ場所で寝起きして、同じものを食べ、そこでイスラエル人としての自覚を持つんだよ。イスラエルは一つの大きな家だし、イスラエル人は一つの大きなファミリーなんだ。だから公の場でもラフな格好をしているし、知らない相手にも物おじしないで話しかける。家の中で遠慮する人はいないだろう?」。アフリカなど「後進的な」地域からやって来た移民やその二世についても、衛生管理や規則正しい生活習慣を軍の中で学び、西欧指向のイスラエル社会に適応してゆく、とされている。ヘブライ語の運用能力も軍隊生活の中で一気に向上する一方で、アラブを敵視する見方もそのなかで徹底的に教育されるのだ。

ユダヤ人が異なるエスニシティに属しながら、共通の価値観を身につけ「イスラエル人になる」と言われる時、イスラエルのアラブ人の存在は、無視される。イスラエル国籍を持つという意味ではイスラエル人であっても、彼らが兵役に就くことがない以上、兵役を通じて「国民化」されるところの「イスラエル人」にはなり得ないわけだ。ラケルは、イスラエルのアラブ人が「イスラエル人として生きるという姿勢を見せる限り」彼らを受け入れる、と言ったが、現実的に彼らは、「イスラエル人」になりたくてもなることが出来ない。それは彼ら

▼76 **シヌイ党** シヌイは「変革」を意味する。中道リベラル派を自認し、自由主義経済、民営化の促進を

の問題ではなく、中東地域の一角に位置を定めながら、この地域の人々の関係を分断し、それに乗じて国作りをしてしまったイスラエルという国のあり方の問題だ。

一方、誰が見ても不足なくユダヤ人（ユダヤ教徒）でありながら、兵役に就かない人々もいる。ラケルの話にあったように、ユダヤ教の超正統派の人々（ハレディーム）で、彼らは一般の兵役年齢に達するころ、「イェシバー」と呼ばれるユダヤ教の専門教育施設に通っている。イスラエル建国当時、政府は彼らの兵役免除を認めた。そもそもイスラエルは神の力によってしか成就しないと考える彼らは、人間の力でユダヤ人国家を作ろうとするシオニズムとは相容れない立場であったからだ。これを不公平だと考える一般のユダヤ系イスラエル人たちの不満をうまく利用したのがシヌイ党である。▼76

彼らの兵役免除を不公平だと考える世俗派と、兵役免除の特権を維持したい超正統派の間で、いわば妥協で成立したのが「タル法」だった。それまで法的な位置づけのなかったイェシバーの学生の兵役およびその免除について、法的に規定したのである。そのままユダヤ教研究を続ける意思のある者については兵役免除を保証するとともに、一般の仕事に就く意思を持つ者については、四か月という最低期間の兵役と予備役、また一年間の無給の民間奉仕に就くことを選ばせるというものだった。同法の見直し期限である三年が過ぎた二〇〇五年には、むしろ兵役免除者の数が増えていることが報告され、同法が超正統派の若者を兵役に方向づける点に関しては貢献しなかったことがはっきりした。▼77

さらに、麻薬常習者、精神病者、身体障害者などについても兵役が免除されるが、他方で

訴える一方、宗教に拘束されない世俗婚、シャバト（註23）における交通や娯楽施設の運営などを掲げ、政教分離を推進しようとしている（しかしイスラエル国家の「ユダヤ性」を損なわせるものではないとする）。世俗的な経済人や知識人を支持層に七〇年代後半に結成され、左派連合のメレツに属した。九九年の国会選挙で、超正統派に対する激しい攻撃を行ないながら六議席を獲得し、次の二〇〇三年の選挙では一五議席まで伸ばしたが、二〇〇六年の選挙で惨敗した。

▼77 イェシバーの学生の兵役免除に関して規定し、国民間の不平等に法的根拠を与えたとし、シヌイを中心とする委員会は、同法がイスラエル基本法の「人間の自由と尊厳」に違反していると訴えた。しかし二〇〇七年、イスラエル国会は同法の五年間の延長を決めた。

は軽度の障害をもつ人間が兵役免除の取り消しを求めて嘆願書を出した、というような記事をたまに目にすることがある。イスラエルでは兵役は「義務」であると同時に「権利」であり、兵役に就かないということは社会の非主流として生きていくことを意味してしまうからだ。▼78 兵役の「権利」を求めるとき、志願者は兵役に就くことの実利的なメリットを当然意識しているはずだが、建前としては「国を守る一員になりたい」といった定型的な表現が用いられることが多い。

では、あらかじめ兵役免除の対象になっている層ではなく、兵役適格者が兵役に就かないという場合、どういったことが起こるのだろう?

兵役は一八歳から突然始まるのではない。一六歳から一七歳になると兵役準備通告書が届き、健康診断や適性検査を経ることになる。つまり高校生はすでに、兵役の準備期間にいるわけだ。健康診断書の提出をしないでいると警告書が届き、それを無視していると最終的には家宅捜査、本人の逮捕である。第二次インティファーダ開始後の二〇〇一年、高校生六二名が署名した首相宛の兵役拒否宣言文が公表され、その署名数は年々増えているが、彼らは自分の身辺でそうした兵役準備が進行しているリアリティの中で、拒否の声を挙げたのである。▼79

イスラエル軍や占領政策への批判を明確に兵役拒否理由に掲げた男子の高校生の場合、数十日間軍刑務所に収容され、それが何度か重なることもある。反戦運動が支援を求め、マスコミでもある程度注目されるのはこのケースだが、実際にはもっとさまざまなタイプの兵役

▼78 イスラエルの新聞に載る求人広告を見ると、大抵の求人案件に「兵役」と書かれているのが目につく。つまり兵役を終えていることが応募者の条件となっているのである。これは実際に兵役に就かなかった人間を排除するためというよりも、制度的に兵役から排除されているアラブ人を（人種差別という批判を受けることなく）雇わずに済ませるための方策である。

▼79 その中には、ビンヤミン・ネタニヤフ元首相の甥、ヨナタン・ベン・アルツィも含まれている。ネタニヤフ家は右派強硬派の元首相のみならず、軍の英雄を輩出してきたことで有名である。二〇〇三年、彼が兵役拒否を表明し収監されマスコミの話題となったことは、長らくタブーであった良心的兵役拒否についての話題を表面化させるきっかけを作った。

拒否者が存在する。集団生活や規律が苦手だったり、とにかく嫌だ、やる気が起きないという当たり前の感覚の持ち主だ。自分の考えを明確にして拒否をすれば懲役刑になるが、コネを頼って医者に軽度の精神障害という診断書を書いてもらって押し切ろうとすることもあるようだ。こうした人々の増加については、物質的に豊かになり、個人主義が広まったことと関連づけられて説明されることが多い。

兵役拒否の難易度については、実は男女差が非常に大きい。女性が「良心に基づいて」兵役に就かないことを宣言する場合については、軍当局は正式な認知をしている。審査を行う委員会が軍の中にあり、拒否理由が正当で偽りのないものだと認められれば、彼女たちは兵役免除の資格を得ることができる。軍は兵役に就かない女性たちの数を公表したがらないが、この数は年々増えており、現在は四〇パーセントにも達しているという記事を見たことがある。超正統派に属する人や心身の障害を持つケース、既婚者・子持ちの女性のケースなど、最初から兵役免除になる人々をおよそ一五〜二〇パーセントと見積もるならば、兵役適格年齢に達した女性たちの約二〇〜二五パーセントの女性は、良心的兵役拒否によって免除を得ているということになる。

しかしこの良心的兵役拒否というのが実際にどういうことまで含むのか、実ははっきりしない。一般的には宗教的な理由によると説明されているが、それは建前である。明示化された内容が広まってしまえば、それに添った兵役拒否が増えるため、条件をわざと曖昧にしているのだろう。移民吸収省が移民の兵役について周知させるために作っている文書には、兵役免除について次のように規定されている。▼80 一般の女性の兵役免除のケースに準じていると考えてよいだろう。

「女性は宗教的良心、結婚、妊娠や育児を理由とする場合、兵役を免除され得る。宗教的背景に基づいて免除を受けるのは、以下のような条件の場合である。一・良心、または宗教に基づく生活様式を理由として、軍の任務に就くことが不可能であることを宣告し、それについて免除委員会の承認を得た者。二・家庭の内外でカシェルートを守っている者。▼81 三・シャバト（安息日）に旅行をしない者」。▼82

「宗教に基づく生活様式」という規定自体は明快だが、その裏付けを取るのは難しい。ましてやそれぞれの「良心」が何に由来するのかは、結局はそれぞれの人間の内心の問題である。宗教とは関わりなく、自分の意思に基づいて兵役拒否を志す人間が理由を偽り、免除を得やすいと思われる回答をして成功することは、難しいにせよ不可能なことではない。残念ながらはっきりした数字は知り得ないが、そういう人が少なからず存在することは確かなのである。

先程のラケルとは対照的に見える、物静かで目立たないタイプのヤアルもそうだった。偶然バスの中で話をして親しくなった彼女とは、やはり何度か大学の芝生の上で話をしたが、ある時、彼女が兵役に就かなかったということを偶然知った。しかし詳しい話を聞こうとしても、彼女はその話題を避けたがっているようだった。「ああいうところ（軍隊）は私には向かない。私は家を離れたくなかったし、早く大学で勉強したかったの」とだけ言う。兵役を

▼80 英語で見られる移民吸収省のサイトは以下のとおり。http://www.moia.gov.il/Moia_en

▼81 **カシェルート** ユダヤ教の食餌規定のことで、聖書の「レビ記」一一章に基づき、食べてよいとされる食物が細かく規定されている。カシェルートを守っているか否かがその人間の信仰に関する社会的指標として機能することが多い。食品に関する具体例は第五章註96を参照のこと。

▼82 **シャバト** 「創世記」に天地創造の七日目に神が休んだと記されていることから、土曜日がユダヤ教の安息日となっており、労働が禁じられている。単に身体を休める日ではなく「神聖な日」であり、金品のやり取りや機械操作、火の扱いなども禁止されることから、特に車の運転は忌避され、公共の交通機関はスト

経験した同級生より年が若いため、兵役に就かなかったことが知られるのが嫌で、年齢を尋ねられた時は少し加算して言うこともあるそうだ。反軍とか反戦といった明確な思想的・信条的理由による兵役拒否とは思えないが、ともかくも「兵役に就くのは嫌だ」という気持ちを押し通したのである。彼女の父親はロシアから移住しイスラエルで結婚した人間で、一緒に文学や思想の問題について話すことが多いという。結局訪問する機会はなかったが、家族間に信頼関係の築かれた、リベラルな家庭の雰囲気が想像させられた。

宗教的な家庭に生まれ、母親の生き方に反発し、自立を願って兵役に就いたラケルと、リベラルな親の家を離れるのを嫌って兵役を拒否したヤアル。図式的な整理だが、二人の選択を比べると、人間の「自立」や「自由」とは何なのだろう、という根本的な疑問が頭をもたげ始めてしまう。

女性の兵役拒否の実体が男性の場合に比べて注目されないのは、軍隊における女性の位置づけの低さのためである。女性は戦闘部門に就かないため、軍の中での女性の位置づけは軽く、兵役拒否者が出ても大きな脅威にはならない。他方拒否をした人間は、ヤアルのようにそれを隠す傾向にあるだろう。そのため、女性の場合は兵役拒否が比較的容易に出来るという情報そのものが、十分に行き渡らないでいる。社会からの全面的な非難の矢面に立たずとも、審査委員会の前で頑張り通しさえすれば兵役免除が認められる、という事実を知らなかったり、漠然と知ってはいても具体的な意思表示の仕方についての情報が手に入りにくいのが実態のようである。面接官の威圧的な態度に屈して、審査申請を取り下げてしまう場合も

ップする。前項同様、信仰に関する社会的指標として機能しているが、個人の選択である食餌規定に比べ公共に関わることが多いため、政治的に扱われることが多い。

多いという。

情報が行き渡っていない、という点については苦い記憶がある。ユダヤ人の夫を持つ日本人女性Aさんと一度だけ会ったとき、彼女の高校生の娘が兵役に行くことになるだろうという話が出た。「よほど頭が良いとか、特殊な才能を持っている子でない限り、兵役に行かずに済むなんてことは出来ないのよ。この国で生きる限り、しょうがないわ。男の子だったら大変だけど、女の子なら……。まあ、ガールスカウトみたいなもので、鍛えられるし、いいんじゃないかしら。それにしても男のお子さんを持つ親御さんは、お気の毒」。これがAさんの言葉だった。内心ショックを受けながらも、確信的な口調で話す彼女を前に、私は何も言えなかった。初めて会ったばかりの人に対して、立ち入った話をするのには躊躇もあった。また、その時には女性の拒否者がこれほど多くなっていることを、私自身もよく知らなかったのである。それにしても、人の一生を左右する重大事が、こんな曖昧で限られた情報の中で進んでしまうとは！　ぞっとする話ではないか。

イスラエルの女優・モデル・歌手で、若者に人気のあるアガム・ロドベルグ（1986年生まれ）。2005年に兵役のため入隊し、慰安公演部隊に配属された。芸能界などですでに華々しいキャリアを積んだイスラエルの18歳は兵役時に猶予を与えられることがあるため、不公平だとしてしばしば話題にされるが、アガムは「イスラエル市民として当然の義務」とコメントして話題になった。1990年代は、男性ロック歌手アヴィヴ・ゲフェン（1973年生まれ）が兵役を拒否し、オスロ合意後の和平プロセスを支持する歌手たちとコラボレーションを作り出して左派潮流の支持を得たが、現在では過去の例外的な一時期として受け止められている。

枠組みを突破する「志願者」

イスラエル軍の占領政策にとって衝撃的な出来事は、若者の兵役拒否よりも、実戦経験を積んだエリートの予備役兵による兵役拒否であった。第二次インティファーダ開始後、約一千人の予備役兵が実戦部隊や占領地での兵役に就かないと宣言し、約五〇名が懲役刑を受けたのである。[83] 現在の占領政策の続行はイスラエルにとってメリットがないという戦略的観点からの反対の声が圧倒的だが、占領地のパレスチナ人を直接殺す状況に身を置きたくない、という立場の人もわずかにいて、両者の立場は、かなり違う。占領地での任務を拒否する選択的兵役拒否者の場合、我こそが「真の愛国者」として正しい行動をとっているのだ、と言わんばかりである。軍事力に頼るイスラエル国家のあり方そのものを変えていこうとする思想ではなく、イスラエル社会のあり方を根本的に問う批判性を持ってはいない。だが、こうした立場からの声の方が一般的な共感を呼びやすく、政策への影響力も大きい。

しかし、ここではイスラエル国防軍のあり方が大きく変わりつつある全体の方向に注目したい。兵役年齢に達した若者の入隊率が下がっているのは、もはや公然の事実だ。イスラエル国家のあり方への明確な批判として兵役拒否を行うことへのバッシングは相変わらず強いが、個人主義的傾向の広がりや、入隊せずに早くから職業的キャリアを積みたい、という指

▼83　日本語で読める参考文献として『イスラエル兵役拒否者からの手紙』（ペレツ・ギドロン編著、田中好子訳、NHK出版、二〇〇三年）がある。

向は、しぶしぶながら黙認され始めているようだ。国民のアイデンティティの根幹であり、実際には兵役に行かない人間が相当数存在しているにせよ、誰もが一八歳になったら男女共に徴兵される。そうした「国民軍」であるイスラエル国防軍の性格が、名実ともに大きく変わろうとしているのだ。その代替策として、これまでは兵役に就かなかった層からも志願があれば、兵役に就かせるという方向に向かっている。後で見るように、女性兵士を戦闘分野においてより積極的に取り込んでいくことは、その流れの一部として位置づけられるだろう。

希望がありさえすれば兵役に就かせ、取り込んでいくという方向性が明快なのは、前述の通り超正統派のケースだ。また、これまで三〇歳以上の年齢でイスラエルに来た場合は兵役免除だった移民についても、希望と適性さえあれば、もっと年長であっても予備役に就かせることが検討されているようだ。

アラブ人の志願に関しては、特に議論するのが辛い問題である。兵役に対するムスリムやクリスチャンの態度は多様で、兵役に就いているドゥルーズやベドウィン▼84への蔑視感情を表す人々は多いが、他方で自分たちには兵役に就く機会がない、という不満もある。イスラエル国家に奉仕したいからではない。アラブ諸国の多くも徴兵制を敷いているため、男性なら一度は味わう軍隊経験から、イスラエルのアラブ人だけが除外されているということが悔しい、という声も聞く。無論、彼らにとって一番の問題は、兵役に就かないために職業選択が限られているという現実だ。イスラエル社会で兵役に就かないことがいかに不利かを味わってきたため、兵役を志願するアラブ人が少しずつ増えてきている。自ら志願すれば受け入れ

▼84　ドゥルーズの男子の兵役は、法で義務づけられている。他方ベドウィンの場合、そのような法は存在しないものの、多くの場合志願というかたちで兵役に就いている。特に第七章で紹介する北部のガリラヤ地方に住むベドウィンは、その割合が高いと言われる。背後にはイスラエルに奉仕す

られることが多いが、しかし家族や周辺の人々からの反対・反発も足枷である。制度として徴兵制が導入されれば、周囲の顔色をうかがわずに堂々と入隊できる、というわけだ。そうした意見に反対する人々も、兵役や軍隊の存在に絶対的に反対というわけではない。「アラブ諸国との関係が今のような状態のまま、自分たちが兵役に就くのはまずい。アラブの兄弟たちと敵対関係になってしまう。だが、イスラエルとアラブ諸国の間に和平が成立すれば、兵役に就いてもいい」。

他方で兵役に就いているドゥルーズやベドウィンがいる。彼らに対し、この問題をこちらから持ち出すのは難しく、相手が話題にした時に話を聞くことにしている。あるベドウィン男性はこう言う。「もともと土地を持っていないベドウィンにとって、兵役に就かない限り展望はない。イスラエル国家のために働きたいのではない。自分たちの生活を守るために兵役に就く。それは家族に対する自分の責任だ」。

女性と軍隊の関係に話を戻そう。戦闘分野への女の取り込みは、現象的には女の側からの「軍隊内男女平等」の要求の声として出てきた。イスラエルでは国家建設当時、人材不足も手伝って、多くの女性が戦闘に参加し、それにまつわる話は今でも伝説的に伝えられている。しかし一九七〇年代に入り、公式の方針として戦闘分野から女性を排除していく方向に進んだ。女性兵をかばう男性兵の存在など、女性が存在することで男性が「弱体化」してしまうことが問題になったためだという。一方で「ヘン」と呼ばれる女性部隊は建国後一貫して存在し、女性らしさを生かし強調する方向で教育され、その適性が利用された。

ることによって少しでも良い待遇を得ることへの期待があるが、南部のネゲヴ砂漠に住むベドウィンに関してはその窮状に変化がなく、ここ数年は志願率が減少しているとの報告もある。ベドウィンについては、第七章註134、145も参照のこと。

一九九五年、南アフリカからの移民であり民間パイロット資格を持っていたアリス・ミラーが高等裁判所に対して訴状を提出したことが、最近の軍隊内男女平等をめぐる議論の画期をなしたとしてよく言及されている。女性であるために空軍のパイロット養成コースの入学試験受験資格を認められなかったとして、裁判に訴えたのだ。いくつかの女性組織が彼女を支援し、裁判所は彼女の主張を受け入れた。ミラー自身は入学テストに合格しなかったのだが、彼女が道を開いた受験機会によって、同じ時期に七人の女性が合格した（ただし、この時の合格者の中で、最終的なパイロット試験に合格してパイロットになった女性はいなかった）。この当時は突出した「エリート・戦闘的女性」の行動として映っただけだったかも知れない。しかし二〇〇一年、女性部隊「ヘン」は解消され、女性は男性と同じ部隊の中で任務に就くという方向性がはっきり示された。九八年にシャウル・モファズ▼85がイスラエル国防軍参謀総長に指名されると、彼は新たなポジションに女性が参入する機会を拡張していくことを繰り返し強調した。

かたや、男女共同参画の流れはグローバルなものとなっており、女性が戦闘分野に参入したり、そうした方向性を是認する傾向は世界のあちらこちらの地域で見られる。その社会固有の事情を持つにせよ、世界中で同時進行している流れがそれぞれの地域の傾向を後押しし、今度はそれがグローバルな流れをさらに加速してゆく。

問題は兵役に就く女性ばかりではないと気づいたのは、ある若いドゥルーズの女性と偶然話した時のことだ。彼女は二〇歳で、同じくドゥルーズの男性と婚約をしているというのだ

▼85 **シャウル・モファズ** 一九四八年、テヘラン生まれ。一九五七年にイスラエルへ移民する。イスラエル国防軍の第一六代参謀総長。

▼86が、相手は三〇代で職業軍人だという。将来、四五歳で除隊したら、年金をもらってのんびりと生活できる。そのことは無論、彼女の将来計画にきっちりと折り込み済みなのであった。二〇歳という年齢で、彼女がそんな人生ルートを引いているということに、私は衝撃を受けた。ラケルなら、やっと兵役を終えたか終えないかの歳である。自由を得ようともがき、自ら主体的に兵役に就いたラケルと、軍人の夫を持つことで安定した生活を得ようとしているこの女性。またしても図式的な比較を持ち出すことになるが、彼女たち二人の生き方を頭の中で並べ、気が重くなった。いずれにしても、こんな選択肢しかない人生は嫌である。

ユダヤ人と違ってドゥルーズの場合、兵役に就くのは男性だけだ。しかし考えてみれば、兵役に就いた男性がその一家にもたらす特権を、女性も享受することになる。本人が兵役に就かなくても、このようなかたちでイスラエル軍に関わり、そこから利益を得る。本人が兵役に就いているかどうかだけが、問題なのではない。また、だからこそドゥルーズの男性の兵役拒否には、二重の困難があるのだ。

兵役に就くマジョリティと、兵役に就かないマイノリティ。全体の方向としてイスラエルの軍隊は、性別やエスニシティ・宗派の別、イスラエル生まれと新移民の別、などの間にある枠組みを突破し、志願さえあればこれまで兵役に就かなかった集団からも兵役に取り込むという方向性に向かっている。男女の差も以前ほど明確ではなくなり、兵役拒否を行う人間が男女ともに確実に増える一方で、実戦に加わろうとする女性が増えているのである。

▼86 中東では一般に、結婚は個人の出来事ではなく、家族をはじめコミュニティの意思が強く関与した社会的出来事であり、社会維持機能の側面が大きい。ドゥルーズの場合、少数派としてのコミュニティ維持の必要性から、非ドゥルーズとの結婚は原則的に許されず、非ドゥルーズと結婚した人間はドゥルーズコミュニティから排除されるのが普通である。女性の場合には特にそうであり、男性の場合は相手の改宗を前提に、結婚が認められることがある。

上昇志向を持った一部の人間が、属する集団に関わらず、時には属する集団の規範に反する形で、社会全体で主流となっているあり方に積極的に身を投じてゆくこと。それはどんな社会でも見られるありふれた現象だ。

後方任務と実戦の違いは、確かに大きい。だが一方で、自分が実戦で活躍できる見通しを持つか否かは、持って生まれた身体的な個体差によるところも大きい。自分が活躍出来る場が戦闘分野であるか非戦闘分野であるかはともかくとして、与えられた場で「頑張る」ことが価値づけられているという点ではどちらも同じである。

ラケルの友人で、フランス語が堪能なため情報関係の部署に配属されていたという女性に少し話を聞いたことがある。「兵役経験は、私に自己信頼を与えてくれた。どんなことでもやれば出来るのだ、という自信を持つことが出来た。それは大学院で研究を続けている現在の自分にとって、とても役立っている」。定型的な発言だが、ここにこそ女性兵役を考える鍵があるのではないか。人生のキャリアを築く第一歩としての兵役を肯定的なイメージで語る言説の、抗し難い説得力である。……生きてゆくための基礎的なトレーニングを得る場。自分を鍛え、成長させる絶好の機会。みんなそれを経て、大人になっている、云々。嫌だとか不安だとかいう抵抗感だけを根拠に兵役に就かないとすれば、後になって何か大事なものが自分には欠けている、というような欠損感さえ抱かされてしまいそうだ。自分に与えられた場で最大限の努力をし、成果を得ることによって自信をもって生きたい、という誰にとっても当たり前のように思える願望が、この国では軍隊の論理によって上手に取り込まれ、活用されてしまう。「どこで」「何を」するのか、という問題は後景に退き、自己肯定感を得るためには何であっても「頑張る」ことこそが大切なのだ、という自己啓発の言説は、巷に溢れている。

こうした論理が幅を効かせているのは、イスラエルに限ったことだろうか。軍隊の中での活躍を願うイスラエルの女性を批判することは易しい。しかし安定した生活を指向し、出世欲や上昇志向、向上心を持つことそれ自体が国家の論理に取り込まれていることに気づくなら、問題の根は深く広いと思い知るのだ。

第Ⅱ部

マイノリティーズ　展望と混迷

第五章

ラマダーンで実感するイスラエルの孤立

非ムスリムの見るラマダーン

イスラエルにいると、ムスリムたちが元気な周辺のアラブ諸国が猛烈に恋しくなることがよくある。特にラマダーンの時期などはかなわない。せっかくのラマダーンだが、イスラエルではその面白さが半減してしまうのだ。

私にとってのラマダーンの原風景は、シリアで作られた。

日の出から日没までのあいだ断食（サウム）することでよく知られているが、ムスリムにとっては何よりも神聖でかつ楽しみでたまらない月である。▼87 ラマダーンが近づくと、大人も

▼87 ラマダーンはイス

子どもも、そわそわしているのが傍目にも分かる。まだ断食をするには無理のある小さな子どもが断食をやりたがり、親が「まだお前は早いよ」とたしなめるという光景も、ラマダーンの典型的なイメージの一つだと思う。

「断食と言っても日中だけで、夜はたらふく食べるそうじゃないか。それじゃあ意味がないね」などと日本では言われたりする。日本語で「断食」というと、仏教的な苦行の意味がまとわりついてしまうので、こうした疑念につながってしまうのだと思う。イスラームでは禁欲そのものに価値があるわけではないし、断食を通して何かを「悟る」というようなことが求められているわけでもない。断食後、五感のすべてによって食べ物の美味しさを敏感に受け止めながら食事をし、食べることそれ自体の幸福感や食べ物の恵みを十分に味わうことが肝心なのだ。さまざまな食べ物の形や色やにおい、それを租借し味わい満足することの出来る機能を備えた身体、食事を共にする家族や友人の存在、心を落ち着けることの出来る家、そうしたものすべてを与えて下さったアッラーに心から感謝をする。そうした機会を持てるからこそ、断食にも意味があるというものだ。

「断食」とはいうが、実際には食べ物より水が飲めないことの方が大変だ。喫煙者にとっては、タバコが吸えないことが何よりつらいだろう。ちなみに性行為も禁止で、「断食」という訳語だとやはり不十分だ。▼88 九〇年代の半ば、ラマダーンの時期は春先だったが、二〇〇〇年代半ばには秋に移動している。イスラーム暦は太陰暦であり、太陽暦より一一日ほど短いため、ラマダーン月は今後どんどん夏へと近づく。暑いだけではなく、何しろ日没までの時間

ラーム暦で第九番目の月名であり、ラマダーンに「断食」の意味はない。またラマダーン自体は「祭り（イード）」ではなく、ラマダーン明けの初日に「イード・ル＝フィトル」という祭りがある。ただし、ラマダーン中に「いつの年も健やかに」といった挨拶が交わされ、正月のような改まった気分が生じる。

▼88 サウムの訳語として「斎戒」が使われることもあるが、神道に由来する語なので、これも適当とは言えないだろう。

が長いため、真夏の断食は本当に大変らしい。逆に真冬の断食は、それほど苦痛ではない。時期によって苦痛の程度が全く異なってしまうのが、面白いところだ。

日没の時間が近づくとあわただしくなって来る。帰宅する車で、道路は渋滞になる。町中で、商店のシャッターが閉まる音が響く。家の中でごろごろと横になっている子どもも、起きあがって身支度をする。きっかりに食事を開始できるよう、母親や娘が中心になって食卓に料理の皿を運び始める。テレビはメッカをはじめ各国のモスクからの中継を流す。

料理はアラブ文化の重要な要素だが、食事の規範はかなりいい加減に見える。先に席に着いた人間がおもむろに手を伸ばして食べ始める中、子どもがいきなりテレビの音量を上げ、父親が怒鳴ったり、電話が鳴ったり、近所の誰かがぬっと入ってきたり、小さな子ども同士が喧嘩を始めてパンを投げ合ったり。……絵に描いたような日本の「家族の団欒」のようなものが苦手な私でさえ、もう少し落ち着いて食事ができないものかと思ってしまう。しかしラマダーンのフトゥール▼89だけは、皆で一斉に食事を始めるため、電話も鳴らないし、一応静かに食事に集中できる。と言っても食べ物に夢中で、あまり会話はない。会話を楽しむのは、

ラマダーンのフトゥール（断食明けの食事）

▼89 **フトゥール** 断食明けの最初の食事のこと。この語は通常では単に「朝食」

食事を片付けた後のお茶の時間だ。

ムスリムの家庭で、フトゥールをご馳走になるときは、私も日中断食しておく。そうしておかないと、あれだけたくさんの料理を美味しく頂くことは出来ない。食べ物の都合だけでなく、彼らと同じ思いを共有できることの楽しさは捨てがたいものだ。断食明けの時は、食欲に負けて胃を一度に満足させてはいけない。そのあと夜間に何度も果物や甘いお菓子が出されるからだ。ラマダーン中のテレビ番組はドラマを中心に特別に編成されていて、テレビを見ながらお菓子を食べたり、近所の家を訪問して、ここでもテレビとお菓子づけになる、というのが庶民の普通の過ごし方だ。一方で、宗教的な気分が高まる時期だから、モスクに礼拝する人も増え、一日分の割り当てに従ってクルアーン（コーラン）を読む人も多い。

以前私がシリアで下宿していたパレスチナ難民の家庭では、ラマダーン中にイスラームの教えや預言者たちの言行についての話題が何かと持ち上がり、アッラーへの感情を発露する機会がとても多くなった。宗教とは無縁の日常のちょっとした話題に触れたつもりが、「それについてはハディース▼90にこう書いてあるよ……」という具合に、途端にイスラームの話へと転換する。イスラームを理解したいと思う人間にとっては絶好の勉強の機会でもある一方で、気持ちが追いつかずに疲れてしまう場合もある。普段イスラームについて、自分に都合の良い「つまみ食い」をしていることを実感することになるかもしれない。

毎日決まった時間に起きて、決まった時間に食事をすることが望ましいという近代的な時間観念はムスリムたちの生活にも随分影響を及ぼしているはずだが、そんなものに縛られる

の意味で使われる。英語の「breakfast」のほか、スペイン語・フランス語においても「朝食」または「昼食」を意味する単語が「断食を破る」という意味に由来する。

▼90 ハディース 預言者ムハンマドの言行録。クルアーン（コーラン）がムハンマドに下った啓示をそのまま記したもの、つまり神の言葉そのものであるとされるのに対し、ハディースはムハンマドが「～をした」「～と言った」という形式で書かれている。生活上の細部にまで踏み込んだ内容であり面白い。『ハディース　イスラーム伝承集成』牧野信也訳、中公文庫全六巻、中央公論新社、二〇〇一年。

ようになったのは、ごく一部の現象に過ぎない。それを特に実感するのはラマダーン中だ。何しろ、ラマダーンが始まる日さえ、新月が肉眼で確認されてから正式に決定されるのであって、人間があらかじめ決めることではなく、神だけが知っていることなのだ。▼91

昔はラマダーンに入ると早めに寝て、明け方の二時間くらい前に起き、食事の用意をして食べ、そのまま起きていた。▼92 現代ではどうしても夜更かしになり、大人は深夜ずっと起きたまま明け方前の食事をし、それから寝る日もあったりする。明け方に起きて食事をしたり、しなかったり、それからまた寝たり寝なかったりと、どうしても不規則な生活になる。夜更かしして明け方さらに食事の準備を整えた母親は、朝、学校に行く子どもを起こすとまた寝る。仮眠してから早朝仕事に出かけ、午後に帰宅するとまた寝る人もいる。ラマダーン中は労働時間が短くなることが多い。子どもも睡眠不足だから、帰宅後に寝る。店を持っている人などは、フトゥールをとってしばらくすると、また仕事に出たりする。ラマダーン中の学校は短縮の時間割りで、役所などの業務は滞ることが多い。

こうした生活が続く中で、近代的な時間配分や自己規律が必要とされる仕事に就いている人は大変だろうと思う。仕事の都合上断食をしない人もいるが、周囲の人たちに配慮してこっそりと食べる必要があるし、生活全体はラマダーンのペースに巻き込まれる。私自身も、たまに訪問するという程度の距離を置いて付き合わないと精神的に疲れてしまう、というのが本音だ。彼らの生活にどっぷりと浸かりきってしまうことへの覚悟さえあれば、かえって楽だろうとは思うのだが。

▼91 大抵のアラブ諸国では、サウジアラビアの宗教評議会による確認に基づく決定に従い、ラマダーン入りを決める。近年、非イスラーム圏に移民したムスリムが何に基づいてラマダーン入りの判断をするべきか、インターネット上で話題になっている。

▼92 夜明け前に食事を済ませて断食に備えることが出来るよう、アブー・タブラ（直訳すると「太鼓の父さん」）と呼ばれる人間が、手に持った小さな太鼓を棒で叩き、地域を歩き回った。現在でもこの光景を見ることが出来る。個人のものではなく、共同体全体による実践体系としてのイスラームのありかたが実感される。

イスラエルのラマダーン

非ムスリムにとっては、楽しくもあり気疲れもさせられる一ヶ月。そんなラマダーンが、イスラエルにいると非常に懐かしく、恋しい対象になる。もちろんイスラエルにいるムスリムはラマダーンを祝い、ムスリムだけの村や町では、アラブ諸国とあまり変わらない光景が見られる。しかし、ユダヤ人がマジョリティの都市で、働いたり学生生活を送りながらラマダーン月の義務を守るのは、大変である。いやラマダーンに限らず、イスラエル社会の中でムスリムであること自体が大変なことだろうと想像させられる。

大学の中で見聞した例がいくつかある。図書館の階段の下の薄暗い片隅で、男の学生が二人並んで礼拝をしているのを最初に見た時は、はっと胸を突かれるような気がした。アラブ諸国の大学の場合なら当然モスクが設置されているから、礼拝をしたい学生はそこに行けばいい。だがイスラエル国内の大学には、落ち着いて礼拝を行える場所がないのだ。▼93

ある日の午後、大学の空き教室を使って勉強をしていた時のことだ。ヒジャーブを被った女の学生が入ってくると、私が広げていたアラビア語の本を目にしたのか、躊躇することなくアラビア語で話しかけてきた。簡単な自己紹介の後で、彼女は言った。「今ね、あっちで一人で礼拝をしていたらいきなりユダヤ人の学生が何人も入ってきたんだよ」。礼拝というもの

▼93　次章で紹介する「イスラーム運動」の学生組織がイスラエルの大学に対しモスク設置を要求している。なおイスラエルにはアラブ系の大学は存在しないが、イスラーム研究で名高い「アル＝カースィミー学院」など、教員養成を目的とする単科大学に分類されるアラブ系高等教育機関は存在する。

は、一度始めたら周りで何が起ころうと、続けるべきものである。神と自分の世界であって、それ以外のことに気を留めてしまったら、礼拝にならないのだ。仮に警備員などから「何があったのか」と聞かれれば「何もなかった」と言うしかないだろうが、突然どやどやと入ってきた男性のユダヤ人学生たちの目つきや態度から何とも不快な思いをさせられ、礼拝が滅茶滅茶になってしまった、ということだった。

　誰であれ異文化圏を旅すれば多かれ少なかれ不自由さを味わうのだから、非イスラーム圏を旅行するムスリムが味わうであろう諸々の不便さについては、仕方のない場合もある。しかし、この地で暮らすムスリムは旅行者ではない。この地域ではもともと彼らが先に暮らしていたのだから、新参者であるユダヤ人は、せめてもっとイスラーム社会のありように敬意を払い、そこでの習慣や文化を受け入れるべきなのだ。現に中東のクリスチャンたちは、彼ら自身の信仰を守りながらも、社会全体に行き渡っているイスラーム的な秩序や生活習慣を受け入れて暮らしている。また、宗教を徹底的に個人の領域に押し込めようとするフランスのようなありかたなら、それはそれで一貫しているとは言える。しかしユダヤ国家という建前をもつイスラエルの場合▼94、非ユダヤ教徒であっても多かれ少なかれ、ユダヤ教の慣習や祝日に生活スタイルを合わせなくてはならない。寮にはシナゴーグ▼95が併設されているし、大学の学食など公共の場で提供される食事は、すべてカシェルート▼96に則っている。ユダヤ教徒ならばその立ち振る舞いのすべてにおいてユダヤ教徒として存在できるのに対し、ムスリムは肩身が狭いのである。

▼94　イスラエル建国宣言（一九四八年）に「ユダヤ国家（メディナー・イェホディート）」という言葉が使われている。そこにはこの国家を作る権利を認めたものとして一九一七年の「バルフォア宣言」が言及されているが、同宣言では「ユダヤ人のためのナショナルホームの建設」が謳われているだけで、「ユダヤ国家」の建設が明言されているわけではない。後にイスラエルの二つの基本法（一九九二年の「人間の尊厳および自由法」、一九九四年の「職業の自由法」）に「ユダヤ国家であり民主主義国家としてのイスラエル国（メディナー・イェホディート・ヴ・ディモクラティート）」という表現が登場したため、イスラエルが「ユダヤ国家」なのか「ユダヤ人国家」なのかについての問題をさらに込み入ったものとしている。

▼95　**シナゴーグ**　ユダ

ラマダーンの最中は、そうしたムスリムの形見の狭さを特に実感することになり、ムスリムではない私でさえも寂しく感じる。中東のイスラエル以外の国々では、ラマダーン月は社会全体が他の月とははっきり違っている。大学の学食も閉まっているし、レストランも休みになるか、外国人客用に、カーテンで外から見えないようにするなどの措置をとって営業している。社会全体が日の出と日没と礼拝の時間を区切りとしたペースで動き、空腹や満腹感で支配される人間の行動様式が大体一致しているため、連帯感というと大袈裟にしても、知らない人同士でも通じ合うような雰囲気があった。夜のモスク周辺の賑わいを見ると、非ムスリムでも冷静ではいられないような、わくわくした気持ちにさせられたものだ▼97。

一方イスラエル国家から見た場合、ラマダーンの断食はあくまでマイノリティによる「宗教的自由の行使」▼98に過ぎない。何の関与もしないからや

ラマダーン中の昼下がり、食事を待つユダヤ人の観光客（アッカにて）

ヤ教の会堂のこと。祈りや文化行事の場として使われ、地域コミュニティーの中心的な場となっている。ヘブライ語ではベート・クネセト（集会所）であり、シナゴーグの語はギリシャ語に由来する。

▼96 **カシェルート** ユダヤ教の食餌規定。食べてはならないとされているのは、魚介類ではウナギなどヒレとウロコを持たない魚、イカ、タコ、貝、エビ類など。肉類では豚、ウサギ、ラクダ、猛禽類、ダチョウなど飛べない鳥。また食べ合わせも重要で、肉入りのクリームシチューやチーズ・バーガーのように、肉類と乳製品を同時に食べることは厳禁である。また念入りに血抜きした肉でなくてはならないため、可食の肉でもかなりパサパサである。実際にカシェルートをどこまで守っているかは人それぞれであり、豚肉は絶対に食べないがエビ・タコ類は食

りたいようにやってくれ、ということだが、制度上何の配慮もされないため不便を強いられる。アラブ人の町や村の中で暮らすムスリムなら、のびのびとラマダーン気分に浸れるだろうが、混住都市であるハイファやテルアビブではそうもいかない。特にアラブ社会に関心がない人だと、隣にいるムスリムが断食中だということなど、全く気がつかないだろう。

「非ムスリムでもアラブ人なら、礼儀上、ラマダーンの最中にムスリムの前では食事をしたりしない。だがユダヤ人はそんなこと、構いはしない」。知り合いのムスリム男性はそう言う。ラマダーン中でも、アラブ人の町や村にはユダヤ人の観光客が訪れるため、観光客相手のレストランは通常通り営業する。そこで食事をするユダヤ人の客のどれほどが、料理を運んでくるそれぞれの店員が断食中かもしれないことを意識しているだろうか。

中東地域全体がラマダーンに浸っている中、イスラエル社会だけは全く違う関心と時間軸の中で動いている。クリスチャンやドゥルーズなど中東の非ムスリムの社会とは異なり、軍事力をもって威嚇的に地域社会に敵対し、周囲との関係を自ら遮断して孤立している。そういうイスラエルという国のあり方の浅薄さ・つまらなさを、この時期は特に感じてしまうのだ。

気を取り直してムスリムの家庭を訪問してみよう。日没より一時間半ほど前の時間だ。中からテレビの大音響がするが、ドアを何度かノックしても返事がない。扉が細く開いていたので、中に踏み込んで声をかける。昼間なのにカーテンを閉め、中は薄暗い。ソファで寝こ

べるというようなケースもある。

▼97　これは私が、多様な宗教的マイノリティとの共存が実現しているシリアにいたことがあるせいかもしれない。例えばイスラームを極めて厳格に解釈するワッハーブ派のサウジアラビアでは、ラマダーン中は非ムスリムでも人前で食事が一切出来ないため、ラマダーンでの断食は「押し付け」に他ならず、楽しむどころではない、という感想を抱く外国人も多い。

▼98　一九四八年のイスラエル建国宣言では「宗教の自由」が謳われている。公立の学校の休日の決定などは各自治体の裁量となっているため、アラブ人の町村では、イスラームやドゥルーズ、キリスト教徒の祝日などが休みになっている。

ろんでテレビを見ていた子どもが起きあがり、しばらくするとこの家の主婦が、寝間着姿でのろのろと奥からやって来た。料理の下ごしらえは早くに済ませてしまい、今は空腹と闘いながら日没を待っている時というわけだ。

ようやくテレビが、日没の時間を知らせ始める。イスラエルのテレビ局はラマダーンの放送などやっていないから、サウジアラビアやヨルダンの番組を見るが、それぞれ時差がある。正確な時刻は、各地域にあるモスクが配るカレンダーに書いてある。この日の料理は、肉を使った料理が三種類と数種類の魚、どれがメインか分からないくらいのご馳走だ。個々の家庭の経済状況や主婦の好み・ライフスタイルの違いもあるだろうだが、イスラエルの食事情を反映して、缶詰や冷凍食品を使ったものも目に付く。シュニッツェル▼99など、アラビア語の名前のない食品も並んでいる。……シリアのパレスチナ人難民一家の家庭では、冷凍食品などあり得なかったことを思い出す。缶詰も種類が限られており、高いせいもあってか、ほとんど買うことはなかった。肉料理もあったが、野菜に米などを詰めた料理や小麦の生地を使った料理のさまざまなバリエーションなど、手間や時間のかかるものが多かった。今、こうしてイスラエルのアラブ人家庭の料理を見るとなおさら、あれは限られた経済力の中で工夫しながら作った最大限のご馳走だったのだ、ということを改めて思う。

一方、こちらの料理は、これぞイスラエルの経済力、ということを強く意識させる。冷凍のフライやソーセージがあるし、粉末状のスープの素と缶詰の野菜で簡単にスープが作れる。チーズやヨーグルトの種類も豊富で、料理に合わせて選びさえすれば、手軽に美味しい料理

▼99 **シュニッツェル**
ドイツ語だが外来語としてイスラエルでもこの名で呼ばれている。薄くのばした鶏または牛肉のフライ。アシュケナジー系のユダヤ人移民がイスラエルに持ち込んだもので、現在では冷凍食品としても流通し、アラブ人も含めてよく食べられている。

が生まれる。ご馳走になりながらケチをつけたいわけではないが、シリアの主婦が手間をかけて作った「伝統的アラブ料理」に多少のノスタルジーを感じていることを自覚せざるを得ない。本来同じ生活文化の中にいた難民たちとイスラエル国内に残ったアラブ人の食生活の差異を目にし、経済力が文化や社会のありようを急速に変えていくさまを確認すると、それに対して言うべき言葉もなかなか見つからない。

イスラエルで出される家庭料理を見ていつも思うのは、野菜などの食材が非常に豊かでバラエティに富んでいることだ。例えばシリアのニンジンは、甘みは強いがひょろひょろと細く、もっぱらジュースに使われていた。イスラエルのニンジンは、甘くて味がしっかりしているだけではなく、太くて大きいため、サラダにも頻繁に使われている。それからトウモロコシだ。シリアでもエジプトでも、シーズンになると路上で焼きトウモロコシを売る光景が見られる。白くて固いゴムのようで、甘さなど皆無なのだが、噛んでいると独特の風味が出てくる。一方イスラエルでは安い缶詰のスイート・コーンが豊富に出回っているので、これもサラダによく使われる。そのほか、アボガドやアーティチョーク、セロリ、時には缶詰のマッシュルームなど、「伝統的

豊富な野菜が並ぶハイファの市場

▼100 **スウィーティー** 文旦（ぶんたん）とグレープフルーツを交配して作られた果実。日本はヨーロッパとともに、スウィーティーの主要な輸出先になっており、イスラエル製品のボイコット運動では、必ずやり玉に上げられる商品と

な」アラブ料理ではなじみのない食材が使われていることも多い。イスラエルの農業技術・食品流通力のたまものである。

イスラエルでは、特に野菜や果物は安価で種類も豊富だ。むろん周辺のアラブ諸国に比べると全く高いのだが、物価全体の高さを考えたら割安と言え、さらに日本の都市部での青果物の値段と比べると断然安い。それに加えて、びっくりするほど色合いが鮮やかで大きな野菜が多いのだ。それから果物の豊富さと安さ。柑橘類が有名だが、スイカ、ザクロ、アンズ、サクランボウ、マンゴー、ブドウ、モモなど、みなおいしい。柑橘類は、日本では「スウィーティー」▼100という商品名でイスラエルからの輸出品が出回っているのがよく知られているだろう。それからサボテンの実だ。皮をむいてオレンジ色の果実を口に入れるとこってりと甘く、シリアでは子どもが田舎に行って採ってきては路上で売る、格好のお小遣い稼ぎだった。イスラエルではこれも、もともと自生していたサボテンを品種改良し、プラントで生産されているものになっている。

「オスロ合意」以後のバブル期にはハイテクが注目されたが、イスラエルでもともと強いとされているのは、何といっても農業だ。乾燥地帯で少ない水を効果的に使えるよう、灌漑技術を発展させ、他の乾燥地域から移植した植物の栽培・品種改良を成功させてきた。▼101付加価値の高い果実や生花の栽培に力を入れ、ヨーロッパに数時間で出荷できるシステムを作り出した。最近では有機栽培技術も注目されている。

イスラエルが「砂漠を緑に変えた」のは部分的には事実である。それを可能にする技術を

なっている（一九九七年度、二三万トンあまりを輸入）。なお、スウィーティーの主要生産地であるジャッファ（ヘブライ語ではヤッフォ）はアラブ人の町ヤーファであり、現在なおアラブ住民の生活環境は劣悪である。地中海の香りのするプレミアム・フルーツ」といった宣伝文句によって覆い隠されている現実がある。異名で同じ種類の果実はあるが、「スウィーティー」名で登録されているのはイスラエル産のものだけである。

▼101　有名なのは点滴灌漑で、これは植物の根のある部分に水の流れを向けるシステム。年間を通して土壌の水分調整が出来るため、イスラエル以外での乾燥地帯でも使われている。イスラエルの灌漑技術関連商品は日本にも輸出されているほか、エジプトなど周辺諸国に対してＪＩＣＡが仲介する形での技術支援が行われている。

実際に作り出し、数々の特許も得ている。しかし同時にそれが、パレスチナ人から奪った土地だったということも事実だ。さらに北部のヘルモン山の水源やヨルダン渓谷における帯水層を占領によって支配し、もともとの住民の使用を禁止して入植者に安く提供している。パレスチナ人が水源へのアクセスを禁止され、何時間もかけて水を汲みに行ったり、不衛生な水を使わざるを得ない状況のすぐ数キロ、数百メートルの隣で、豊富な水を吸収したみずみずしい柑橘類が育っている。おいしければ良いという問題ではないのだ。

イスラエル国内には農民団体がいくつもあり、彼らは国際的に見ても高水準の補助金を得ながら、イスラエル国家と土地との結びつきを体現してきた。他方、イスラエル国内のアラブ人は、組織されることも政府の補助金を得ることもなく、そもそもイスラエル建国時にほとんどの土地を失なった。アラブ人が経営する店で野菜を買えばアラブの土地から取れた野菜が買える可能性は高いが、アラブ人の需要をすべてまかなえるほど、彼らは土地を持っていない。アラブ人の小さな村では、周辺のユダヤ人の町にある大きなショッピングモールまで、車で買い物に行くことも多くなっている。

国家によって作り出されるコミュニケーションの分断

二〇〇四年のラマダーンの最中、イラクで香田証生さんという青年が誘拐され、実行グループによる自衛隊撤退要求というニュースが飛び込んできた。イラクでの日本人誘拐事件は三度目だったが、前二回の事件に比べ、この件はずっと気になった。ほかでもない、彼がバックパッカーで、ヨルダンを経由してイラクに入るまでに、二ヶ月近くイスラエルのテルアビブに滞在していたと報道されたためだ。

日本を留守にしていた私は、日本での報道のされ方や世論の反応の一部しかフォロー出来ていない。事件の前提としてイラクにおける自衛隊の存在がこうした問題を作ってしまったのは明らかだろうが、ここではその問題に深入りしない。そうしたこととは別に、Tシャツに丈の短いズボン姿で一〇〇ドルしか持たずにイラク入りした、という報道を耳にすれば、「思慮の足りないバックパッカー」のイメージがまず浮かび、よい気持ちはしない。こういう格好をした日本人らしきバックパッカーなら、テルアビブやエルサレムではよく出くわす。知り合いになればその人のいろいろな側面も見えるのだろうが、いちいち知り合いになる必然性もない。だから仮にイスラエル国内で香田さんとすれ違っていたとしても、私の場合、ほぼ確実に出会い損ねていただろうと思う。

しかしさまざまな情報が入り、背景も見えてくると、そうした個人的な感情のレベルで問題を見ているわけにはいかなくなった。テルアビブ滞在中の足取りは、ホステルに滞在して皿洗いのアルバイトをしていたということ、死海に観光に行ったらしいということ程度しか分からない。しかし、少なくともはっきりしているのは、イスラーム圏を旅行するならば丈の短いズボンは避けるべきだという程度のマナーを、イスラエル滞在中に学ぶことが出来なかった、ということだ。▼102 付き合いを通して、そうしたことを自然に学べるような相手とは知り合いにならなかった。単純化してしまえば、ムスリムと親しくなる機会がなかった、ということである。

彼がどういう格好をし、どう振る舞っていようと、またイスラエルの入国ビザを持っていようとなかろうと、同じグループに拘束された以上、同じ結果になっていただろう。しかしそのこととは別に考えてみたい。彼がイラク入りの前に二ヶ月間暮らしたのが、ユダヤ人が数の上でマジョリティであるだけでなく、社会的にも文化的にも支配的であるイスラエルという国であったこと、しかもテルアビブという、とりわけ世俗的なユダヤ人の若者文化が他を圧倒している社会だったこと。そしてそのために、おそらくイスラエルでマイノリティとして暮らすムスリムとは、友人になる機会がなかったということ、香田さんもおそらくその必要性を感じなかったこと。そうしたことの重なりが、イラク入りするという彼の決心やその後のさまざまな判断や行動にどう影響しただろうか。それをいろいろ想像せずにはいられないのだ。

▼102 クルアーン（コーラン）やハディースには、ムスリム男性の日常の服装についての明示的な記述はない。しかし女性だけでなく男性も肌をむやみに出すことはよくないとされており、伝統的な衣装は頭から膝の辺りまで覆う、ガラビーヤなどと呼ばれる白い長衣である。西欧的な服装が一般的な地域でも、半ズボンを履いて歩き回るのは欧米人など外国人にほぼ限られる。

イスラエルが周辺のアラブ諸国から孤立していること、その最大の理由としての占領続行やパレスチナ人に対する人権蹂躙政策があり、社会の主流においてアラブ人、特にムスリムが不可視化されているという力学が、一人の青年を、この地域全体に根づいたイスラーム的社会規範に対して無知なままに放置することになってしまった、その結果あの事件が起きた、……と言ってしまえば強引なこじつけに聞こえてしまうだろうか。

偶然だとはいえ、彼の遺体が放置されていたのはバグダードの「ハイファァ通り」付近である。香田さんの事件が起こる少し前に米軍の侵攻作戦があった場所だ。この名前は一九八〇年代、サッダーム・フセインによって付けられたものらしい。イラクに移住したパレスチナ難民の出身地として、彼らを好意的に遇したサッダームが、「ハイファァ」という名前を政治的に選んだのだろう。▼103 しかし歴史的に見れば、両者のつながりはそれ以前からのものだ。イスラエルという国が建設される以前、イラクとパレスチナはこの地域の人間の交通・交流のネットワークの重要な要素としてつながりを持っていたのだ。無論イラクとばかりではない。パレスチナ北部は、南の聖地エルサレムよりも、むしろ北のベイルートに顔が向き、南北の人の移動はごく日常的なことだった。周辺地域と緊密につながり合いながら一つの中心地として特色づけられる活気あるパレスチナ、それが現在まで自然な発展を遂げていたら、今どんな光景があり得ただろう?

逆に、イスラエル建国以前のハイファァの町には「イラク通り」があった。ハイファァの商業活動の中心地の一つで、イギリスの委任統治時代、ハイファァとバグダートの間を往復する夕

▼103　一九四八年のナクバ後にバグダードに移民したパレスチナ人の多くがハイファァやヤーファ近郊の出身者だという。二〇〇三年から始まったアメリカのイラク戦争によって、彼らはイラク国外脱出を余儀なくされ、再び難民となった。http://electronicintifada.net/v2/article6655.shtml

クシーの始発場所だったという。イスラエル建国後、そうした関係が断絶してしまっただけでなく、ベングリオン政権はアラブ的な地名を次々に、ユダヤ教やシオニズムに由来する名前に変更した。▼104 ハイファにある通りの名前もほとんどが変えられてしまい、「イラク通り」は、「キブツ・ガルヨート通り」になってしまった。イスラエルの建国こそがこの地域にもともとあった人間同士の関係を断ち切ったのだ、ということを伝える象徴的な例だろうと思う。それまで中東に、ユダヤ人とアラブ人の間の軋轢が全くなかったわけではない。しかしイスラエルの建国は、両者の間に修復不能な関係断絶をもたらし、それによって現代のアラブ諸国の中における共存の可能性は、試みる機会をほとんど奪われてしまった。

そして、犠牲となったのはパレスチナ人ばかりでなかった。もともとイラクに住んでいたユダヤ人は、ユダヤ教徒のイラク人としてイラクの政治・経済・文化を牽引するブルジョワ層が中心だった。イスラエルに移民してきた彼らの多くは、劣悪な環境とアラブ人差別に失望しながらも、急速にイスラエル社会に順応しユダヤ人となることを強いられた。▼105

香田さんの事件は、イスラエル国内のメディアではほとんど注目されなかった。イラクへ

ハイファのキブツ・ガルヨート通り（旧イラク通り）。この付近はアラブ人のほか、アラブ系のユダヤ人の住人も多い

▼104 その他の例としては、ヘブライ語の「ハ＝ギボリーム（英雄）通り」へと変えられた「サラーフッ＝ディーン（サラディン）通り」、「グッシュ・エツィヨーン通り」へと変えられた「アフマド・シャウキー通り」などがある。グッシュ・エツィヨーンは一九二〇年代にエルサレム郊外に作られたユダヤ人入植地で、ヨルダンの支配下に入った後、一九六七年の第三次中東戦争後に再建された。アフマド・シャウキー（一八六八—一九三二年）は高名なエジプトの詩人。

▼105 そうしたイラク人の代表的な存在として、一九三八年バグダードに生まれ、二〇〇四年に死去した作家サミール・ナッカーシュがいる。一三歳で家族とともにイスラエルに移民した彼は、ヘブライ語で書くことを頑に拒み続け、アラビア語のイラク方言を使いながらバグダード社会を生

の関心自体が、「フセイン体制崩壊」後、まったく消えてしまったといえる。イスラエルの一般の人間にとっては、仮想敵国が一つ消えて安堵したということに過ぎないのかも知れない。しかし、実際にはイスラエル国家がアメリカがイラク戦争を遂行するための重要な支援国・情報提供国・武器供与国であることについては、さまざまな情報が飛び交っている。また人質事件に関して、モサド▼106が日本政府に対する情報供与を行ったらしいという報道も目にする。

私は、実行グループが香田さんを殺害する直前に読み上げた声明をネットを介して聞いてみたが、それは日本のマスコミで言われているように「ことさら残虐な映像でもって威嚇する」ことを目的にしようとしているのではなく、彼らにとってはこうするしかないのだという宗教的確信の実践に過ぎないのだ、と感じざるを得なかった。それがかえって衝撃だった。彼らはイラク人たちの声を全く代表してはいないだろうが、かといって私たちはもはや、イラクの人たちから耳障りの良い言葉だけを聞けるわけではないだろう。自衛隊派兵を許してしまったことによって、すでに私たちはイラクの人々とのあいだに、本来は無用だったはずの複雑な断絶を作り出してしまった。

国家という暴力が人間同士の関係を遮断し互いを無意味に敵対させることは、イスラエルの建国の歴史こそが明らかにしている。このまま私たちとイラクの人たちとの関係を、イスラエルとアラブ諸国の人々とのあいだの修復不可能に見える断絶に重ねざるを得ないような歴史を、私は生きたくはない。

き生きと描写した作品を残したが、イスラエル国内では多くの読者の理解を得ることはなかった。自分を「ユダヤ教を信じるアラブ人」と呼び、イラクから移民してきたユダヤ人はシオニズムの犠牲者であると語っている。映画「忘却のバグダード」に登場しているが、彼の思いは作品中に十分には取り込まれていないように感じる。

▼106 **モサド** ヘブライ語ではモサッド。「機関」という意味の普通名詞だが、イスラエルの諜報特務局を指すこともある。一九六〇年、元ナチス戦犯のアドルフ・アイヒマンを誘拐・逮捕したことで世界的に有名になったほか、アラブ人ゲリラの暗殺および軍事的な活動を行ってきた。

現在の通りの名前を示す表示

第六章

イスラエルの「イスラーム運動」

もたらされた変化と見えない未来

スタジアムに溢れた興奮と俗っぽさ……

二〇〇五年九月一六日、夕暮れ時。ウンム・ル＝ファハムの町の▼107、サッカー・スタジアムに向かう路上は、異様な熱気に包まれていた。

とりあえず、早く会場に着きたいと焦るが、人が多くて前に進めない。舗装されていない道は、うっかりすると転んで足を挫いてしまいそうだ。人の多さに比べ、不合理に狭い出入り口の辺りでは、肉を焼く匂いと煙がもうもうと漂っている。この人混みの中、ケバブ・サンドイッチなんかわざわざ売ることもないだろうと思う。ここは女性専用の出入り口で、小

▼107 **ウンム・ル＝ファハム** アラビア語で「木炭の母」の意。人口およそ三万七千人で、イスラエル国内のアラブ人の町としては大きなものの一つ。

さな子どもの手を引っ張っていたりベビーカーを押している人が多いので、余計に混雑しているのだ。

何とか会場の中に入ると、「イスラーム運動」を示す旗が一面を緑色に埋めつくしているのが目に飛び込み、数万の人間が一つの空間にいることで生み出されている一体感と高揚感に圧倒される。遠目にも、空いているスペースは既にほとんどなくなっていると分かる。これではどこに座ったらいいのか困ってしまうが、私を誘ってくれたラティーファに、すべてを委ねるしかない。すぐに席を探すのかと思ったら、彼女は会場の裏手へと進み、有無を言わさず私に小さな男の子をぽいと預けると、他の女性たちと一緒に同じ方向に身体を向けた。人がやっと通れるスペースしかないのに、ここでお祈りを始めようというのだ。薄暗闇の中、地面に膝をつけてお祈りをしている女性たちが他にも大勢いることにようやく気づくが、彼女らは溢れた人たちがぶつかったり倒れ込みそうになっても、全く意に介さない様子だ。私は不用意に抱いた赤ん坊が海老ぞりになって泣きわめくので、落とさないようにするだけで必死である。

ようやく彼女たちのお祈りが終わり、グラウンドに並ぶ空席を探す。何とか見つけた席は後ろの方で、ステージはほとんど見えない。そもそも男性専用席がグラウンドの前方と右翼席を占めているから、もっと前方に座りたいなら、左翼席の方に上がるしかない。ラティーファは諦められない様子で、左翼席の一番上に登ろうと言う。まだまだ人が入ってくる中、人の流れとは逆向きにベビーカーを押し返し、小さな子どもは真剣な形相をしたまま、ひたすら付いてくる。こういう中にいると私の顔は非常に目立ってしまう。顔をふと上方の席に向けると、何百人かの女性たちが一斉に私を見て指を差し、「ホラホラ、日本人がいるよ！」「ありゃ違うよ中国人だよ！」と言い合い、興奮しているような状態だ。

　こんなに目立って気疲れするくらいなら、やっぱり嫌でもヒジャーブ[▼108]を被ってくればよかったかな、と少し思う。ラティーファに電話で誘われたとき、「ヒジャーブは被らなくていいか」と確認した。モスクに行くわけではないから、嫌なら被らなくても構わないと言われたのだが、やはりヒジャーブをしていない女性など、ざっと見る限り私一人のようである。

「アル＝アクサーが危ない大集会」に集まった人々（2004年の集会内容を紹介したDVDより）

　ヒジャーブを巡る迷いを別にしても、この場に来るには少し勇気が要った。年に一回この季節に行われる集会なのだが、一年前はテレビニュースでちらりと見ただけだった。その名も「アル＝アクサーが危ない大集会」。アル＝アクサーというのはもちろん、エルサレムにあるイスラーム第三の聖地、アル＝アクサー・モスク[▼109]のことだ。イスラエル政府は宗教施設としてのアル＝アクサーの保護を怠ってきたばかりかエルサレムのユダヤ化[▼110]を進めており、アル＝アクサーはシオニストに蹂躙されつつある。そのことを訴え、アル＝アクサー防衛のため、ムスリムたちの連帯をアピールし誇示するのが、この集会の目的だ。こう書くと、アリ

▼108　**ヒジャーブ**　現在は女性の頭部を覆い髪の毛を隠すベールの意味に使われることが多いが、本来、「隔離」とか「覆うもの」を意味する語としてクルアーン（コーラン）で頻出する。ヒジャーブを被る女性をムハッジャバと呼ぶが、若い歳でムハッジャバになる場合と、中年以降からムハッジャバになる場合がある。一度ムハッジャバになるとそれを生涯守り通し、外に出るためにヒジャーブをしたりしなかったりするということは通常はない。

▼109　**アル＝アクサー・モスク**　アクサーとは「もっとも遠い」という意味で、「遠隔のモスク」などと訳される。ウマイヤ朝第六代カリフ・ワリードの時代（紀元七〇五年〜七一五年）に基本部分が建設されたと言われ、岩のドームとともに、イスラームの第三の聖域として位置づけられている。一九四八年以降はヨル

エル・シャロンがアル＝アクサーのある神殿の丘（ハラム・アッ＝シャリーフ）に乗り込んで現在のインティファーダのきっかけを作った事件▼111が想起されるだろうが、この集会が始まったのは九六年で、二〇〇五年は一〇回目に当たる。後述するが、イスラエル国内のイスラーム組織である「イスラーム運動」系の団体が主催している集会だ。イスラエル国内のムスリムの人口を約一一〇万人として、この場にいるのが五万人だとしても、すごい動員率だと言えるだろう。

せっかく一番上まで登っても空いた席はないし、人がひっきりなしに前を通る。諦めて立ったまま、舞台の方を見る。大スクリーンにも舞台の様子は映るから、見えないこともない。丁度、はじめの方の演説が終わり、芝居をやっている最中である。超正統派のユダヤ人の役をした男性が、アラビア語とヘブライ語を混ぜてアラブ人を貶める。悪者役だから、どことなく滑稽に見える。それから、土地を追い出されるアラブ人の農民たちが出てくる。一般に信仰深いムスリムは演劇や絵画など具象性のある芸術を嫌い、そのためイスラーム世界ではそうした芸術が発展しなかったと言われる。しかし、昨今のイスラーム運動の中には、視覚的効果を利用して分かりやすく訴えようとする潮流が多いようだ。▼112そのうち、男性の歌手グループが横に並んで「アル＝アクサーが危ない」というフレーズを繰り返しながら歌を歌う。私はといえば、前の人の頭に邪魔されて真剣に見る気は失せてしまうし、後ろや脇から私のことをちらちら伺う女の子やおばさんに話しかけられたりお菓子をもらったりして、いつまでたっても落ち着かない。

ダン支配下に入り、一九六七年の第三次中東戦争によってイスラエルの占領下となった。

▼110 **エルサレムのユダヤ化**　多数の宗教・宗派にとっての聖地であるエルサレムを、ユダヤ教またはシオニスト的性格のみのものに変えてしまうこと。西岸地区のパレスチナ人がエルサレムに入ることを禁じたり、エルサレムの居住権を奪うことによってエルサレムのパレスチナ人口を減らす一方、特に入植地を建設し、ユダヤ人の人口増加を図っている。また特に観光客の集まる旧市街では、ユダヤ人地区の再開発と整備によりユダヤ教的な色彩が強調され、ユダヤ人のプレゼンスが高められている。

▼111　二〇〇〇年九月二八日、当時野党だったリクード党の党首アリエル・シャロンが五〇〇人の警察隊に護衛されハラム・ア

前半の盛り上がりを演出するのは、シェイフ・ラーイド・サラーフの登場場面である。「イスラーム運動」のトップのリーダーで、二年間以上投獄されていて、数カ月前に釈放された人物だ。▼113「シェイフ（シャイフ）」は敬称だが、ここでは耳にするとおり、シェイフ・ラーイドと呼んでおこう。釈放されて以来、彼はイスラエル中のアラブ人居住地域にあるモスクに出向き、ムスリムたちに語りかけてきた。彼が登場する何日も前から、町の通りを「シェイフ・ラーイド、○○に来たる」というような横断幕が飾る。ハイファのアラブ人地区のモスクに彼が来た時には、私も見に行った。本人は温厚そうな人物で、激を飛ばして煽るような演説はしない。おそらくそのためにより一層、聖人のように慕われているようだ。ハイファのモスクでは、一人の母親がシェイフ・ラーイドに自分の赤ん坊を抱いてくれるよう頼み、その写真を撮っていた。と、書いてしまうと老人を想像するかも知れないが、一九五八年生まれだからまだようやく五〇歳という年齢だ。現在の「イスラーム運動」の指導者たちは、みな若い。

演説が終わると、前方の男たちが旗を振って呼応しながら威勢のいい掛け声を上げ、それが地響きのように伝わる。スピーチをするのはイスラーム運動系の人物ばかりではない。エ

「アル＝アクサーが危ない大集会」の中の芝居の一コマ。2004年の集会内容を紹介したDVDより。当時まだ獄中にいたシェイフ・ラーイドの役をして逮捕の不当性を訴える男性。

ッ＝シャリーフを挑発的に訪問したため、パレスチナ人と警察隊が衝突、翌日にはガザや西岸各地、イスラエル国内のパレスチナ人居住地域にも広がった。シャロンは自ら危機の原因を作り出しながら、不安な大衆の心を掴むことに成功し、二〇〇一年に首相に就任した。

▼112「イスラーム運動」がハイファにあるモスクで夕刻に開いた集まりに、筆者が参加したことがある。モスクの屋外での説教は、石壁をスクリーンにして、CGを用いながらのものだった。例えば、ごく日常的な動作をしていたり娯楽に興じたりしている人間の姿が映る。次に「この人間の真実の姿は、このようなものに過ぎないのだ」という声がし、肉がそぎ落とされた骸骨が同じ動作を続けているさまが映される。信仰のない者をぞっとさせるような効果を狙った映像である。

ルサレムのギリシャ正教会のスポークスマンが「ムスリムもクリスチャンも、ともにアル＝アクサー防衛のために闘おう」とアピールするかと思えば、被占領民として、ゴラン高原からの代表者、つまりドゥルーズ教徒も現れた。▼114 ということは、形式的にはムスリムに限定した内容ではなく、ムスリムであれ非ムスリムであれ、シオニストによる占領・ユダヤ化に抵抗しよう、という趣旨である。しかし参加者の方は、間違いなくほぼ全員ムスリムだ。

合間にまた、歌が入る。それにしても、女性たちはステージに見入りながらも、お菓子を食べたりジュースを飲んだり、子どもに果物の皮をむいてやったり赤ん坊に授乳したり、と忙しい。男性の席の様子は遠目でしか分からないが、女たちに子どもを預け、旗を振って興奮していればいいのだから気が楽だろう。場を覆うこの無秩序さ俗っぽさは、女性専用席だからこそのものだ。念のために書いておくと、演説をする人物はすべて男性であり、芝居をしたり歌を歌うグループのメンバーも、みな男性である。

トリに来るのは、「イスラーム運動」ナンバー・ツーの、シェイフ・カマール・ハティーブの演説だ。この人物は、主に「イスラーム運動」に否定的な人々からは、トップのシェイフ・ラーイドよりずっと「過激・急進的」だと評価されている。初めて目の前で演説を聴いた

獄中の面会時間に、集会参加者に向けてアピールするシェイフ・ラーイド。2004年の集会で、スクリーンで紹介された映像の1コマ。

▼113　イスラエルのテロリズム防止法（一九四八年九月成立）ではテロリスト組織が定義されており、その組織を支援することも有罪とされている。イスラエルはこの法を根拠選択的に適用しており、イスラエル国内の団体が占領地に対して人道的支援を行うこともテロ組織への支援と見なされることがある。二〇〇三年五月、シェイフ・ラーイドは同法三条違反などを理由として二年半の懲役刑を受けた。

▼114　イスラエル占領下のゴラン高原に住むアラブ人は、ごく少数のギリシャ正教徒やマロン派教徒、ガジャル村に住むイスラームのアラウィー派などを除くと、ほとんどがドゥルーズである。ドゥルーズに関しては第四章註84も参照のこと。

が、確かに迫力があり、少し怖くなるくらいだ。長い演説だが、聴き手の集中力を途切れさせない。後で、前年・前々年の集会の様子をＤＶＤで見てみたが、やはりこのナンバー・ツーが締めくくりの長い演説をしていた。トップが獄中にいる間、彼の重みが組織内外で増したのだろうか。この人はさらに若くて一九六二年生まれである。

　私がこのシェイフ・カマール・ハティーブと聞いてすぐ思い浮かべるのは、ムスリムの女性たちにヒジャーブを被ることを強く勧める彼の演説が、カセットテープに収録されて出回っていることだ。「イスラーム運動」の影響力が強い町や村では、年に一度「ヒジャーブ週間」というのが設定されている。気がつくと、「ヒジャーブはあなたの冠」「ヒジャーブはあなたの美しさを引き立たせる」というコピーを添えられた、小さな女の子がヒジャーブを被ったポスターが目に付くようになっていた。

　ふと我に返ると、ずきずきと頭が痛み、じとっとした吐き気まで感じる。この混み合った広い会場で、大勢の人たちにじろじろと見られ話しかけられ続けたことで、意外とストレスを受け疲れていたのだろうか。とはいっても、彼女らの視線は露骨な好奇心に溢れているだけで、ヒジャーブを被らない外国人の私に対して、決して冷たい態度を示すものではなかったのだが。

なぜヒジャーブを被るべきなのかについてシェイフ・カマール・ハティーブが語っている、カセットテープの包み紙デザイン

「あなたのヒジャーブはあなたの美」と書かれたポスター（「イスラーム運動」南部派が活動するサフニーンの町で）

イスラームと、非ムスリムとの距離

イスラームのことを書くのは難しい。宗教にあまり縁のない日本社会では、宗教に対する見方も極端に分かれる。特にイスラームに関しては、とかく女性の立場を巡る議論にもなりがちだ。だから書き手である私自身がどういった「イスラーム観」を持っているのか、まず説明させてもらったほうがよいだろう。

両親の都合で、私は赤ん坊の時代から小学校五年まで「共稼ぎ夫婦・シングルの親の子ども限定」の保育園に通っていた。バプテスト派▼115に属する女性が戦後に開いたもので、そこでは毎日賛美歌を歌い食事とおやつの前にはお祈りをすることが必須だった。だから私自身も、布団の中でお祈りをしてから眠る習慣を持っていた。成長してからキリスト教との直接の関係はなくなってしまったが、宗教との真剣な格闘を経てそれと訣別したわけでもないのに自分のことを無神論者と呼ぶのは気恥ずかしいし、第一間違っている。いまだにキリスト教的な文化に対してほのかに沸く親しみや懐かしさの感情は、どうしたって私の中の一部である。だから単なる無知や不勉強でキリスト教を馬鹿にするような態度を取る人のことは、何となく気にくわない。そういう私も、仏教その他の宗教についてはかなり無知である。

大学に入り、アラビア語を勉強する機会を得てからイスラームについて少しづつ勉強する

▼115 **バプテスト派**
プロテスタントの一派。個人の意思の尊重、信徒間の平等、各教会の自主性などを特徴とする。戦中、所属していた日本基督教団が戦争協力を行った歴史を反省するため「戦争協力に関する悔い改め」を掲げている。

ことになったが、はじめはどうもピンと来なかった。同じ一神教でも、神のイメージはキリスト教の場合とは全く違うように感じた。九〇年代半ば、一年近くシリアのムスリム家庭に下宿し、このとき初めて、本による知識以外に、イスラームという信仰をとことん味わい尽くした。中でも下宿先の家庭の、四〇がらみの主婦であるラーイダからは、さまざまなことを学んだ。信仰深いムスリムにとってのこの世界の見え方は、私たちとは全く違う。この世界は一切が神（アッラー）の意思の現れであり、日常生活とは神への絶えざる賛美を常に伴っているものなのだ。

忘れ難い光景の一コマを挙げたい。ある静かな昼下がり、薄暗い居間でラーイダと話をしていたときのことだ。話題がふと途切れ、沈黙が続いた時、脇のベランダでひっきりなしに食べかすをついばんでいる鳩をお互いに何の気なしに見やった。すると彼女はこう言うのだ。「見なさい、ああやって鳩も、アッラーに向かって感謝を捧げているじゃない」。彼女が指していたのは、鳩が餌をついばんだ瞬間に頚をくっ、と上方に持ち上げた仕草のことだった。私は衝撃を受けた。彼女はこんなふうに世界を見ており、彼女と私とでは、こんなふうに世界の見え方が違っていたのだ。鳩が餌をついばむ光景など、子どもの頃から何度も見てきたはずであり、じっと鳩の仕草を観察して見飽きないでいることもあった。しかし、鳩のいちいちの動きがアッラーと関係しているなどというのは、私にとって全く新しい世界の見え方だった。このように日常のすべての事柄は、アッラーと関係があり、アッラーが決めたことであり、私には知る由がなくてもアッラーは知りつくしていることであり、アッラーの意思の現れなのだ。存在するもの全ては、アッラーを称えるためにあるのだ。▼116 大袈裟に言えばこの瞬間、日常の細事の全てにアッラーの顕在を見ているムスリムの世界観の隅っこに、私自身も紛れ込んだような気がしたのである。

たとえムスリムになりきらなくても、周囲がすべてムスリムである社会にどっぷりと浸かり、そこの人々に共感を持って接するような生活を続ければ、世界はそれまでと全く違うように見えてくるものだ。イスラームの素晴らしさに触れたと心から思えることも何度となくあったし、ムスリムになれば、さぞ安らかに生きられるだろうと思ったこともある。他方、すべてがあまりにアッラー中心であることに辟易とし、食傷気味になることも少なからずあった。特に、天国の存在を確信し、天国を熱烈に夢見るあの情熱の持ち方には、とてもついてゆけないと内心降参した。死んだらそれで終わりたい私には、とてもあそこまで天国に憧れる情熱を持つことは出来ない。

さて、私がイスラームに対して辟易とさせられた時に、その気分のどのくらいの割合までが、私が女性であることと関係があったのだろう。下宿先の家の主人であるライダの夫からは、袖や丈の短いシャツやスカートは身に付けてくれるな、とあらかじめ注意されたが、そんなことは承知の上だった。誰に強制されたわけでもない、自分で望んでムスリムの家庭に住むことにしたのだから、理由を問わず、彼らにとって不快であることを避けるのは、当たり前のマナーではないか。しかし、そうは思わない人もいる。私の経験の範囲だと、日本社会で育った女性は「郷に入っては郷に従え」式の振る舞いをすることが比較的多いようだが、

▼116　その少し後に読んだ『カラマーゾフの兄弟』の中の記述がこの日の出来事と重なったため、これは余計に印象深い記憶となった。ロシア正教会修道僧であるゾシマ長老の一代記（第六編）の中の記述であり、一神教が底において共有する感覚を描いているのではないかと思う。「キリストの言葉はあらゆるもののためにあるのだ。神の創ったすべてのもの、あらゆる生き物、木の葉の一枚一枚が、神の言葉を志向し、神をほめたたえ、キリストのために泣いている。自分では気づかぬけれど、けがれない生活の秘密によってそれを行なっているのだ。森の中にはこわい熊がうろついておるだろう。熊は獰猛な恐ろしい獣だが、べつにそれは熊の罪ではないのだよ」（『カラマーゾフの兄弟』原卓也訳、新潮社、初版は一九七八年）

観光地などで目につくのは、ノースリーブ姿などで動き回ったりしている欧米系の女性の姿だ。そのことに対しては、「異なる価値観を持つ相手のことを尊重していないという態度表明であり、ゴウマン」という見方もあれば、「どんな人間を相手にする場合でも、一貫して自分の価値観を通すのは立派」という見方もあって、さまざまだろう。

私の場合、そもそも身に付けるモノで自己表現するという趣味がないので、相手や周囲に合わせることは、あまり苦でない。体のデコボコが表に出ないように作られているイスラーム服▼117であれ、欧米や日本で割と普通に着られているような服であれ、私が着て似合う服など、どうせほとんど存在しないのだ。しかしそうは言っても、髪を隠すヒジャーブになると、それまでの人生で経験がなかったから、不自然さを感じ、緊張する。それに、どう頭を動かしてもずれ落ちないようにヒジャーブをかっちりとセットするには、意外と時間や手間を要するものだ。あらかじめ家で用意して被ってくるならまだしも、観光地のモスクに入る際に貸し与えられるヒジャーブをいいかげんに被り、だんだんずれ落ちてくるのを気にしながら歩き回るのは、全くもって楽なことではない。また、知らない人の中にヒジャーブ姿で入ってゆくならまだしも、知り合いにヒジャーブ姿を目撃されることに対しては、かなりの抵抗がある。

もちろんそんなことが嫌ならば、ヒジャーブを必要とする場所には行かなければいいのかも知れない。しかし男なら異教徒であっても問題なく入れる場所に、ヒジャーブを被らないために入れないのは、不当な気がしてしまう。イスラームは、信仰に入ることやベールを被

▼117 **イスラーム服** イスラーム復興の潮流の中で目立つようになった服装で、女性の場合はベールをし、手首から足首まで隠れ、体の線が出ないようゆったりとしている。単に身体の形が出ないだけではなく、欧米風のデザインやユニセックスのデザインがタブー視され、黒、グレーや茶色など、地味な色がより好ましいという考え方も強い。

ることを決して強制しない宗教だとよく言われるが、▼118 このような場合、何が強制で何が自発的な意思によるものかは、そうはっきり区別できるような問題ではない、と感じる。

一方で私は、自分に害が及ぶのでもない限り、ヒジャーブ着用とイスラームを結びつけて、とやかく言いたいとも思わない。文化相対主義を決め込むわけでもないが、ヒジャーブやイスラーム服が不自由なら、ミニスカートやジーパンだって別の意味で不自由である。女性だけではない。ネクタイに背広の例を持ち出すまでもなく、男性も、人による感覚の差はあれ窮屈な思いをしているだろう。ただ、他に選択肢がなく、諦めて不自由をしている場合と、強制された不自由は違うわけで、明らかな強制は、絶対に嫌だ。

ところで、何が選びやすく何に抵抗を感じるかは、文化的な背景や環境の違いも大きい。例えば、イスラーム運動ナンバー・ツーのシェイフ・カマールは、「ヒジャーブはあなたの美しさを引き立たせる」と言うが、ヒジャーブは決して私の顔を美しく見せてくれない。平板な顔を、必要以上に貧相にするだけだ。逆に、目が大きく彫りの深い顔立ちの多い中東世界の女性たちには、確かにヒジャーブがよく似合う。▼119 従って、何が強制で何がそうでないかの問題は依然として存在するにせよ、とりあえず本人が気に入って選んでいる（ように見える）ことに対し、例えば「女性差別的」といったレッテルを使って非難することに、積極的な意味があるとはとうてい思えないのだ。

あらゆる宗教にとことん否定的な共産主義者であり、アラブ人との対等な関係を目指して運動を続ける非シオニストである知り合いのユダヤ人女性が、憎悪を込めてシェイフ・カマ

▼118 クルアーン（コーラン）「牡牛」章第二五六章に「宗教には無理強いということが禁物（ラー・イクラーハ・フィッ＝ディーン）」と書かれており、これは非常によく引用される部分である。また「ユーヌス」章第九九章には、預言者ムハンマドに対する言葉として、「お前が嫌がる人々を無理矢理に信者にしようとて、出来るものではない」とある。

▼119 もちろんこういう書き方自体、何らかの美の基準に支配された、一面的な見方であることは免れない

ールの名を口にしていたのを思い出す。ヒジャーブを被った女性についても、何となく見下した言い方をしているように私には感じられた。アラブ系の住民が「イスラーム運動」に向かう以外の選択肢を奪っているイスラエル政府にこそ本来的な責任がある、という前提に基づいてはいるが、それもヒジャーブを被ることを否定的に捉えた上での批判である。アラビア語も達者でアラブの文化に精通しており、人間的にも感心させられることの多い人物なのだが、イスラームに対するあの憎悪については到底共有できない、と私は思う。

彼女の場合、あらゆる宗教に対して否定的な人だから、それはそれで明快だ。かえって難しいのは、「信仰としてのイスラームは尊重するが、イスラーム復興運動は支持しない」という場合だ。イスラーム復興運動に参加するようになった人たちの多くは、たまたまムスリム家庭に生まれついたにせよ、意識的に深く信仰するようになったのはイスラーム復興運動を通してである。従って彼らにとって、信仰としてのイスラームと運動としてのイスラームの間に明確な区別があるわけではない。

ここでまた思い出すのは、シリアにいた時、「どんなイスラーム信仰のかたちであっても、本人が心からアッラーを信じている限りイスラームなのよ。アッラーはどのような信仰のあり方でも認めて下さるのよ」と、ラーイダが繰り返し強調していたことだ。彼女はスンナ派で、その中でもシリアやパレスチナでは多数派のハナフィー学派▼120に属していたが、彼女がほかの宗派の人々に対して悪く言うのを聞いたことはなかった。彼女の家庭の中で暮らし、時には「辟易」とした気分を味わいながらも、決定的な息苦しさには至らなかった理由として、

▼120 **ハナフィー学派**
イスラーム・スンナ派の四大正統法学派の一つ。法学派とは偉大な法学者の見

どんなイスラームでもイスラームなのよ、というあの大らかさは絶対に欠かせなかったと思うのである。

だから、ムスリムのどういう宗派に属しているか、どういう運動に関わっているか、ということよりも、その人個人がイスラームの多様性を認めているかいないか、ということが、私の判断基準だ。自分の考え方をねちっこく、あるいは声を荒げて押し付けようとする人間か、そうではない別のやり方の引き出しをたくさん持っているか。前者のような人間は、ムスリムであっても非ムスリムでもあっても、女でも男でも、私は嫌いだ。もちろん、個人の性格や意識の問題だけではなく、押しつけが可能であるような政治的社会的関係の非対称性や歪みが背景にあることは、言うまでもない。そしてそれこそが、現在のイスラーム復興運動にまとわりついている問題なのである。

解が弟子たちに継承されることによって成立したもので、一般信者は自分の生まれた地域や家族の属する学派にそのまま属しているのが普通。

「イスラーム運動」とアル＝アクサー・インティファーダ

さて、イスラエルの「イスラーム運動」についての具体的な話に戻ろう。

周知の通り、中東各地域に存在するイスラーム復興運動は、六〇年代のアラブ主義の挫折や一九六七年の第三次中東戦争のアラブ側の敗北などを背景に、七〇年代に生まれ、八〇年代前半から徐々に存在感を生み出してきた。イスラエルでそうした動きが始まったのも八〇年代初頭で、コフル・カースィム▼121出身のシェイフ・アブドゥッラー・ニムル・ダルウィーシュによる自助組織が始まりだった。しかし次第にイスラエルに鋭く敵対し、武装蜂起も辞さない方針を掲げるようになったと言われる彼らの運動は、イスラエル当局による大弾圧を受ける。出獄後シェイフ・アブドゥッラーらは、イスラエル国家を認知した枠内で、地方におけるイスラーム勢力の拡大へと、方針転換する。

一九九六年、シェイフ・アブドゥッラーらはクネセト（国会）に候補者を出す方針を固め、内部分裂をもたらした。クネセト選挙に出るということは、イスラエル国家を正式に認知し、その旗のもとで政治活動をすることを意味するからである。そうしたイスラエル国家認知に反対する人々はシェイフ・ラーイドを中心に、「北部派」を形成する。コフル・カースィムが南部の村であるのに対し、ウンム・ル＝ファハムなどの拠点はそれよりも北部に位置するこ

▼121 **コフル・カースィム**　人口約一万五千人。この村の名を広めたのはイスラエル国防軍国境守備隊兵士によって四七名の住民が虐殺された「コフル・カースィム事件」である。第二次中東戦争（シナイ戦争）勃発直前の一九五六年一〇月二九日夕方、外出禁止令が出されたことを知らずに村の外の仕事から戻ってきた住民たちが、村の入り口付近で次々に殺害された。

▼122 **ヘブロン大学**　一九七一年、イスラエルによる西岸地区占領による危機意識の中で、教育機会の確保や地域の発展に寄与する人材作りを理念として設立された。イスラーム法学、人文、教育、科学技術、農業、財務管理、看護の七学部を持ち、現在の学生数は約五千人。

とに由来する呼び名だが、彼ら自身が北部派を自称することはない。

シェイフ・ラーイドは、前述の「アル＝アクサーが危ない大集会」が毎年開かれている町ウンム・ル＝ファハムで生まれ、西岸地区のヘブロン大学▼122でイスラーム学を専攻した。「イスラーム運動」の創設メンバーや現在重要な地位についている人たちの多くは、彼のように、イスラエル国内で高等教育を受けずに西岸やエルサレムでイスラームを勉強している。一九八九年、七三パーセントを得票し、三一歳でウンム・ル＝ファハムの町長になった。この町は現在、「イスラエルにおけるイスラーム運動のメッカ」と表現されることが多いが、何よりもそれは、「イスラーム運動」系の人間が一五年間も首長の座に就いているアラブ系の町は、イスラエル中でここだけだからだ（シェイフ・ラーイドは二〇〇一年に町長を辞めたが、後継者も「イスラーム運動」のメンバーである）。首長だけでなく、町会議員たちも「イスラーム運動」系が圧倒的だ。

「イスラーム運動」登場以前、この町で優勢だったのは共産党▼123で、首長も共産党系だった。しかし、町の福祉は省みられず、学校の建物や下水施設は荒れ放題で、町役場の職員の賃金まで不払いが続いたという。「イスラーム運動」が町政を握ると、そんな町の風景は一変した。人々の間に「やる気」が生まれたのだ。若者の

ウンム・ル＝ファハムの町の遠景（同町のホームページより）。右上がオマル・ブン・アル・ハッターブモスク、左上がアブー・オベイダモスク。二つのモスクの間に町役場が建っている

▼123 **共産党** 現在のイスラエル共産党の前身であるパレスチナ共産党の設立は一九二三年に遡るが、建国後、イスラエル共産党として再出発した。ユダヤ人党員とアラブ人党員の間の対立のため何度か分裂を経験しながらも、ユダヤ人とアラブ人の平等な権利を掲げる政党として歩み続けた。その中心メンバーの多くはクリスチャンであったが、ナザレ市長タウフィーク・ザイヤードのように大変な人気を誇るムスリム指導者もおり、宗教・宗派の違いを超えたアラブ人の民族的権利を代弁する政党として幅広い支持を集めた。しかし、ペレストロイカの推進、冷戦の崩壊、湾岸戦争等によって求心力を失なったのと同時にイスラーム運動が躍進し、さらに離党した元共産党メンバーを中心とした「タジャンモウ」の設立（本章註131参照）もあって、党勢の陰りは明らかとなっている。

ボランティアが組織され、花壇が造られ、道路も舗装された。町の中では今も、あちこちが造成中である。前述の大集会が開かれたサッカー・スタジアムも、無論まだ新しいものだ。

現在のウンム・ル＝ファハムの町は、まるでイスラエルの中の小さな独立共和国だ。人口三万人の町にモスクが一五もあり、これからも新しいモスクが作られるようだ。山の上のてっぺんにそびえる黄金に輝くアブー・ウバイダ・モスク[124]は、この町の「イスラーム運動」の存在を高らかに象徴しているのは勿論だが、イスラエル国家から精神的文化的に遠く離れて存在していることの、解放感や安堵感をも感じさせる。このモスクの近くには町役場があり、「イスラーム運動」系の諸団体の事務所や施設がいくつもある。例えば、アラブ人の大学生を支援するための「イクラア協会」[125]、ムスリムの子どもや若者にイスラームについての知識やクルアーン（コーラン）暗誦のための教育を安価で施す「ヒラー基金」[126]、ガザや西岸地区で孤児となった子どもを経済的に支えるための里親運動を行っている「人権委員会基金」。「イスラーム運動」が運営している診療所もある。

「イスラーム運動」の立場から家庭や文化・社会の問題を扱っている雑誌「イシュラーカ」[127]の編集部も、こうした場所の中にあった。地元の人に案内してもらったとはいえ、あらかじめアポも取らずに訪問した私を、編集長のライラさんは気持ち良く迎えてくれた。以下は、私が質問した内容に対する答えというよりも、彼女の口から自然に出てきた発言の抜粋だ。

「イスラームが女性抑圧的な宗教だなんて欧米人は言うけれど、それは全くの誤解です。私はこうやって仕事をし、充実して生活している。ヒジャーブを被るのは、それによって私の

▼124 アブー・ウバイダは八世紀から九世紀にかけて活躍したイスラーム学者の名前。バスラに生まれ、『千夜一夜』に頻繁に登場するカリフ、ハールーン・アッ＝ラシードによってバグダードに呼ばれた。同時代でもっとも学識がある者と認められ、尊敬を集めた。

▼125 **イクラア協会** 「イクラア」とはアラビア語で動詞命令形の「誦め」という意味。ムハンマドに下ったクルアーンの啓示の、最初の言葉であったとされる。同じく『イクラア』というタイトルの定期刊行物が発行されており、大学などで無料配布されている。

▼126 **ヒラー基金** ヒラーとは預言者ムハンマドが最初に啓示を受けたとされる山で、メッカ郊外にある。四〇歳の時、この山中の洞窟に籠っている折に、最初の啓示（前項参照）を受けたと言われている。

尊厳が守られるからであって、私自身が望んでこうしているのです」。「西洋起源のフェミニズムの影響を受けた女性団体には関心ありませんし、あれがアラブ社会で支持を広げることもないでしょう。でも困るのは、イスラームの名をかたり、自分たちはイスラームの枠の中でフェミニズムを広めていると宣伝しているような団体です。でもその実態を言えば、そうした団体はイスラームを歪曲しているだけだし、イスラームの中に少しずつ少しずつ欧米的な思想を混ぜていき、関わる人たちを洗脳しているのです」。

彼女が名指しした団体の一つは、以前私も代表者に話を聞いたことのあるNGOだった。イスラームを尊重しつつ女性たちのエンパワーメントをはかる目的で、セミナーなどを企画している。村の中に事務所を置いている小さなNGO団体に対するレッテルとしては、単純に考えても過剰だという気がする。

私は、ふと思いついて彼女のもっと若い頃のことを聞いてみた。彼女もウンム・ル＝ファハムの生まれだという。

「ヒジャーブを被っているのは年寄りだけでした。私は、ムスリム家庭に生まれたけれど、心からの信仰は持っていませんでした。イスラームなんて、年寄りのための古くさい宗教だと思っていました。この私も、当時は肩や足を露出した服装をしていたんですよ。でも、イスラーム運動が現れて、何もかもすっかり変わった。私は生まれ変わりました。そういうことを経て、今の私があるわけです」。

そう、イスラーム運動は、新しいモスクやぴかぴかの建物ばかりでなく、黒っぽいイスラ

▼127 **イシュラーカ** このタイトルは「輝き」を意味し、復活の日を描写した「大地は主の御光に煌々と照り輝いた」（クルアーン三九章六九節）に由来している。

「イシュラーカ」2004年1月号表紙。主な記事は、シェイフ・ラーイドが獄中から寄せた詩、アラブ社会の貧困実態のルポ、「子どもの前で示す夫婦関係の限度は？」、子どもへのアニメーションの影響について、など。

ーム服とヒジャーブを身に付けて、たくましく働く女性たちをも、もたらしたのだ。イスラーム運動は、女性の服装を変えると同時に、彼女たちの雇用機会を確実に広げている。ただ、同じことを「彼女たちの働き場所を提供しつつ、彼女たちを黒ずんだ衣装の中に閉じこめたのだ」と言い換えてしまうなら、だいぶニュアンスは変わってくる。

「イスラーム運動」の組織の中枢がどこにあるのか、外部からは分かりにくい。「イスラーム運動」に属する協会や基金、委員会が大衆に開かれていて、それぞれの組織が前述のような多様な活動をしている。大学生を支援するための「イクラア協会」が発行するハンドブックに「イスラーム運動」系として記載されている組織の数は一三、「イクラア協会」自体を含めて一四だが、その他にそれぞれのアラブ人居住地域の中だけで活動するローカルな組織もある。ウンム・ル＝ファハムが中心とはいえ、「イスラーム運動」系の組織の事務所は、今やイスラエルのアラブ人居住地域のあちこちに存在する。

こうした組織の中でもっとも大きく、もっとも強い影響力を持っているのは、おそらく「イスラームの聖地のためのアル＝アクサー基金」だろう。この組織こそが冒頭に紹介した「アル＝アクサーが危ない大集会」の動員を中心的に支えてきたわけだが、それにとどまらず、イスラエルの「イスラーム運動」が大衆化に成功した理由の、鍵を握っていると思う。

イスラエル国内のアラブ人は、一九四八年のナクバから一九六七年まで東エルサレムに入ることが出来ず、当然アル＝アクサーに礼拝に行くことも出来なかった。六七年の第三次中東戦争でアラブ側が敗北し、イスラエルが東エルサレムを含む西岸地区その他を占領したことで、イスラエル国内のムスリムたちはアル＝アクサーへのアクセス権を得るという皮肉な事態となった。しかし、イスラエル国内のムスリムたちが熱心にエルサレムに行くようになるのは、やはり八〇年代の「イスラーム運動」登場後のことだ。現在、ムスリムの住むイスラエル中の町や村からは、早朝にエルサレム行きのバスが毎日発車する。「イスラーム運動」が、無料でバスを運行しているのだ。

「アル＝アクサー基金」は一九九六年から、それまで全く不十分なメンテナンスしか施されていなかったアル＝アクサー一帯の聖地を清掃し、修復し、水道や電気の便を改善し、将来計画の立案まで行うようになった。専門家も動員されるが、実際に地面をシャベルで掘り、セメントを混ぜ、石板をはめ込む作業をするのは、イスラエル国内のあちこちの地方から集まって来る若者たちだ。一方で、九六年はリクード党の右派ネタニヤフ▼128が首相になった年であり、エルサレムのユダヤ化政策が一気に進み、占領地のパレスチナ人のエルサレムへのアクセスが困難になっていった。占領地のパレスチナ人がエルサレムから追い出され、それに代わるようにしてイスラエル国内のパレスチナ人が熱心にエルサレムに向かい始める。エルサレムのユダヤ化と同時に、イスラーム運動によるアル＝アクサーの「再イスラーム化」のプロセスが見て取れるのだ。つまりアル＝アクサーは無論ムスリムにとっての聖地だが、占領地のすべてのパレスチナ人にとっての解放の願いの象徴である。それは今でも変わらないにせよ、アル＝アクサーを防衛せよと訴え、具体的にアル＝アクサーを人的金銭的に支える

▼128 **ビンヤミン・ネタニヤフ** 一九四九年生まれ。一九九六年、いわゆるツァバル（建国後のイスラエルに生まれた世代）としては初の首相に就任。イスラエルでは「ビビ」のニックネームで呼ばれ大衆的な人気を誇る。就任後の一九九六年九月、エルサレム旧市街で観光用のトンネル開発の計画を発表し、抗議行動を起こしたパレスチナ人たちが一〇〇人以上殺された。

ための前面に立つのは、今やイスラエルの「イスラーム運動」の指導者たちなのだ。

　だからこそ、二〇〇〇年九月にアリエル・シャロンがアル＝アクサーのあるイスラームの聖地を「訪問」したことは、全く取り返しのつかない挑発行為だった。この訪問時には、当然イスラエル国内のムスリムもいたし、その多くは何らかの形で「イスラーム運動」と関わる人々だっただろう。イスラエルは「イスラーム運動」を警戒し、後に指導者たちを投獄したわけだが、一方で「イスラーム運動」が盛り上がり急進化するようなことを、あえてわざわざ行ったのである。また、シャロンの「訪問」によって始まった第二次インティファーダでは、イスラエル国内のアラブ人が一三人、イスラエル警察によって殺された〔第一二章註221参照〕。イスラエルのアラブ人にとって、被占領地のパレスチナ人との「連帯」や「共感」を越え、本当の意味でインティファーダが自分たちの問題になったのは、この時だった。

アル＝アクサーモスクの修復のために働くボランティアたち
（「アル＝アクサー基金」によって刊行されている写真集より）

外部の目　歓迎と警戒と

「イスラーム運動」の外側にいるイスラエルのアラブ人、特にムスリムは、「イスラーム運動」をどう見ているのだろうか。何人かの声を拾ってみた。

アリーは、住んでいるアラブの町のガラス製品を扱う工場で働いている若者で、「アブナーウ・ル＝バラド（郷土の息子たち）」▼129という名の小さな政党で活動している。ただ所属しているだけではなく、かなり積極的なメンバーだ。「イスラーム運動についてどう思う、って？いいと思うよ、彼らがこの町でも力を持つようになって、大歓迎している。でも俺自身は、アブナーウ・ル＝バラドでやっているんだ」。若いということもあってか、彼はやや不寛容で、物事を断定したがる。例えば車で道を走っていて、若いムスリムの女性が腕などを出しているのを見ると、私に対する「教育効果」を狙ってか、「あれは反イスラーム的だ」などといちいちつぶやく。「アブナーウ・ル＝バラド」の指導者たちは宗教とは無縁で、どちらかというとアナーキスト的な立場である。不思議な組み合わせだが、「アブナーウ・ル＝バラド」がムスリムの若者層に食い込んでいるのは事実だ。彼の礼儀正しさと明るさ真面目さ、政治に対する熱意は、「イスラーム運動」と「アブナーウ・ル＝バラド」の両方の良いところを吸収した結果だ、と感じさせる。

▼129　**アブナーウ・ル＝バラド**（郷土の息子たち）　一九六〇年代末から七〇年代初頭にかけて、イスラエルのアラブ人学生運動を基盤に形成された政治団体。地方議会では一定の支持を得ているが、一貫してイスラエル国家に参画することを拒絶しているため、クネセト（国会）選挙には参加していない。一九九九年以来、イスラエルのアラブ人有権者に対しクネセト選挙へのボイコットを呼びかけており、二〇〇六年の選挙には「クネセト人民委員会」選挙ボイコット人民委員会」

「イスラーム運動」に対してはっきり拒絶の感情を見せるのは、女性の方が多い。あるクリスチャンの女性は、私が聞いたわけでもないのに自分からこの話題を口にした。「女性として、イスラーム運動の盛り上がりには恐怖を感じます。これからどんなことが起こるのか……。本当に、この社会の将来を思うと恐ろしい」。ムスリムだが自らは信仰を持たなくなったという別の女性は、たまたまテレビでユダヤ教右派の集会の様子が流れていた時に、次のように言った。「どんな原理主義にも反対。イスラームもユダヤもないわ。見てご覧なさい、宗教が違うだけで、彼らのメンタリティは、ハマースやイスラーム運動の連中と同じじゃないの。はっきり言っておくけど、女性として恐怖を覚えるわ」。

他方、クリスチャンである我がルームメイトは、私が持っているシェイフ・ラーイドのビデオを見つけると、意外と好意的なコメントを発した。「アジテーターとしてではなく、暖かい人間としてのシェイフ・ラーイドが描かれていて、いいビデオだよね」。イスラーム運動そのものに対するコメントは聞き逃したが、嫌いなものははっきり拒絶する彼女にして、怪しいものを冷たく眺める視線ではなかったのは印象的だ。

「イスラーム運動」と聞いてすぐに明快な反感を示すのは、女性に限らない。ナザレ▼130で会った六〇歳がらみの男性は、「イスラーム運動」という言葉を口にするときだけ、それまでの上機嫌そうな表情を一変させたものである。「イスラーム運動だけは別だ。絶対にゴメンだね」。この言葉は、「みんな一緒にやればいいじゃないか、同じアラブじゃないか」という発言の後に来たものだっただけに、きっぱりとした意思を示していた。「昔、自分は共産党のシンパだ

を組織した。こうした姿勢に対しては、他の左翼政党のあいだに激しい批判の声もある。二〇〇四年二月、指導者のムハンマド・カナアナらが逮捕され、「テロリズム防止法」（本章註113参照）違反により有罪となり、現在も獄中にいる。

▼130 **ナザレ** 6ページ地図参照。マリヤが生誕告知を受け、イエスが幼少時代を送ったとされる町として有名。アラブ人の町としてはイスラエル最大で、イスラエル建国後、国内のアラブ人の政治・文化を牽引してきた。現在の人口は約六万人、そのうちムスリムが約七〇パーセント、クリスチャンが約三〇パーセントである。一九四八年七月一六日、ユダヤ軍によって占領されたナザレは戦闘に入ることなく降伏したため、この町の中には直接ナクバの記憶を生々しく物語る痕跡はほとんど存在しないが、周辺では数多くの村が完全に破壊された。

ったが、タジャンモウ▼131に鞍替えした。しかし今でも共産党の連中とは友だちさ」。そして隣に座っている男性を指して言った。「ほらこいつは、共産党なんだ。みんな一緒にやればいいさ」。しかしイスラーム運動だけは……、というわけである。

立ち話をしたのは、共産党本部近くの古いカフェの中だった。見ようによってはいかにも共産党のシンパ、という雰囲気の男性たちが、朝からのんびりとお茶を飲んで談笑している。しかしこの町にも「イスラーム運動」の事務所が出来、「シェイフ・ラーイド、ナザレに来たる」という横断幕が町を飾っているのを見るようになった。

千年紀である西暦二〇〇〇年を目前に控えていた頃、イスラエル政府がさまざまな観光イベントを用意するなか、キリストの「生誕告知教会」を持つナザレでは、ローマ法王の訪問を前にしていた。他方、「イスラーム運動」はこの教会の近くに巨大な尖塔を持つモスクの建築を計画し、町の中では一気にムスリムとクリスチャンの間の緊張が引き出され、一時大変な騒ぎが続いた。共産党系でクリスチャンの市長とイスラーム運動側との政治的駆け引きがあったことと共に、モスク建設を後押ししたシャス▼132などのユダヤ教右派政党の役割も見逃せない。アラブ側とイスラエル側双方の宗教勢力は、世俗的なライバル政党に対抗するという意味においては、共通した利益を持っているのだ。▼133

「タジャンモウ」の事務局長アワド・アブドゥル＝ファッターフ氏にインタビューをした時、イスラーム運動について聞いてみた。「いずれイスラーム運動は、ジレンマに陥る。彼らが目指しているのは、イスラーム国家の建設だ。しかし彼らは、人口は少なくとも文化的・

▼131 タジャンモウ
正式名称は「民族民主主義会議」。タジャンモウはアラビア語で「塊」や「集まり」を指す。ヘブライ語の略称はバラド。一九九六年、元共産党活動家のアズミー・ビシャーラらによって設立された。イスラエルが「そこに住む人間すべてにとっての国」になることを訴え、事実上反シオニズムでありながら、イスラエル国家の法に則って国会に議員を送る政党として、巧みな論理立てによってそうしたレッテルをかわし続けた。特に学生や知識人の強い支持を受けたが、アズミー・ビシャーラ個人の人気によって成長した政党という側面も強い。二〇〇七年、ヒズブッラーへの情報提供が疑われたビシャーラがカイロのイスラエル大使館で国会議員辞任手続きを取り、国外での生活を始めたため、同党を取り巻く情勢は厳しくなっている。

社会的にアラブ社会を牽引してきたクリスチャンを無視することは出来ない。イスラエルは、ムスリムとクリスチャンの間に分断を持ち込むためにイスラーム運動を操っているのだ。……教育の向上が必要だ。イスラーム運動を支持しているのは圧倒的に、教育レベルが低く、社会的に底辺にある人々なのだ」。

冒頭で紹介した、「アル＝アクサーが危ない」集会に私を誘ってくれたラティーファの家を思い出す。底辺層にある人々が多く住み、メディアなどではよく「見捨てられた」というような形容詞付きで言及される、ハイファのハッリーサという地区にあった。長距離運転手をしている無口な夫は「イスラーム運動」には無関心であり、彼女一人が大勢の子どもを抱えながら生き生きと活動していた。世代を異にする女性たちが頻繁に訪ねてきており、無関心な男たちを尻目に、女同士が支え合っている様子が浮かび上がった。現在のイスラーム運動の社会的位置や支持者の社会階層は、日本でいうと創価学会のそれに似ていなくもないのではないか、と私は考えている。

さて、ウンム・ル＝ファハムにある「アル＝アクサー基金」の本部を訪ねた同じ日に、この町から見える「分離壁」を見に行った。町外れではあるが、この町に属する土地が「分離壁」の建設予定場所となっている。まだ壁自体は建設されていないが、土地は収用され、分離ラインから数百メートル遠ざかった場所でさえ、立ち入り禁止になっている。案内してくれたのは、高校卒業後に子どもたちのためのクルアーン教室の先生をしているソメイヤだ。この教室も、「イスラーム運動」に属する「ハラー基金」の活動の一環だ。目を凝らして見て

▼132 **シャス** イスラエルの超正統派を代表する政党で、正式名称は「トーラーを遵守する世界セファルディー協会」。一九八四年に設立された。一九九九年の国会選挙では一二〇議席中一七議席を獲得。オルメルト政権下で連立に加わっており、四つの閣僚ポストを得ている。

▼133 イスラエル政府がモスクの建設許可を出し、モスクの礎石が組まれる段階に至ったが、ナザレ地方裁判所は、モスク建設予定地がワクフであるというイスラーム運動側の主張を退け、モスク建設を中止に追い込んだ。しかし、一般にこの顛末によってイスラーム運動は敗北したのではなく、むしろナザレにおけるプレゼンスを強め、自信を深めたと評価されている。Raphael Israeli, *Green Crescent Over Nazareth: The Displacement of Christians by Muslims in the Holy Land*. Frank Cass Publishers, 2002

いると、遠くの方で軍用車が通るのがかすかに見える。「怖いから戻りましょう」と、ソメイヤが促す。

壁を建設し、イスラエルのアラブ人を西岸の人々から切り離そうとしている一方で、アラブ人が集中している地域をパレスチナ側に与え、西岸のユダヤ人入植地を含む地域をイスラエル側に取り込む、という議論がイスラエルでは続いている。国内のアラブ人人口をなるべく少なくし、なるべく多くの土地を手に入れようという、排外主義的で全く自分勝手な議論だ。そういう議論の際には、ウンム・ル＝ファハムは「もちろん」、パレスチナ側に与えてしまっても惜しくない場所の、筆頭候補になっている。

「イスラーム運動」が何を目指し、どういう未来をアラブ社会にもたらそうとしているのか……。そういう議論で時に見失われているのは、イスラエルのこの現実こそ変わってもらわなければどうにも仕方がない、という当たり前の認識だ。「イスラーム運動」は、イスラエルの現実が生み出したいわば「鬼っ子」であり、その現実の中で成長し、軌道修正も重ねてきたのだ。そのことが認識された上で、当然のことながら、「イスラーム運動」の指導者たちがこれから選び取っていく政治方針は、状況やバックグラウンドから一度切り離し、そのものとして吟味・評価されなくてはならない。

それにしても、この社会の未来のイメージは曇ったガラス皿のようで、磨いても磨いても向こう側は鮮明でない。ため息をつきながら、そっと箱に戻して封印し、見えないところに放置したくなる。

第七章

アラブの女たちの願望の行方は

断絶？　多様性？

村で最初の「教育を受けた女性」

ファーティマさんは突然話し始めた。たまたま手が空いたらしく、手を拭き拭き私のいるテーブルにやって来てすぐのことだった。「日本の女性たちの伝統的な手仕事には、どんなものがあるの？」。私の簡単な答えを引き継ぐようにして、彼女が話を始めた。私に質問をしたのは話のきっかけを作るためで、むしろ彼女自身に話したいことがあるのだなあ、と私は気づいた。昔近所に住んでいたベドウィン▼134の一家の話。ベドウィンの高齢の女性がよく手や顔に施している入れ墨について。子どもの時に母親から聞いた話、……。イスラエル北部のべ

▼134　ベドウィン　アラブ系の遊牧民を指すが、それぞれの集団ごとに帰属意識を持っており、地域によって生活様式もさまざまである。現在イスラエル国内には、約一七万五千人のベドウィンが暮らしており、そのうちイスラエル北部に住

ドウィンの村、ザルズィール▼135にある、彼女の家のダイニングでのことだ。
移住生活をしなくなり、定住化政策▼136に沿って建てられた家とは別に新築した建物で、素晴らしく広くて奇麗だ。手仕事の好きな彼女の趣味に従って、洗練されたインテリアや装飾品が室内を飾るが、家の中は薄暗いため、そうしたものを確認することは難しい。暑さを防ぐため、日中、窓のシャッターがすべて閉じられているのだ。それでも、シャッターの付いていないガラス部分の光が反射してダイニングにも入って来て、外の光線の強さは十分うかがえた。誰もが外に出ることを好まず、家に閉じ籠もっていそうな真夏の日だったが、他の家族は車でそれぞれの用事のために車で出払っていた。

ファーティマさんは一九四九年、つまりナクバ▼137の翌年の生まれだ。五〇歳代にして、一二歳を筆頭に四人の孫がいる。最近はそうでもないが、アラブ社会では一般に女性の平均的な結婚・初産年齢が早かったことも関係している。ナクバを経験していない世代が、すでに社会的には「おじいさん・おばあさん」の立場になっているわけだ。日本でいうと団塊世代・全共闘世代にあたるわけだが、この世代のパレスチナ・アラブ人と話すときは大抵、日本のこの世代よりずっと年長者を相手にしているような錯覚をもつことが多い。「そういえばあなたは、この村で最初の女性教師だったんですよね」と私が水を向けると、彼女は待ってましたとばかり、少し口調を改めながら言葉を継いだ。

……私の母親には、男の子が生まれなかったんですよ。だから父は、別の女性と結婚しようとした。つまり母と私たちは家に残って、父は男の子をもうけるために別の女性と結婚し

むのは三万五千人ほどである。第四章註87、本章註145も参照。

▼135 **ザルズィール** 6ページ地図参照。ガリラヤ地方のベドウィンの定住促進のために作られた村の一つで、一九六三年に作られた。人口約五千五〇〇人。北部に住むベドウィンはもともとシリア砂漠から移動してきた人たちだといわれている。兵役への志願率が高く、イスラエル政府に対し従順だとされているが、その背景にはイスラエルの巧みな分断統治がある。

▼136 **定住化政策** 近代的国家秩序維持のための要請による領域内移住民・遊牧民の定住化の推進は、技術の進歩による伝統的生活手段の崩壊にも助けられ、世界中の移住民の数を激減させている。一方イスラエルでの「ベドウィン定住化政策」に関しては、建国後、遊牧民だけではなく領域内に

ようとした。でも母は、それに合意しなかった。で、私は小さいときにずっと彼らの話し合いを聞いていました。時にはひどい言い合いや喧嘩になっていて、それは私に強く影響しました。で、私は自分自身が二重の存在になろう、つまり女の子であると同時に男の子であろう、と決めたんです。私は女の子で、女の子はいろいろな意味で男の子とは違う。でも男の子みたいになることで、自分には男の子がいないということを父が感じなくなるようにしよう、と。もちろん母にとってもです。母は、男の子をとても強く望んでいました。でも私と妹しか出来なかった。

　どうやってか、って？　勉強して優等生になり、教育を受けて、みんなが「この子は男の子よりも上等だ」と言うようになろう、と決めたんです。当時は女の子だけじゃなく、男の子もほとんど教育を受けていなかったから。小・中学校は優等で終えました。教師たちは皆、「この子は上出来だ」と言って励ましてくれた。しかしもしもっと勉強したいとしても、この土地は交通が不便だし、とても大変だと言うだけで、何の展望も与えてくれなかった。そこで両親に、もっと教育を受けたい、つまりナザレ▼138に通いたいのだがどうだろうか、と聞いてみた。一四歳の娘が一人でナザレに通うなんて大変だ、と言われました。それは覚悟の上でしたよ。

　私はナザレに行って、学校を探した。もう生徒の募集期間の最後の頃になっていました。よく知られた公立の学校に行ったけど、もう募集は終わっていた。ミッション系の「テラ・サンタ」に行ってみたけど、そこも終わり。私の家にはナザレに詳しい知り合いがいて、彼

残ったすべてのアラブ人（大多数が農民）の土地が政府による没収・利用制限・再分配の対象となったことをおさえる必要がある。農民のように先祖から引き継いだ一定の土地をもっていたわけではなかったベドウィンは、居住のための土地を与えられたことで政府への恭順を深めたが、他方イスラエルはより広大な土地を無償で手に入れた。ネゲブ砂漠のベドウィンについては本章註145を参照。

▼137　**ナクバ**　「破局」とか「厄災」を意味するアラビア語。パレスチナ問題の文脈では一九四八年、イスラエルの建国に伴ってパレスチナ人が被った大厄災を指す。約五〇〇のパレスチナの村が破壊され、約一万人のパレスチナ人が殺害され、七〇万人が難民化した。

▼138　**ナザレ**　第六章註130参照

女に相談すると、「フランシスカン」という別のキリスト教系の学校がある、と教えてくれました。[▼139] 彼女が学校の人と話してくれて、私は自分の名前を登録し、一週間後に試験を受けた。そしてその一週間後、自分が合格したことを知りました。

私はこの世で一番の幸せ者でしたよ！ ナザレに行ってそこで勉強する、なんてことは、言ってみれば……、博士になったのと同じくらいのことだと感じました。桁外れのすごいことだと。とにかく私は、服や本を買いに行きました。ナザレの学校には誰一人知り合いがいません。私は学校の経営者のところに行って、「私には誰も知り合いがいません。私はベドウィン社会から出てきていて、そこではまだ誰も（高校レベルの）教育を受けていない。私が最初なんです」と言いました。彼らは私を励ましてくれて、教室に案内してくれた。そして教室の他の生徒たちに「この子は礼儀正しくて意欲的な生徒です」云々、と紹介してくれました。

はじめ私には、誰も友だちが出来なかった。そんなことは気にしませんでした。勉強して優等になる、そうすれば彼らの方から近づいてくる。……そして、そのとおりになりました。みんなが、私の名前や、私がどこから来たのか聞くようになった。ナザレの住民は、ベドウィン社会のことを全く知らなかった。彼らは私たちのことをテントに住んでいて、ラクダを飼っていると思い込んでいた。いや違う、私はあなたたちと同じような普通の家に住んでいます、と言ってやりました。ザルズィールとナザレは同じ地域ですよ。それなのに私たちのことを何も知らない。……でもしばらくすると、学校の友人が私の家を訪問するようになっ

▼139 **フランシスカン**（フランシスコ会） カトリック教会の修道会の一つ。キリスト教徒巡礼者を多数招き寄せる都市だけあって、ナザレにはミッション系の学校が数多く、ムスリムの子弟も通っている。

たし、私も彼らの家を訪ねるようになりました。

　言うのを忘れたけど、私の家から（村の外の）主要道のバス停まで、歩いて一時間かかりました。バスに乗ってナザレまでは三〇分。毎日往復で三時間かかったんです。それに村にはまだ、電気が通っていなかった。私たちの家にあったのは、ガスのランプです（彼女はそのランプを出して来て見せてくれた）。これを脇に置いて、宿題をしました。夜七時から一二時くらいまで。朝五時に起きて、父と一緒に家を出ました。父は（キルヤト・）ティボン▼140で働いていましたから。父はティボンの方向に行くバスに乗り、私は逆のナザレへ。帰りは、父の方が早く戻っていました。一九六四年のことです。

　父にはお金がなかった。当時お金の単位はシェケルではなくてリラでしたが▼141、毎日父は仕事で二リラ稼ぎ、私に半リラ渡してくれた。……ナザレの娘たちはお金持ちです。毎日お店に行って食べ物や甘いものを買っていた。私はといえば、ホブズ▼142の中に何も入れないで、それだけを食べることも多かった。父が私に教育を受けさせてくれるだけで十分でしたよ。父がどんなふうに働いているのか知っていましたから。だから一日分の半リラだけで、三日間過ごすことも多かった。翌日父はまたくれようとするんだけど、私はあると言い張って受け取らなかった。

　父も母も、私がナザレで教育を受けるようになって、とても満足してくれました。私は彼らが持っていなかったものを満たすことが出来た。別の女性と結婚して男の子をもうけようなんていう考えは、父の頭から消えていました。その四年後に妹が（ナザレで）教育を受け

▼140 **キルヤト・ティボン**（ヘブライ語の正確な発音としてはティヴオーン）
　ザルズィールから約一一キロ離れ、ザラーズィールとハイファの間にあるユダヤ人の町。この北側にはバスマト・ティボン（ティボンの微笑）というベドウィンの村がある。

▼141 イスラエルの通貨は一九八〇年にリラからシェケル（＝一〇〇アゴラ）に変わった。イギリス委任統治領下のパレスチナではポンド（アラビア語ではジュナイハ、ヘブライ語ではリラ）が使われていたが、イスラエル建国後、聖書に出てくる古代通貨単位として

るようになって、その二年後、別の家の娘がやはりナザレに行くようになりました。高校をついに修了したときは、私のまわりの皆が、喜んでくれました。私は大統領にでもなったような気持ちでした。この村の学校の教員はみな、村の外から来ていた人間だった。だから皆が、私が（教員の）仕事を始めることについては協力してくれた。だって、私の存在が、他の娘たちを奮起させることになるのだから。私が、他の娘たちが教育を受ける道を拓いたんです。神の御慈悲のお陰ですよ。

ファーティマさんの口調にはもちろん誇らしさが滲むのだが、「アル＝ハムド・リッラー」▼143という言葉が何度も挟まれることもあって、自慢気なところを感じさせない。彼女が村の娘たちに拓いたのは、教育を受けることだけではなかった。当時、結婚といえば、いとこと結婚するのが一般的だったのだが、彼女は同じくザルズィール出身でも別の一族の男性と結婚した。やはりナザレで勉強していた男性で、お互いに見知っていた関係だった。「私は自分の社会を変えていこうと決めました。いとことの結婚を拒否した時は、自分の一族に逆らうことだと言われた。でも（いとこ婚は）子どもの健康にとってよくないし、別の家族との結婚によって、さまざまな変化が生まれることは大切なことです。結婚後も毎日毎日両親を訪ねましたし、子どもが生まれてからは、家の中に子どもたちがいるということをいつもいつも感じてもらえるようにしました」。

それから彼女が「私が切り拓いた三番目のこと」と呼ぶのは、車の運転だ。「当時女性が車

のシェケルとアゴラが用いられるようになった。

▼142 **ホブズ** アラビア語でパンの総称。日本では「ピタ」として知られる平らなパンが一般的。中が空洞であるため、その間にホンモス（第四章註70参照）やチーズを塗ったり挟んだりし、お弁当として外に持参することも多い。

▼143 **アル＝ハムド・リッラー** 直訳すると「神に賛美」。神の御慈悲のお陰でこのようになっています、との意味で、様子を尋ねる挨拶への返答や、自分の状況説明の合間によく使われる言葉。良いことばかりではなく、しばしば悲劇的な状況でも用いられる。

を運転するなんて、考えられなかった。アエブ▼144だと言われました。でも、今ではほとんどの女性が運転している。実際、生活に欠かせない。でも村の女性では私が第一号だったんです」。彼女は三二年間小学校と幼稚園で教えていたが、五〇歳の時に退職し、今は手の込んだ家庭料理や手芸などの手仕事に時間を割きながら生活している。

　イスラエルには約一七万人のベドウィンがいると言われている。そのうちの多く（約一一万人）が南部のネゲブ砂漠に住んでいるのだが、イスラエルの差別的な政策のせいで、イスラエルのアラブ人の中でも特に困難な問題を抱え込まされている。▼145一方、ファーティマさんの住むこのザルズィールなど、北部のベドウィンの村の状況は、一見したところでは他のアラブの村との間に大きな違いを感じさせない。主要道からずっと奥入るとようやく家がぽつぽつと点在しはじめる、人口五千人強の小さな村だ。人の集まる文化・商業センターや娯楽施設のような場所は一切なく、ランドマークと言えるのはモスクだけだが、それぞれの家は大きくて立派だ。

　周知の通り、もともとベドウィンはテント生活を送りながら移動を繰り返していた人々だ。ただ、一般にイメージされるように、あちこちをやみくもに移動するのではなく、ある地域全体を生活圏としつつ季節の変化に応じて動いていたのであって、農民とはまた違うやり方で、一定の範囲の土地との間に密接な繋がりを作っていた。農民のように一定の土地を区画として所有するわけではないが、オスマン帝国下では、ベドウィンに属する土地はそれとして認知されていたそうだ。しかしイスラエル建国後の軍政府のもとで移動を禁じられ、北部

▼144　アエブ（a'yb）は恥や不名誉を指すアラビア語。名誉を重んじる中東社会にあっては、所有物を奪われたり、一族の者を殺されることは恥である。他方でもっと軽い意味として日常会話でも多用され、子どもが慎みのない行動などをとると、「アエブ！（恥を知りなさい）」と諌められたりする。

▼145　一九四八年のイスラエル建国により、ネゲブ地方にいた約七万人のベドウィンのほとんどは追い出された。約一万人近くにまで減少したベドウィンたちはベエルシェバーの一地域に移住させられ、一九六六年までは軍事政府の支配下に置かれた。六七年以降、政府の計画のもとに住宅が建設され町づくりが進められたが、ベドウィンの生活様式やコミュニティ秩序が無視された一方的なものであったため失敗した。現在、ネゲブ砂漠に住むベドウィ

のガリラヤ地方のベドウィンの場合、一九六三年に法的に定住が強制された。一九四九年生まれのファーティマさんもテント生活は知らず、子どもの時はバラックの家に住んでいたそうだ。現在、彼女の家の周辺には、高齢の女性が一人で住むバラックが一軒残っているだけで、どこを見ても新しくてきれいな家ばかりが目に映る。しかし、単なるノスタルジーではなく、移動を繰り返す生活がどんなに便利で好都合だったか、彼女は親や祖父母たちから聞かされ続けたそうだ。

「石で固められた家に人間の方が縛られ、不都合があっても移動できないとは不合理な話だ。昔なら、近隣と諍いが起これば、荷物をまとめて家畜と一緒に何キロか先に移動しさえすればよかったのだから」。今でも家の裏で家畜を飼っている家は多いが、移動が出来ないため、匂いや鳴き声のトラブルにも対処のしようがないようだ。

彼らにとって、固定された壁と屋根は安楽を与えてくれるものではなく、望めばいつでも移動できる状態こそが自由と安息を保証してくれたのだ。確かに、何世代にも渡って移動することが当たり前の生活をしてきた人たちを、わずかな土地と交換にそこに縛り付けるのは、なんと酷い政策だったろう。農民が耕してきた土地を奪ったのとは別のやり方で、イスラエルは、ベドウィンが独自に持っていた土地との関係の総体、ひいては彼らの身体性や生活のありかた、文化を奪ったのだ。

ンの半数強は政府が指定する七つの居住地に住むが、残りのベドウィンたちが住む四五の村は、「無認可村」として行政の施策の対象外に置かれている。不十分な教育や高い疾病率、イスラエル政府による家屋破壊など諸々の問題は、無認可村はもとより公定の居住地でも深刻である。

娘たち　混迷世代？

ファーティマさんを知ったのは、彼女の娘のラドワを通してだった。彼女は母親と同じく村の小学校で教師をしているのだが、そこで独自の教育プログラムを実践していることで、一部で注目されている。彼女は教育学の分野で修士号を取り、さらに現在の教育実践をもとにした博士論文の執筆中でもある。また教員の他、ハイファの教員養成学校で講師も務めている。信念を持った努力家で、忙しいはずなのに鷹揚でマイペースなところに、私は親しみを感じている。

この母と娘はよい友人同士に見えるが、世代差による考え方の違いは当然ある。母のファーティマさんは、自分をはじめ多くの女性たちの努力があってこそベドウィン社会が変わってきたことに言及する一方で、ベドウィン独自の文化の喪失を嘆く。娘のラドワは対照的に、ベドウィンだと分かるものを身につけたり、「ベドウィンらしさ」を指摘されることを非常に嫌う。

彼女たちの家に泊まったある晩、照明を落としたラドワの部屋の中で、どういうきっかけでか、結婚の話になった。彼女は強く結婚を望んでいるのだが、相手が見つからないということだった。

「私は今年三〇歳になる。……みんな、私には高学歴の博士とか弁護士が相応しいと思っている。私はそんなことにはこだわっていない。でも、男の方はそれを気にする。これまで男性と、親しい関係をもつことが全く出来ないままできた。でも男性の存在なしに一生生きていくことなんて、考えられない」。

深刻な表情で訴える彼女に、何と言っていいのか分からず、私は戸惑った。「男性の存在なしに一生生きていくことなんて、考えられない」という言葉は、男性との一対一の恋愛関係の必要性を指すのではなく、相応しい男性と出会って結婚し、彼女の母親のように子どもを生んで家庭生活を築くことであり、それが適わない人生なんてイメージすることが不可能だ、という意味のようだった。

保守的なアラブ社会、特にベドウィンの社会で、高学歴の彼女が結婚相手としてふさわしい相手と出会うことのないまま三〇歳になってしまったという事情は、十分想像できる。女の「若さ」に価値が置かれる傾向は、日本社会以上なのだ。

それに彼女は、実家を離れて暮らしたことがない。ハイファの大学まで自分で車を運転して毎日通っていたのだ。アラブ社会一般でも言えることだが、イスラエル国内のアラブ社会の女性の場合は特に、親元を離れて暮らしているかいないかが、性的経験を持っているかいないかの暗黙の指標になっている。つい「そんなことどうでもいいじゃないか」と言いたくなってしまうが、女性の性のありようが過剰な意味を負わされている社会で、誰もがそのことに関心過剰になっているらしいのだ。

男性との出会いの機会が少ないのは、彼女が実家に住んで村の中で働いているせいでもあるから、思い切ってこう聞いてみた。「あなたは親元を離れて暮らしたいと考えたことはないの？」。すぐにこう切り返された。「そんなこと！　そういう人はもう、そういう種類の女性だよ。男だって、そういう目で彼女を見る。それに一人暮らしをすれば、人間は変わる。私の女友だちの中でも、一人暮らしを始めた人たちとは、関係が切れてしまった。性格が強くなって自己主張するようになるから、結婚しても相手とうまくいかなくなることが多い」。仕方なく私は、日本でも結婚しない女性が増えてきて……、というようなことを言ったりもした。しかし日本の女性の場合、婚外の性的関係については一応自己選択できる立場にあるから、比べても意味がないことだ。彼女は大変な子ども好きなのだが、この社会では例えば非婚のシングル・マザーの存在など、考えられない。「結婚なんか、してもしなくてもどうでもいいじゃない？」などとは、簡単に言えないのだ。

夏のある日、オランダで仕事をしている兄夫婦のもとを訪ねるため、ラドワがはじめて一人で外国に行くことになったと聞いた。父親が航空券を買ってきて、日程の説明をしながら本人に手渡したのだ。仕事の上では自分の現場を持ちながら地に足のついた研究をしている彼女に瞠目させられる一方で、家の中では「大きな娘」の状態であることに、少し驚いてしまった。しかしだからといって、私が彼女より精神的に「解放」された立場にいる、とも思えない。悩みを抱えながらも真面目に生きている彼女の様子に、積んできた経験を全く異にしながらも、なぜか他人事とは言い切れない共感を覚えてしまうのだ。イスラエルのアラブ社会が急速な変化を経てきた中、苦労しながらも真っ直ぐに新しい道を切り拓きさえすればよかった母親たちの世代とは違った問題を、彼女は抱え込んでいるようだ。

ラドワの住む村からハイファまで、わずか三〇キロ。小さな国だから、どんなに「辺境」の村からでも、車を飛ばせば二時間足らずで大きな町まで出ることが出来る。

ベドウィンの村に限らず、イスラエル国内のアラブの村と、ハイファとの文化的ギャップに、私はいまだに慣れることが出来ない。ごく狭い地理的範囲の中の、この極端な文化的・精神的違いは何なんだ、というやりきれない怒りのようなものさえ感じてしまうのだ。

ハイファで私が住むのは、アラブ人の地区に近接したユダヤ人の地区だが、部屋を借りて住んでいるアラブ人の学生や若い単身者が、比較的多い。まさにラドワが「そういう種類の女性たち」と軽蔑を示したような女性たちが、自由気ままな生活を送っているわけだ。テルアビブに比べると、ハイファは都市の規模としては全く小さい「田舎」である。またテルアビブにはアラブの都市ヤーファが隣接していて、アラブ人のコミュニティの存在がはっきり見えるのに対し、ハイファのアラブ人コミュニティの規模はごく小さい。商店やレストランも客に対してヘブライ語で応対するから、そこがアラブ人地域だと気づかない外国人観光客さえいる。北部のアラブ人の村からほど近い小さな都市であるにも関わらず、ハイファはアラブの若者にとって、自分の出身地の村から精神的・文化的に隔絶した別世界なのだ。

ハイファの街中でアパートを借り、二、三人でルームシェアしながら暮らしているアラブ人の学生は、実家にそれなりの経済力があったりするほか、宗教的でない家庭の子どもが多いようだ。宗教上保守的な家庭の場合、特に女の子は一人暮らしが認められず、寮に入るか、大学の近くのアラブ村▼146にある家族経営の下宿で生活することになる。アパートに住む女性の場合も、卒業して学業を理由に出来なくなると、実家に戻ることへの圧力が強くなるのが普通のようだ。それでも戻らないとなると、そうしたあり方に眉をひそめる人たちからはいよいよ「そういう種類の」と決めつけられる生活になるわけだ。

あくまで私の見聞の範囲でしかないが、卒業後もアパートに住む暮らしを続けている女性たちの、セックスに対する関心の高さ・その欲望を絶対肯定する姿勢は、半端でない。一時ルームシェアをしていた女性は、セックスが楽しくて楽しくて仕方がないと私に言った。彼女のプライバシーに私は無関心を決め込んでいたが、男性の客が深夜に頻繁に来るのはどうも気になり、部屋に閉じこもって耳栓をしていても我慢出来なくなる事態がついに起こったので、何度か話し合ってみた。感情的になるまいと慎重に言葉を選んでいる私に対し、彼女の方は目を輝かせながら一気にまくしたてた。「セックスは人生を彩ってくれる楽しみだし、甘いお菓子やアラブ・コーヒーのようなものだよ（投げキスの仕草）。これまでのルームメイトと？ お互いに自分の彼氏を連れて来て、セックスしようが何をしようが問題なかったわよ。あんたは日本人で、何もサウジアラビアから来たわけじゃないんだから、問題になるわけないと思ってたわ。あんたこそ留学中、一度もセックスしないで平気でいるなら、どうかしてるんじゃない!? あんた、自分の彼氏を本当に愛してるの？ 愛情ってものの素晴らし

▼146 イスフィヤとダーリヤトル＝カルメルという二つのドゥルーズの村。イスラエル建国後、ハイファに残ったアラブの村はこの二つの村のみである。

さが分かってるの？」

　返事に詰まった。自分の欲望を手放すまいと無我夢中になっている人には、迫力の上でかなわないのだ。親元を離れて暮らすようになった若い女性の解放感や、何でも欲しい物を手に入れてやる、というせっぱ詰まったような願望と決意は、私自身も覚えがある。その上で、そうした「絶対的自己肯定」の中の行き詰まり感、特に女性にとっての陥穽のようなものへの感覚は、日本で同世代の女性と話す場合は、だいたい通じ合う。彼女は私より五歳も若いから、年齢差による感覚の違いは当然あるだろう。しかし、これが日本で五歳下の女性と話し合った場合なら、こちらの立場にも一応の理解を示すふりくらいはしてくれるはずなのだ。それにお節介ながら、そうやって欲望の追求に夢中になっている彼女の生活が、充実していて楽しいようにはどうしても見えなかったのだ。

　彼女はアラブ女性を対象にしたＮＧＯでアルバイトをしていたこともあり、「フェミニストの立場から言うと……」というものの言い方をすることも多い。彼女だけでなく、フェミニストを名乗る女性たちと交わしてきた議論を通じ、ハイファという町の雰囲気の中での若いアラブ女性たちのありようを、私なりに理解するようになった。ふと思い出されるのは、日本のバブル期に見てきたような社会的気分・女性たちの指向である。既視感とともに、何だか陳腐な印象を持ってしまうのだ。決して高見から馬鹿にしているわけではない。自分も含めた同世代の女性たちの失敗や反省点とも重ね合わせて見てしまうせいか、何とも痛々しいのだ。ラドワに感じる「共感」とは別の意味で、他人事ではないと感じ、自分に引きつけて見てしまうことが多いのだろう。そんなこちらからの一方的な「片思い」のような気持ちが理解されることは、決してないのだが。

とりわけ彼女たちから自分の欲望に対する絶対肯定的な言動を感じとってしまうと、違和感をもつことが多い。急速な経済成長のもとで消費生活に夢中になっているイスラエル人のありようを強く印象づけられている私には、性的欲望の追求についても物欲と同様ではないかというがった見方を払拭することが出来ないのだ。例えば、愛情や性欲の追求が資本主義によって煽られ作られている側面などが、彼女たちの間で話題になっているように思えないし、頭の中で資本主義批判を展開をする人はいても、溢れるモノや情報に頼らず「自己選択能力」を育てることや、自分の欲望のあり方を再検討していく、というような議論が非常に欠如しているように感じる。

親元を離れてハイファで暮らす女性について、理解を示しながらも冷静な物の言い方をしてくれるのは、やはり一定の年齢以上の女性だ。「それがアラブの娘たちの問題なのよ」。生まれ育った保守的なアラブ社会の一方に、世俗的なユダヤ人の、破天荒に自由に見える社会があり、それがアラブ社会に対して支配的に覆い被さっている。生まれ育った社会の抑圧が強い分、そこから一歩出たときの「自己解放欲」が突出するのだ。非宗教的なユダヤ人の場合、子どもとのオープンな関係を望む親が多く、一〇代の時から子どもが自分の恋人を連れてきて紹介したり、家に泊まっていくということもよくある話だ。ここで葛藤がある程度解消されるから、性的欲望をめぐる言説が過熱しない。一方アラブ社会の場合、性をタブー視する抑圧が強いだけに、関心のありようが肥大して、性をめぐる行動が「極端かつ不自然」になる。例えば親元を離れて暮らして「自由に」暮らす若者は、実家に戻ると途端に借りてきた猫のような「別の人格」として振る舞ったりする。そうでなければアラブの社会に残って、その社会のルールに従った生き方を守ることになる。本当はそんな不自由な二者択一はおかしいのだが、社会全体が一定の線引きをしている以上、そうなってしまう。

結婚相手が見つからないことに悩むラドワと、ハイファでの私のルームメイトは同世代だ。双方から、自分の生き方とは違う選択をしている女性に対して軽蔑した言い方を聞くこともある。いずれのあり方にしてもずいぶん極端だと思うが、かといって双方から均等な距離を置いた「中間」が存在するわけではない。よりましかもしれない社会はあるだろうが、自分でも持てあますような自我を抱えたそれぞれの女性たちが、別の社会ならばより満足に生きられるものなのかどうか、誰にも分からない。少なくとも日本人である私に、日本で生きることをうらやましがる女性がいれば、私は大急ぎで否定するしかない。結局、女性が自由に生きられる社会がありうるという想定が間違っているのであって、個々人の抱く不幸感はどこの社会でも変わらない。それは女性に限った話ではないだろう。

それにしてもラドワの母ファーティマさんの自信や充足感に満ちた話ぶりを思い出すと、娘たちの世代の混迷ぶりに対して、つくづく皮肉な感慨を抱かずにはいられない。同時にそれは、現在の日本社会でも思い当たる状況だ。

都市と村　多様性と断絶と

他のアラブ社会と同様、イスラエル国内のアラブ社会でも、結婚式は重要な社交の場であり娯楽だ。アラブ社会に少し詳しい人なら誰でも、日常生活に結婚式が占める位置の大きさや重要性を知っているだろう。何しろ夏のシーズンになると、本当にあちこちで結婚式がある。若い社会なのだ。

そろそろ結婚式シーズンも終わるころ、以前知り合った作家のS氏から、甥の結婚式に来ないかと招待を受けた。彼はマジダル＝クルム▼147という村に昔から住む一族の出で、村の生活やナクバの経験を小説にして多数発表しているが、作家としてはそれほど有名ではなく、新聞記者の仕事で生計を立てている。マジダル＝クルムは、第三章で触れたユダヤ人の町「カルミエール」建設にあたり、土地が収用された村の一つだ。この村からは、山の上のカルミエールの町が遠く見通せる。

結婚式はもううんざりで、私はなるべく避けている。しかし今回の招待を受けたのは、伝統的に則った方法で式が行われることが予想できたからだ。マジダル＝クルムの村の住民は、大部分がナクバ以前からこの村の住民だった人々であり、伝統的なものが良かれ悪しかれそのまま残されていることが多い。一方、ナクバによって、以前住んでいた土地を追われ、国

▼147 **マジダル＝クルム**　6ページ地図参照。現在の人口は約一万三千人の村。ナクバの際には約三分の一の人口は村を脱出し難民となったが、村自体は破壊されず住民も残ったため、比較的古い伝統が残っている。

内難民となった人々が新たに住むようになった村の生活は、古い関係性が不自然な形で壊された上に成り立っている。そうした違いが、村人の関係のありかたにも微妙に影響し合っている。

本来の結婚式は、一週間続く。毎晩、新郎か新婦の家のどちらかに客が招待され饗宴が続くのだ。私が出席したのは最終日で、昼には新郎の側の親戚縁者が喜びの声を響かせながら新婦の家に向かい、新婦を新郎の家に連れてくる儀式がある。午後は屋外の大会場で聖職者がクルアーン（コーラン）の章句をお経のようにして朗唱する儀式が一時間ほど続いた後、出席者たちが一斉に食事をする。夜七時くらいからは、同じ屋外会場でダンスが始まり、これは夜一時くらいまで続く。

食事のために屋外会場に向かうと、すでにクルアーンの朗唱が始まっている。前方の台で、四人くらいの老人がマイクで交代に声を響かせていた。そのすぐ前に椅子が並べられていて、これは男性の席だ。その後ろにはテントが張ってあり、後で食事をとるためのテーブルが用意されている。テントの両脇と後ろにも椅子が並べられ、こちらは女性の席だ。全体で五〇〇人は楽にいる。

女性の席の後ろの方に座ると、周囲の人が、物珍しそうな顔をして私の方を伺う。何人かと話をしたが、そのうちの一人がレイラという中年の女性だった。ハイファで精神科医をしているという。「もともとハイファ出身ですよ。死んだ夫がここの出身。彼の親戚とのつき合いを絶やさないよう、機会があれば子どもを連れてくるようにしている。でも若いときは、こういうつき合いを嫌って、馬鹿にしていたわ」。いかにも都会的なファッションに身を包んだ、格好のよい女性だった。会場全体の雰囲気から距離を置きながらも、これはこれとして楽しむ余裕をもっているようだった。「こういうつき合い」と言いながらあごで会場の中心を指す彼女の仕草から、「こういう、男たちが前方に座り、女の席が側面と後方に据えられているような場でのつき合い」を意味しているのは明らかだった。私が作家のS氏の招待で来ていることを知ると、S氏は自分の死んだ夫の兄だが、自分みたいな人間は彼には嫌われているから、私と知り合ったことを彼には言わないでおきなさい、と言った。

　しばらくして急に場の雰囲気が変わり、食事の時間に入ったのは分かったが、私の周囲の人々は動かずそのまま座っている。奇妙に思い真ん中のテーブル席を見ると、何と男性たちだけが席に着き、さっそく料理をむさぼりはじめているのだ。周囲に座っている女性たちはそれをながめているという構図である。え？　男性だけが食事をして、その周りに座った女性はそれを見ているわけ？　何とも奇妙な光景だった。これまでの式でも、男女別に座って食べるというのは普通のことだったが……。

　男性たちが食べ終わるのは、想像以上に早かった。すると空いた席から順に、促されて前方の席の女性がテーブルに向かうというわけだった。真ん中の大皿はそのままで、各自の料理の皿だけが素早く取り替えられていくが、しばらくの間は、男性が食べ終わった皿を前にして待つことになる。言ってしまえば、女性は男性の食べ残しを食べるのだ。私の周囲の人たちも、ようやくテーブルへと促される。さすがに結婚式の料理は格別に美味しく、新しい料理の皿を急いで持ってきてくれようとする配慮はあるのだが、何だか割り切れない気分で食べた。たまたま、レイラや彼女の娘たちが近くの席だった。食事を終えて、一緒にレイラの長女とトイレに行く途中、彼女は笑いながら言った。「どう思う？ ここの人たちのメンタリティ……」。彼女は前衛的なファッションセンスの持ち主で、テルアビブで写真を勉強しているという。トイレではウィンクしながらタバコに火をつけ、「ここの人たちの前で、若い女がタバコを吸うわけにはいかないからね」とわざわざ解説してくれた。ただ自分の思った通りのことを言ったまでで、高見からこの村の人たちを馬鹿にしているわけではない、という感じはする。その明るく無邪気な雰囲気に、好感を持った。彼女に言わせると、作家のS氏（彼女から見ると伯父さん）が彼女たちを嫌うのは、母親のレイラが夫と死別後に再婚し、さらに離婚しているからだと言う。

一度家に戻り、夜の「ダンスの部」向けに着飾る。歌手と楽団が呼ばれ、生の歌と演奏があるのが従来のやり方だったが、あまりに高額になるため、最近はDJによる演出が多い。この場合もそうだった。曲によって、高齢の人ばかりが踊るものと、若い人たちが踊るものとがあるが、常に数十人が参加している。先程までと違い、このダンスの部は男女が分けられることなく、かなり開放的な雰囲気が醸し出されていた。ダンスに目くじらを立てる宗教的な人々は、そもそも出席しないのだ。女性は世代を問わず出席しているが、男性の高齢者はほぼ皆無だ。私は踊れないので観客に徹しているつもりだったが、ついに強引に前に引っ張り出されてしまった。手を動かすと足が止まり、足を動かすと手が止まってしまう。

レイラの子どもたちが、派手な踊り方で盛り上がっている。アラブの踊り方ではない、テルアビブで身につけたらしいディスコティックな踊り方だ。先ほどのS氏の話を思い出し、彼女たちに眉をひそめる人もいるのかなあと周囲を伺ってみるが、皆楽しそうにしているだけだ。私の頼りない踊り方に業を煮やしたのか、レイラの長女は私の手を取ってくれる。たまたま出会ったレイラたちとS氏の伝統に対する態度の違いだけでなく、ここで踊っている人々は、それぞれに違った社会的背景を持ち、多様な生き方をしているはずだ。普段は接点のない人たちがこういう場に集まり、しっかり自己主張しながらもお互いに配慮している。家に帰ったら辛辣な悪口を言ったりするのかもしれないが、関係が存在しているということそのものが大切なのだ。ハイファのフェミニストの議論の場で、物足りなく感じていたのはこういうことなのだ、とふと思う。都市の大学やNGOに集まるフェミニストは同じ思想傾向を持った人ばかりのように思えるのだ。それぞれの差異を認めながら生きられる社会を巡る議論は幾度となく繰り返されてきたが、問われているのは具体的な生活の中でいかに他人と接することができるかということなのだろう。

翌日帰宅して、ルームメイトに結婚式の儀式のことで質問を口にしかけると、彼女は馬鹿にしたように私を見上げ、私が予想もしなかったような感情的な調子でまくし立てた。「結婚式なんか、関心ないわよ。もう何年も結婚式なんか出ていないわ！　そんなこと私に聞いても知るわけないでしょ！」。

第八章　移民の流れを見てあらためて思う、「シオニズムって何だ!?」

距離を置いた隣人

ハイファの下町、ハダール地区▼148。市場があり、日用雑貨も安いため、週に一度は山の上の大学からわざわざここまでバスで降りてきて、買い物をしてからまた中腹にある自宅へ戻る。夕暮れ時、閉店時間を気にしながら早足で歩く街角には、ロシア語の看板がかかっていたり、レジから見える位置にロシア語のテレビ番組が流れていたりする店が多い。

　ここハダールでは、どこを歩いてもロシア語は目につくが、メイン通りから少し外れた辺りのほうが、店が点在しているためにかえって目立つ。携帯電話を扱う店、ロシア語書店、

▼148 **ハダール地区**　ヘブライ語で「光輝」の意味。ハイファで最初に出来たユダヤ人地区。国連パレスチナ分割決議（第一〇章註5参照）成立後の一九四七年の年末から翌四八年にかけて、この地区からアラブ人地区への攻撃が相次いだ。イスラエル建国後、七

ロシア語ビデオ屋、インターネット屋。かたやメイン通りの「ヘルツル通り」▼149は、安いがあまり洗練されていないファッション関係の店がずらっと軒を並べていて、よく見ると最近ここでもロシア人が経営する店の新装開店の例が増えた。ここで目につくのは「何でも五シェケル（約一二五円）」の格安ショップだ。さらにここから市場に向かおう。野菜や果物、魚や肉などは既存の店が幅をきかせているが、加工食品ではロシア系の店が随分増えた。これは私には一番ありがたい。美味しそうなソーセージやサラミ、チーズや魚の薫製が並んでいる。手は出せないが、イクラやキャビアも棚を飾っている。カシェルートというユダヤ教の細かな規定〔第四章註81参照〕に則った食品ではなく、ロシア人の舌の指向に適った品物が誇らしく並んでいるのだ。

といっても、ただ自分の購買欲を満たしてご満悦で帰宅するわけでもない。夕暮れ時ということもあるが、ロシア語が目につく街中を歩くと、寂しさに加えて、何とも複雑な気持ちに襲われてしまう。

その第一の理由は、私がロシア語を解さないからであり、東アジア系の顔立ちをした人間など、彼らの関心の埒外だろうと思われるからだ。第二に彼らは移民であって、この街角に大勢いるアジア系・東欧系の外国人労働者とは違う。旧ソ連圏出身のユダヤ人移民としてイスラエルに「帰還」▼150した人々だ。このことが私を複雑な気持ちにさせる。その一方で、ロシア語の看板やユダヤ教で認められていない食品が並んでいることに象徴されるように、彼らはユダヤ系移民でありながらイスラエル社会に容易に染まろうとはせず、もともと持ってい

〇年代まではハイファの中心的商業地区として栄えたが、その後経済の中心は新しく高級感のある山の手地区に移っていった。現在、ここでロシア系の移民が安手の商売を始める一方で、貧しい超正統派ユダヤ人地区にも隣接しているため、やや裏寂れた印象のある街並みとして残されている。この地区の東部にはアラブ系のユダヤ人の暴動が起きたことでも知られるワーディ・サリーブ地区があり、西部には現在もアラブ人口が集中する地区ワーディー・ニスナースがある。

▼149 **ヘルツル通り**　イスラエルの町の通りの名前は、イスラエル建国やユダヤ教に関わる人物の名前で溢れている。シオニズムの生みの親であるテオドール・ヘルツルの名を冠した通りはハイファのほかテルアビブや西エルサレムをはじめ、ユダヤ人の町の多くに存在する。

た文化をイスラエル社会の中に持ち込んでいる。後述するように、「本物の」ユダヤ人でない移民も少なからずいるためだけでなく、ユダヤ人として移民しながらも、それは法的な手続きに限定され、アイデンティティの変化を意味していないように見える。そうした二重性が、彼らに対する私の見方を曖昧なままにさせている。結局はそれぞれの個人をどう見るか、という問題だろうが、買い手と売り手の関係では、個人の姿はなかなか見えてこない。

ある時ある場所で、人は選択の余地なく難民にされる。難民は、難民になった事実に対して、何の責任も持たない。危険を事前に察知し自発的に逃れられるのは、経済的に豊かだったり、外国につてを多く持っていたり、運の良かった人であって、彼らの存在をもって、難民化された人々がその責任を問われることなどあってはならない。

では「移民」はどうだろう。彼らが移動するのは、難民と違って、リスク覚悟の「自己選択」の結果だと思われることが多い。そして選択した以上、その結果起きたことについても「自己責任」を押しつけられがちだ。しかし「選択」というものは、それほど明確なものではない。他に選択肢がなくて止むを得ないという場合もあるし、自己選択のつもりが周りに流されていることもある。その結果が不本意なら、「騙された」という総括をしたくなるし、たまたま首尾よくいったなら、自分の人生ははじめからこうと決まっていたように思えるかもしれない。誰に

▼150 **帰還法**　なお本文では「移民」「移住」「やって来た」といった表現を用いているが、イスラエルへのユダヤ人の移民のことをヘブライ語では「アリヤー」と呼ぶ。「上ること」を意味する。

ハイファの住宅街にオープンした食料品屋「プーチン」

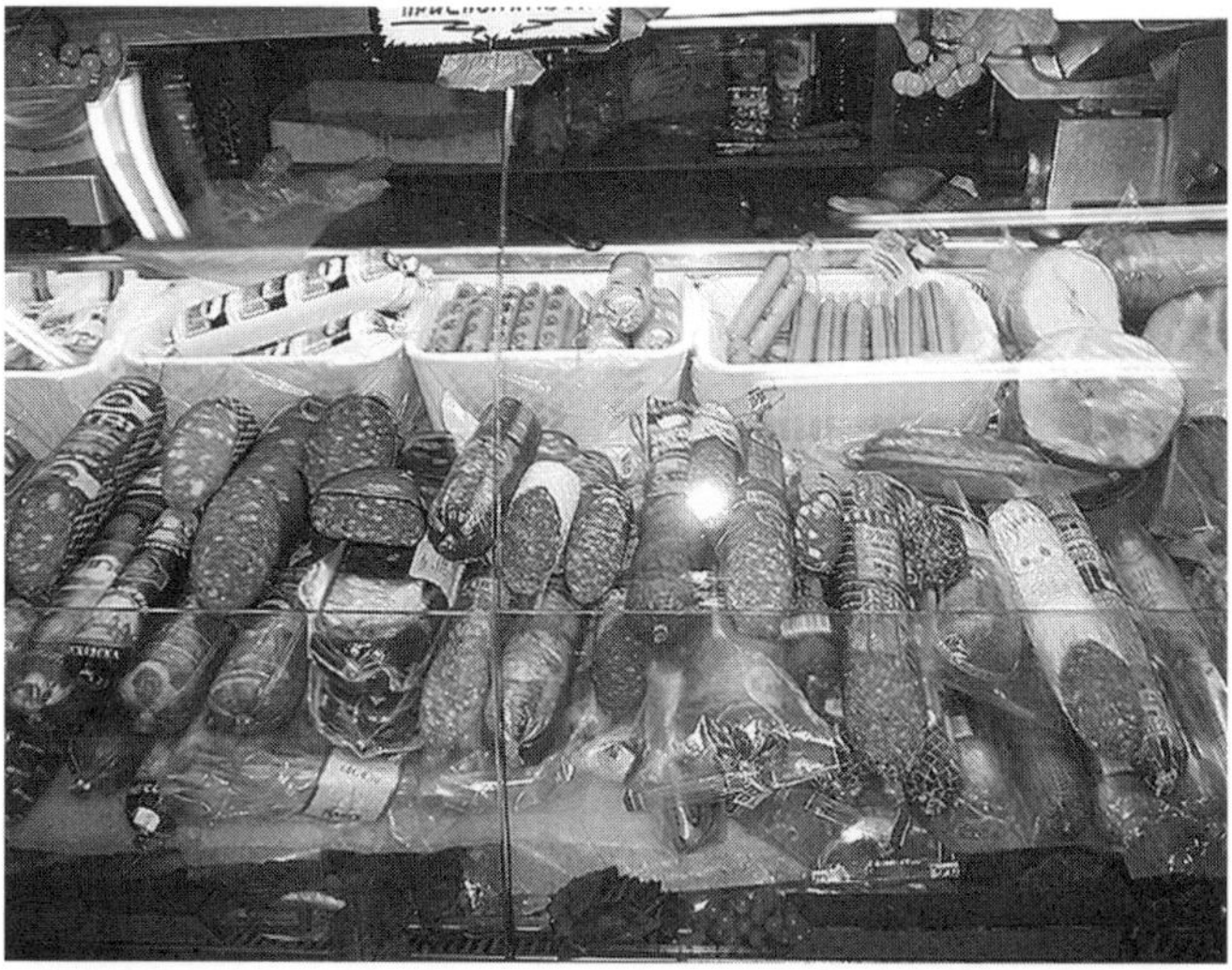

種類が豊富なサラミやベーコン。ユダヤ教では禁止されている豚肉もあるのが嬉しい

とっても未来は不確かなもので、選択した結果が不本意なものであったときに、その全てが自己責任にされるのは不当だ。そもそも移民という選択肢を作り出しているのは、多かれ少なかれ政治の力ではないか。

ユダヤ人移民をなるべく多く受け入れようとするシオニズムと、出身国側の事情が重なって大量にやって来たロシア人。彼らはどの程度シオニストであり、どの程度そうではないのだろうか？　この国にやって来た結果を、今一体どのように感じているのだろうか？　無関係な他人であれ、幸福であってくれるに越したことはないが、この国における彼らの幸福は、もともといたパレスチナ人に何を意味するのか？　……一枚のロシア語の看板が、いちいちそんなことを考えさせ、一日の終わりに疲れ切っている私をさらに疲れさせる。

もっとポジティブに「ロシア人パワー」を感じさせることもある。朝、大学に向かうバスの後方にいてふと気づくと、私以外の周囲は皆お互い何となく知り合いのロシア人女性で、穏やかな空気が流れていることがある。たまたま朝同じ時間帯・同じ方向に出勤する顔見知りなのだろう。大学の周辺で出会うロシア人は、商売人と客だけの関係とは違い、もっと気さくに話しかけてきてくれるため、彼らに対する印象も随分変わる。バスの中で話をし、連絡先を教えてくれたロシア人の女性は、「ロシアにいた時よりも、収入はずっといいわ」と満足そうに言いながら名刺を差し出した。大学の書店の従業員の女性は、何をきっかけに話したか、いつも優しい微笑をたたえていてほっとさせられる。所属する研究室に顔を出しているロシア人学生は、妙に人懐っこくて不思議な気がした。十把一絡げにするべきではないのだろうが、皆さん親切で態度がソフトだという印象がある。イスラエルの世俗的な若者の態度は一般的に男女問わずマッチョで、こちらもよほどテンションを高くしていないと、見下されているような気持ちになることが多い。そういう空気に辟易としてきた経験からすると、ロシア人の態度は非常に新鮮に感じる。総じてゆっくり丁寧に話を聞いてくれ、静かな微笑を絶やさない。

ロシア人から感じる優しさは、イスラエルにおける彼らの属性に規定されている面が強いのだと思う。つまり彼らが「移民」であるということ、既存のホスト社会に対して、自らの方がそれに合わせ、入り込んでいかなくてはならない立場にいるという事情が働いている。ホスト社会に対するとまどいや驚き、遠慮、外部に属しているという意識、そして相手の様

▼151　イスラエルにとってのクリスマスは、単に「異教」の表象であることを越えた、複雑な位置にある。国内のアラブ人のうちクリスチャンは約一〇パーセント強に過ぎないが、イスラエル国民のクリスチャンといえばまずアラブ人がイメ

子を伺いながら少しづつ大胆になり、自信を得ていくプロセス。それは私自身にも思い当たる感覚だから、一方的に親しみを感じることも多い。それだけに、売り手も買い手もロシア人同士の店に入ると、全く相手にされていないように感じて寂しいのだ。

イスラエルはユダヤ教の国、というのが建前だから、クリスマスを祝うことはない。クリスマスを祝う国で、その習慣を受け入れていたユダヤ人は、移民後もイスラエルでクリスマスを祝おうとするが、おおっぴらには祝えない。▼151 この問題は毎年議論になっている。しかしロシア人の店が集まる一角では、クリスマスが近づくと祝い用のワインやウイスキー、お菓子が堂々と並び、買い物客でごった返す。集団母数が大きければ、ホスト国の反応など怖れずに足らず、という感じだ。

クリスマス・イブの夕方、たまたま知り合いのロシア人の家に上がると、ばっちりご馳走を用意してお祝いムードである。イスラエルのユダヤ人の、クリスマスに対する冷ややかな視線を考えると、非常に不思議な光景だ。私は個人的にクリスマスは大好きだし、何であってもユダヤ教が支配的な町の空気に風穴を開けてくれるのなら大歓迎である(ただし、日本人はクリスマスに無縁だと決めつけられていたのか、お愛想程度にも祝いの席への誘いの言葉をかけられなかったのは残念だった)。

イスラエルではユダヤ教の安息日や祝日は厳格に適用され、店が閉まるだけでなく、バスや鉄道なども動かなくなる。▼152 毎週金曜日の夕方から土曜日いっぱい店が閉まるから、かなり

ージされる。他方で移民経験を持つユダヤ人にとって、キリスト教は出身国との文化的つながりを思い起こさせると共に、マイノリティとしてのユダヤ教徒に対しては支配的な宗教である。クリスチャンのアラブ人が背後に持つ欧米のキリスト教文化への嫉妬やアンビバレンツな感情も見て取れる。

▼152 日没から日没までを一日の単位と考えるため、金曜日の日没前から土曜日の日没までが安息日(シャバト)である。大型店などは土曜日の夕方から開店するが、一般の商店は土曜日を全休とすることが多く、経済効率の悪さは否めない。シャバトの開店の是非が論議される一方、内閣に宗教政党が加わるかどうかによってシャバト順守の程度が変わる。シャバト順守を訴える人々にとっては、イスラエル国家のアイデンティティの維持にとって必須のものとして意識されている。

不便である。だからこそユダヤ教とは関係ない、アラブ人の店は金曜日と土曜日がかき入れ時なのだが、ここに商売敵として登場したのが、ロシア人の店である。アラブ人には商売敵だが、金曜日の夜や土曜日でも開いている店が増えたのは、とてもありがたい。加えて、新規参入の厳しさゆえだろうが、二四時間営業をしているケースが多いのだ。さすがにヨーム・キプール▼153は休みだろう、と思っていると、通りに面した表側は閉めて、裏では営業を続けていた。商売の論理がユダヤ教国家の建前よりも優越しているのを見るのは、何となく痛快だ。

少なくとも移民一世として兵役年齢を過ぎてから移民して来た場合、彼らは兵役に就いていないから、イスラエルの対パレスチナ人政策の直接の遂行者ではない。▼154イスラエル人の日常の振るまい方には軍隊の影響があることが指摘されているが、ロシア移民の振る舞いにソフトさを感じるのはその違いもあるのではないだろうか。他方で、ロシア人の全体の政治的傾向は右派的で、イツハク・ラビン以来のイスラエル歴代首相の誕生

ヘブライ語とロシア語が入り交じる掲示板

▼153 **ヨーム・キプール**（キップール） 大贖罪日と訳され、西暦では九月末から一〇月半ばに当たる。ユダヤ教徒はこの日、飲食の他、入浴や化粧などを含むすべての労働を禁じられるため、イスラエルでは空港も閉まるなど全ての経済活動がストップする。

▼154 ただしこれは男性の場合、三〇歳を過ぎての移民に限られ、移民年齢が一九歳以下の場合は通常の期間（三年）の徴兵となる。また期間は漸減するものの、移民時の年齢が二五歳以下ならば徴兵がある。イスラエルでは男女ともに兵役があるが、女性の場合は一七歳未満で移民した場合、通常と同じく一年九ヶ月の徴兵となり、一七歳以上なら免除となる。第四章で述べるとおり、二〇〇二年以降、移民の兵役負担は軽減されたが、制度として移民も兵役対象であることは変わらない。

にも彼らの票が大いに影響したことは見落とせない。イスラエル・アラブの国外追放を平気で口にするアヴィグドール・リーベルマン▼155も、七八年に移民してきたロシア人だ。

何で来たんですか?

ロシア人ロシア人と書いてきたが、前述通り、彼らはイスラエルの「帰還法」に基づいてイスラエルにやって来た、「ユダヤ人」である。旧ソ連圏出身のユダヤ系移民だから、エスニシティから見ると「ロシア人」ばかりではなく、ウクライナ出身者の割合の方が高い。しかし一般には便宜的に「ロシア人」と呼ばれている。含まれているニュアンスはさまざまだろうが、既存のユダヤ人とは区別したいという心性があるのは確かだ。それに対して、自分たちはユダヤ人口の一員なのだから、「ロシア人」と呼ばないでくれ、と訴える投書を見たことがある。しかし一概にこの呼称がいけないとも言えないだろう。ヘブライ語を知らなくとも、ロシア語だけで生活出来るくらいの大きなコミュニティがあり、彼らはイスラエルで不自由なく暮らせるようになることを望みつつも、ヘブライ文化圏に完全に統合されたいわけでもない。世代が替わり統合がより進んでいけば、「ロシア人」という呼称がもっと積極的な意味で使われ出すのかも知れない。

▼155 **アヴィグドール・リーベルマン** 一九五八年、旧ソビエト連邦モルドバ共和国生まれ。七八年にイスラエルに移民し、兵役後にヘブライ大学を卒業。一九九九年に「我が家イスラエル」を設立し、国会議員に選出される。二〇〇一年から社会基盤大臣、二〇〇三年から通産大臣。二〇〇四年以降、イスラエル国内のアラブ人地域をイスラエルから分離するよう繰り返し主張している。イスラエルのアラブ人の間の会話では、彼の名はしばしば人種差別主義者の代名詞として用いられる。

ソ連崩壊以降、イスラエルにこの地域からの大量のユダヤ系移民が流入したという話は、よく知られた話である。アラブ系の人口増加率は高いので、ユダヤ人が多数派でなくてはならないと考えるイスラエル支配層にとって、世界中のユダヤ人の移民の促進は、常に重要な課題だった。この人口問題に関して、アラブ人の出生率の高さを危険視する研究者たちは、大よそ次のように言う。「建国当時の人口はアラブ人一五万人、ユダヤ人六〇万人だった。▼156 常にユダヤ人移民の流入があり、とりわけ九〇年代に入ってから、予想もしなかったロシア人移民一〇〇万人の流入があったにも関わらず、アラブ人とユダヤ人の比率は現在もほとんど変わらず、アラブ人口は一八パーセントから二〇パーセントを占めている」。つまり、旧ソ連圏から想定外の移民一〇〇万人があったおかげで何とか同じ人口比を保てたが、それがなければ人口比はもっと近づいていた、と危機感を表明しているわけである。イスラエル中央統計局の報告によると、二〇〇六年のユダヤ人口は五三九万三四〇〇人、アラブ人口一四一万三三〇〇人だという。

アラブ人の人口増加に対抗するために移民を促進する、などという言説はイスラエルでは普通に出回ってしまっている。それが人種差別的な政策であるのは無論だが、人口政策によって人が移動させられるということ自体、それが見かけ上彼らの「主体的な意思」の結果だとしてもグロテスクな話だ。ソ連圏からの移民は、ソ連の出国制限の緩和によって七〇年代から少しづつ始まり、ゴルバチョフの時代には急増する。八九年から九〇年代半ばまでに、イスラエルは九〇万人の移民を吸収した。▼157 ソ連崩壊前後の社会的パニックを受けた移民の急

▼156 建国当時のアラブ人口が一五万人というのは、イスラエル建国によって多くのアラブ（パレスチナ）人が難民化したためである。イスラエル建国前のアラブ（パレスチナ）人口は約一三三万人だった。

▼157 この頃の移民の

増のほか、一九九八年のロシア経済危機直後にも移民が急増したことが指摘されている。九〇年代のイスラエルの好況に煽られ、経済的上昇を期待してイスラエル行きを目指した移民が多かったと言われるが、この好況自体が旧ソ連圏からすでに移民していた技術者によって支えられた側面がある。

このような経済的事情がなければ、これだけ大量の移民は生まれないだろう。だからこそイスラエルのメディアは、彼らのことを長らく皮肉な目で見てきた。シオニズムを信奉しているわけではない、怪しい人々というわけだ。また、彼らの半数はユダヤ人と結婚した非ユダヤ人やその家族であったり、あるいはユダヤ人の「血」を引いてはいても、「母親がユダヤ人である者」をユダヤ人だとする規定からは外れている場合がある。また「ユダヤ人」として申請した人間に対しても「疑惑」が持たれている。親や祖父母の代にすでにキリスト教に改宗した者が含まれていたり、家系図を「でっち上げた」場合もあるという。そのためイスラエルのユダヤ教政党は、彼らの移民を制限する要求を行った。それでも現在までに、旧ソ連圏のユダヤ人移民は、イスラエル人口のおよそ六分の一を占めると言われるまで増えた。逆に言えば、九〇年代以降、イスラエルの人口全体がロシア人移民の流入によって急増したのである。

イスラエルの建国以来の「誰がユダヤ人か」をめぐる議論が、ここでも繰り返されている。ユダヤ人かそうでないかの線引きを行うのは政治判断であって、そこからはそれぞれの人間が背後に持つ歴史やアイデンティティは剥ぎ取られてしまう。以前知り合いになったロシア

特徴として、アメリカをはじめとする第三国に向かうことを目的とし、とりあえずイスラエルを一時的出国先として選んだケースも多い。一定期間課税の減免対象となるなどの特典があるため、その間に次の身の振り方を検討するのである。

からの留学生は、こう言っていた。「私の母はクリスチャン、父はユダヤ人。私はユダヤコミュニティの中で生まれ育ってきたし、ロシアでは私はユダヤ人です。でもイスラエルでは私は、ユダヤ人ではありません」。

彼個人の信条はユダヤ教からは遠く、カシェルートなどの戒律も守っていないそうだ。しかし自分の生まれ育ったコミュニティは「ユダヤの」と言うしかない。このような人は大勢いる。ここでシオニズムの矛盾を指摘するのは簡単だろう。しかし、そもそも人種差別的な「帰還法」の適用を求めている彼らの立場に視点を固定してしまうと、論点がずれてしまう。「本当の」ユダヤ人ではない人間が移民の中に含まれている、という指摘についても同様だ。では「本当の」ユダヤ人の選別をしろ、という話ではなく、ユダヤ人性を「血の論理」に結びつけてしまうシオニズムこそが問題にされなくてはならないだろう。

それまでイスラエルという国にほとんど縁がなく、ソ連が崩壊しなければ、あるいはイスラエルの経済状況が彼らの母国以下だったならば、あるいはアメリカやヨーロッパ諸国が彼らをもっと容易に受け入れていたのだったら、イスラエルに来ることもなかったであろう旧ソ連圏のユダヤ人には、イスラエル国民になる権利がある。その一方でパレスチナの土地を耕作し、この地で生活を根づかせていたパレスチナ・アラブ人には何の権利もない。このような恐ろしい不均衡と人種差別こそが、問題なのである。

ここでもう少し具体的に、ロシア移民の姿を紹介したい。ハイファの住宅地区で食料品店を営業するアルベルトさんだ。非常にオープンで陽気な感じの人である。店頭で、彼にずけずけとにわかインタビューを試みた。彼は九五年二月、三一歳でコーカサスのナリチクからやって来たという。▼158 彼の両親、妻と子ども二人、兄の一家など、総勢一二人。「コーカサスというのは非常に家族の絆が強いところで、家族の誰か一人が移民する、なんてことは考えられなかった。初めに上の兄貴がイスラエルに来て、それからみんなで来たんだ」。

初めは一時間約一ドルにしかならないオレンジ摘みを三ヶ月半やり、その後数ヶ月は建設現場、そして工場で機械の修理工をやり、イスラエルに来て四年後の一九九九年にこの店を開店したそうだ。もともとコーカサスの大学では医学を学び、卒業後は外科医として働いていたという。

「コーカサスでの生活状況は? 経済的な理由でイスラエルに来たんですか?」。「全然違うね。経済的には何の問題もなかった。家の経済状況は、まあ最上流ではないにしても、上流。でもイスラエルに来て、あまりいい状況じゃないことが分かって、兄の一家六人は全員、帰っちゃったんだ」。本国に戻るロシア移民が多いとは聞いていたが、何と。それでは絆の深い家族も、バラバラになってしまったわけだ。しかもコーカサスには戻らず、モスクワに住んでいるという。

コーカサスのユダヤ人は、旧ソ連圏からの移民が一般的に世俗的だと言われているのに反し、ユダヤ教に対して敬虔だと彼は言う。「今は信仰の対象を神からドルに変えたけどね」。冗談交じりに笑いながら、▼159 彼はイスラエルに来てから働きづめだったと言う。来た翌日から働いたので、ウルパンに行くなんてとんでもない。ヘブライ語は働きながら覚え、四年ほど

▼158 **コーカサス** コーカサス（カフカース）出身の移民は、旧ソ連圏出身者のうち約五パーセントである。ナリチク（Nalchik）は人口約三〇万人で、コーカサスにあるカバルディノ・バルカル共和国の首都でもある。九〇年代には多くのチェチェン難民が流入した。

▼159 **ウルパン** イスラエル建国後、移民に短期間でヘブライ語を学ばせるために生まれた施設。ウルパンという語はヘブライ語ではもともと、訓練するとか調教するという意味の動詞から派生している。その名の通り、初心者にも直接口頭で言葉を伝授し、理屈よりもオーラルコミュニケーションを重視する教育法を特徴とする。ユダヤ機関や自治体、キブツ、大学などによって運営されている。移民は通常、最初の一八ヶ月間は無料でウルパンの授業を受けられる。

で日常会話なら十分通用するようになったが、一〇年経った今でも完璧ではないと言う。最後に思い切って先ほどの質問の続きをしてみた。「では、何でイスラエルに来たんですか？」彼はビックリしたような表情をしておどけながら、「知らないよー」と言った。移民という、その後の人生のあり方に決定的な影響を与えるビッグ・イベントについて、その理由を「知らない」としか表現できないとは、何とも切ない話ではないか。「とにかくユダヤ人は皆、イスラエルに行かなきゃいけないと、一家中が思っていたんだ。一家全員がシオニストだったんだ」。

店頭での会話だから、突っ込んだことは聞けなかった。オープンな雰囲気の人だからといって、すべてオープンに話してくれたわけでもないだろう。しかしこの話からは、イスラエルに来なくてはならない必然性は、まるで理解できなかった。経済的に苦しい場合でさえ、長く住み慣れた土地を離れるのは相当の覚悟を必要とするだろう。ましてや経済的問題を何も感じなかったと言い切る彼の一家である。そうした彼らを、一度も訪れたことのない未知のイスラエル国家に吸い寄せてしまうシオニズムとは、一体何なのだろう？　あるいはまた、彼自身は実のところ確信的なシオニストではなかったとしてもよい。それでも「シオニスト

インタビューに答えてくれた
アルベルトさん
（彼のお店「コーカブ（星）」にて）

だから来たのだ」と言い切らせてしまう、そのシオニズムの力は、一体何に由来するのだろうか?

責任者出せ!

イスラエルのメディアに溢れる「ロシア人」の話題は膨大だ。ロシア移民がイスラエルの文化・文学の貧困さに失望しているというような話を聞くと、失望している人々には気の毒ながら、シオニズムに一矢報いたような気持ちになってしまう。▼160 それはそうだろう、偉大なロシア文学が生み出された大地から来た人たちにとって、イスラエルの文学など吹けば飛ぶようなものとしか映るまい。シオニズムのイデオロギーそのものが、そうと気づけば色あせるのではなかろうか。「大文学」の権威や吸引力に頼るのではなく、マイノリティや辺境の文学、例えばイーディッシュ語の文学運動やカフカの文学の魅力と比べてみても、自己宣伝を不可欠とするシオニズムの土壌で生まれた文学は、かなり分が悪い。

ロシア語で三五冊の著作を刊行した著名な作家だったというフェリックス・クリービン(Felix Krivin)という人がいる。かつては旺盛な執筆活動をしていたというのに、彼は六年前にイスラエルに来て以来、全くさえない生活をしているらしい。というのは彼は、ヘブライ

▼160 例えば「別の国家」誌一九号についての書評「我々は聖書以来何を書いてきたのだろうか?」ハアレツ紙、二〇〇四年四月二六日

語が話せず、どうやら積極的に学ぶ気もなく、イスラエルでの生活は全く性に合ってないらしいのだ。彼はロシア語世界こそが自分の故郷であり、「イスラエルのユダヤ人作家」には絶対になれないと断言する。そしてまた、自分がイスラエルに来た理由についてこう語っている。「私はここにシオニストとして来たのではない。私はここに、娘と孫のアレックスと一緒に暮らすために来たのだ。孫は当時兵士だった。私たち（自分と妻）はただ、そのような形で切り離されていることが出来なかった。私たちは家族とともにいたかったのだ」▼161。娘一家が先にイスラエルに来ていた。そして孫が兵役につく年齢になり、家族中が彼の身を案じている。そんな時に老夫婦だけが、孫の身を案じながらも、すぐに情報も得られない遠く離れたロシアに残っていることに耐えられなかった、というわけだ。

この箇所を読んだときに、旧ソ連圏からの新移民一〇〇万人のうち、果たしてどれだけの人が、「ユダヤ人であること」やシオニズムと関係なく、家族と離れられないという理由でこの地に来ているのだろうかと私は思った。単純に考えて未成年や高齢者はそうである可能性が高い。夫婦の一方（大抵の場合は夫だろう）がイスラエルに行くと言い出して、妻がそれに付いてゆかざるを得ない場合もあるだろう。家族中心主義が生み出すさまざまな問題はあるにせよ、得体の知れない「シオニスト一〇〇万人」よりは、よほど人情として理解できる話ではないか。

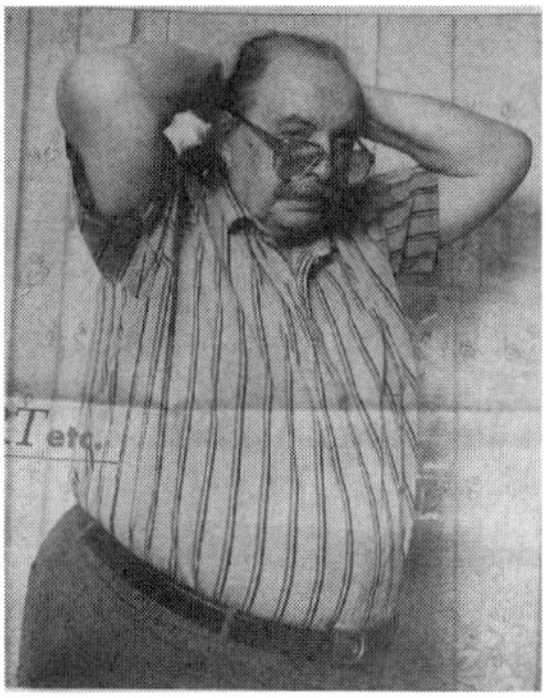
新聞紙上のフェリックス・クリービンの写真

▼161　二〇〇四年七月二三日、ハアレツ紙

▼162　**サミー・ミハエル**　イラク出身のユダヤ人作家。一九二六年、バグダード生まれ。一〇代で共産党の地下活動に加わるが、一

ただここで、やはり留保が必要になる。本人にとっては主体的な選択ではなく、場合によっては全く不本意なイスラエル移住であっても、彼らはユダヤ人のみに適用される「帰還法」の適用を受けたか、その家族の一員である。一方パレスチナ難民は、歴史的に正当な権利を持つだけでなく、いかに本人が望もうと、イスラエルに「帰還」することは認められていないのである。どれほど「強いられた」移住であれ、ユダヤ人移民はこのことを自覚するべきだろう。

ここでもう一つ思い出されるのは、サミー・ミハエルの▼162『ワーディーのトランペット吹き』という小説である。▼163小説の語り手はアラブ人の女性で、婚期を逃した読書好きの長女ホダーだ。彼女は、自宅の屋上の小屋に間借りしているロシア人移民アレックスと恋に落ちる。テクニオン〔第一章註10参照〕で学び、時にトランペットを吹く趣味を持つ短躯の青年である。ソ連崩壊以前の一九八七年の作品だが、作者サミー・ミハエルは共産党員だったため、このような設定が選ばれたのだろう。

ここでも、このアレックスはシオニストとしてイスラエルに来たわけではない、という設定だ（もしそうなら、アラブ人のホダーとさすがに恋に陥るのは難しかっただろう）。ソ連の官僚機構の中で這い上がり、かなりの出世を遂げた母親が、夫の小さな過失をかばったために、掃除婦へと「転落」する。ほとんど精神を病んだ状態の両親が起死回生を賭けた地がイスラエルであり、親孝行の息子はそれに付き従ってイスラエルに来ただけだ。さまざまな障害を乗り越え、ホダーとアレックスの結婚が決まった途端、対レバノン戦争が始まり、彼は

九四八年に露見しイランに亡命、そのままイスラエルに向かう。イスラエルでしばらく、アラビア語日刊紙の出版活動に関わるが、その後ヘブライ語による執筆活動に転向し、一九七四年に最初の小説を刊行。以後旺盛な執筆活動を続けている。

▼163 ワーディーというのは乾期で水が日照った「水なし川」のことだが、ここではハイファのアラブ人地区「ワーディー・ニスナース」を指している。小説の主要舞台であるが、筆者のサミー・ミハエル自身がこの区域に住んでいる。キリスト教徒の割合が高く、アラブ人とユダヤ人の共存を謳うイベントが例年開かれるなど、ハイファのユダヤ人にとって「安心して」アラブ的な雰囲気に接することの出来る場所である。毎週土曜日は、安息日で閉まったユダヤ人の店を尻目に、大勢の買い物客で賑わう。

否応もなく徴兵される。子どもを腹に抱えた状態でホダーは彼の訃報を聞く、というようなエンディングになっている。▼164

それなりに楽しく読み進めたのだが、何だか狐につままれたような、もやもやした読後感が残った。語り手はアレックスを殺して「悲劇」で終わらせてしまうのではなく、アラブ人ホダーと、まさに対アラブ人戦争に赴いたアレックスとの間に横たわる矛盾をもっと突き詰めた方がよかったのではないだろうか（それが「文学」として優れたものになるかはともかくとして）。アレックスは局面局面では愛国者のように描かれているし、少なくとも恋人ホダーを通して国内のアラブ人の問題やパレスチナ難民問題をどれくらい意識するようになったかは、謎だ。

作者サミー・ミハエルは、かつてはアラビア語で作品を書いていたことがあり、アラブ通としてイスラエルの対アラブ政策に常に批判的だった。その一方で、イスラエルがユダヤ人のための国家であるべきだという理念は、彼にとっては自明のようである。インターネットの中からいくつか発言を拾ってみよう。「イスラエルはユダヤ国家でなくてはならない。もしユダヤ国家を失ったら、私たちは何のために犠牲を払ったのだ？ 何のために三万人もの青年たちが死んだのだ？」「中東はマイノリティにとって安全な場所ではない。私はもう再び、マイノリティにはなりたくない」。サミー・ミハエルから感じるのは、イスラエルで具現されているシオニズムではなく、すべてのユダヤ人が完全に平等となった、理想的で正しいシオニズムへの希求だ。

サミー・ミハエルの小説
「ワーディーのトランペット吹き」

▼164 「ワーディーのトランペット吹き」は二〇〇一年に映像作品にもなっており、ハイファの国際映画祭で最優秀賞を受賞している。筆者はイスラエルのテレビ番組で放映されているのを偶然見たが、作品の舞

ユダヤ教徒とムスリムとクリスチャンが共存するバグダードの一角で生まれ、若くして共産党員となりイランに亡命し、イスラエルにたどり着いたサミー・ミハエルの人生経験の総体を私は共有できない。だが、同意はできなくとも彼のこうした人生経験が彼のイスラエル観を作り出すまでの過程を、少しでも「理解」できればとは思う。シオニストか非シオニストかということが、作家を分類するリトマス試験紙になってしまうことはある。だが、作品世界は作家の思想や発言を超えて、独自に広がるもののはずだ。だが、正直私にはよく分からない。ユダヤ社会とアラブ社会の両者を内側から生き生きと描くあの筆力と、ネット上でこのように要約されてしまうような発言の内容との間には、いかなる均衡が成立しているのか。

本章を書くにあたり、はじめ私は、「ロシア移民たちはイスラエル社会をどう変えていくのか」という方向で何か述べたいと漠然と考えていた。しかし考えてみれば、イスラエル国家こそが彼らの人生に責任を持つべきなのであって、彼らの存在を得たイスラエル社会が、シオニズムを捨てないまま多文化主義的に豊かになったとして、それが何だというのだろう。彼らの人生に責任を持つ、ということは、イスラエルをこれ以上危険な国にしないこと、パレスチナ人を殺し続け、憎悪の対象となり続けるような政策を放棄すること、のはずである。移民たちを「失望」させるだけならまだしも取り返しがつく。「トランペット吹き」のアレックスがそうであったように、もうすでに彼らが、殺し、殺される立場に置かれているということの責任は、一体誰が取るのだろうか。

台が第二次インティファーダ開始後に設定されており、アレックスが死ぬのは西岸地区ということになっている。そうした設定の変更による不自然さが鼻につく作品のように感じた。

第Ⅲ部

文化／空間の収奪

第九章

キッチンから見えるイスラエル

キッチン恨み節

意外と「家庭的」な自分の性格を、ここに来て何度恨んだことだろう。

私は「留学」に来たのであって、他人様の皿洗いをするためにはるばるイスラエルくんだりまで来たわけではない。自分の食べるものは、あまり手間をかけず食器も汚さず、なおかつ安くて栄養があり、その範囲でなるべく美味しいものを作るべく、日々知恵を働かせている。もちろんそれは私の趣味だから▼165、人に押し付けるようなものではない。もともと友人であったわけでもないルームメイトが何を食べようと、知ったことではない。

▼165 イスラエルでは、

しかし共有スペースであるキッチンの使い方となると、話は別だ。その凄まじさときたら！　なるべく食器を汚さないよう工夫したり、こまめに洗いながら調理などということは絶対にしないから、大量に汚れた食器が生まれ、油っぽい食べ残しがベットリとついた食器がそのままシンクに積まれる。それだけではない。友だちが来て一緒に食べ、食器と食べ残しをテーブルに放置したまま、ちょっと出かけたと思ったらそのまま二日も三日も戻ってこないなんて、一体どういうつもりだ。冷蔵庫に戻しておきさえすれば後で食べられるものが、だんだん食べ難いものに変化していく様子を見るたびにイライラ・カリカリするし、知らない人が見たらまるで私がこんな状態を作り出しているように誤解するであろうことも不快だ。第一、私のほうは調理もテーブルを使うこともできない。でも今回こそは絶対に片づけてやるものか。

などと思いつつ、静かな休日、一人家にこもっていたりすると、汚いキッチンがやたらと気になる。やむなし、自分が使いたい食器だけは洗うことにしよう。でもこれだけだ。……ところが何と、時間がたつとまた目障りになってくる。この家はハイファのカルメル山▼166中腹にあり、キッチンは青い空と地中海を見渡せるベランダに向かって開いているのだが、汚い皿の山や歯形の残るパンのかけらがむき出しでは、気分も台無しではないか。通るたびにいちいち気にしなくて済むよう、シンクからあふれた分だけ洗うつもりが、中途半端にきれいにしても同居人は気づかないだろうという考えに変わり、結局すべて洗わないと気が済まなくなってくる。決して好きでやっているわけではないのに、もう止まらない。

普通の大きなアパートを借り、二、三人で部屋をシェアして住むのは学生の一般的な居住形態である。もともとの知り合い同士で住むケースもあるが、大学の掲示版などで条件の合う同居人を探すことも多い。アラブ人同士の場合、男女の別は厳格だが、ユダヤ人同士の場合男女で住むことも普通で、単なる同居人として全く割り切った関係が維持される。知らない他人との接触に物おじしない習慣は、キブツや青少年運動、兵役経験などさまざまな要因の影響が考えられる。

▼166　**カルメル山**　地中海に突き出て、わずかな平地と山腹で構成されたハイファの町の地形をなしている山。ハイファ市街はカルメル山の一部に過ぎず、カルメル山脈は東南部の山系につながっている。一般にカルメル山のふもとにはアラブ人や新移民など社会階層の低い人間が住み、高度

すっかりきれいになり、自分の部屋に戻って一息ついた頃、彼女が友人を連れて戻ってくることが、なぜかジンクスのように繰り返されている。高い笑い声、神経を逆なでするようなハイヒールの響き。聞き耳を立てなくても、物音は嫌でも聞こえてくる。ご一同、キッチンを通りすぎたはずが、気配に全く変化はない。様変わりしたキッチンについて、何のコメントもなし、か? 気づいてないのだろうか? そんなわけはない。何なんだ!? せっかくきれいにして気持ち良くなったばかりだというのに、今度は別の理由でイライラ・カリカリしてしまう。しばらくたつと、またキッチンで何やら始めたようだ! 再び気になってたまらない。

なんていうことを、しょっちゅう繰り返している。彼女はナザレ出身でクリスチャンのアラブ人だ。私から見ると煙草とチョコレートの消費量がびっくりするほど多い、痩せ型で都会的な風貌の女性である。たまに彼女が洗い物をするときは、アラブ音楽のCDを脇に置き、ほとんど陶酔して歌いながら、楽しそうにやっている。あんなにカリカリしていた私のほうが馬鹿みたいだ。良くも悪くも、身体の動かし方が全然違うのだということを痛感する。

これは序の口だ。彼女に洗ってもらっても、実は少しも気持ちが休まらない。歌いながら、あるいは携帯電話を肩に挟んで話をしながら、水をじゃんじゃん流しっ放しにしている。食器にこびりついた滓を溶かすために、漂白剤も惜しみなく使う。すぐに洗っていれば簡単に落ちたはずなのに! 床掃除にもこの漂白剤をたくさん使い、部屋中が塩素臭に包まれ、私は頭痛がしてくる。あちこちで脱臭剤や香水スプレーを使うのも、私の趣味とは合わない。

が上がるにつれて中上流層が多く住む。山頂には高層の研究塔を持ったハイファ大学がある。古い話では旧約聖書の「列王記上」に、エリヤとバアルの預言者四五〇人が、エリヤの信じるエホバの神と偶像神バアルのどちらが真の神であるのかを決するため、カルメル山で戦いをしたと記述されている。現在、カルメル山腹にはエリヤがこもったとされる洞窟や「カルメル修道院」がある。エリヤはクルアーン(コーラン)で「イリヤース」の名で使徒の一人として登場する(「整列者」章一二三節)。

さらに私の気に入らないのは、食べ物をすぐに捨てることだ。パンでも何でもためらいなく残し、結局捨てることになる。大きな鍋で煮込み料理を作ると、残りはそのまま放置され、数日後にはゴミ箱に入っている。残しものの入った鍋や容器をそのまま冷蔵庫に突っ込んでくれた場合はまだしもだが、手はつけられずに数日後にゴミ箱行きなのは同じだ。捨てなくても済むような食べ物の保存の仕方を考えていないし、悪くならないうちに食べきってしまおう、とは思わないらしい。捨て方は、本当に「そのまま」だ。例えばペットボトル入りのコカコーラを飲み残し、中身が半分近く入った状態で、ゴミ箱に捨ててしまったりする。消費期限が切れた一リットルの牛乳パックが未開封のまま二本、そのままゴミ箱に入っていたこともある。

出会った頃に比べると大分、彼女に文句を言うようになったが、それでも毎回言っていたら、私の方が「変な人」扱いされてしまうだろう。言うタイミングや言い方は難しい。そうは言っても、結局言わないで済ませてしまうのなら私が悪い。いくらこちらに理があるように思えても、黙っていたらただの独善だ。特にこの社会では、自己主張しなくてはお話にならないのは、分かってるはずじゃないか。しかしはっきりと主張するには、私自身の躊躇が大きすぎるのだ。自分がいかに日本における「ゴミ出しのルール」を身体化しているのかを自覚するのは、あまり気持ちのいいことではない。自分の狭量さにも嫌気がさしてくるようになると、問題は彼女ではなく私自身だと思えてくる。

そうかと思うと、彼女の給料日である。ご機嫌な当人は冷凍食品やら日用雑貨を大量に買ってきた。「最近はあんたばかりに掃除をやらせて、ごめんね！」などと言われ、こちらの気持ちもかなり和んだのだが、後でキッチンを見て愕然とした。私が最近漂白したばかりの布巾がない。まだ使えるスポンジが、新しいスポンジに替わっている。何の支障もなかったスプーン類の容器も、なぜか新しいものになっている。ゴミ箱を見ると、そういうものが全部捨ててある。古くなったジャムやマーガリンも、瓶やケースごとごっそり捨ててある。

私の同居人は、あまりにも極端な例であって、もちろん個人差はある。非常に潔癖で物を大切にするタイプもいるかと思うと、私の同居人のようなタイプもおり、それはアラブ人、ユダヤ人を問わない。だが、同居人がもしアラブ人でなく、同じようなタイプのユダヤ人であったらどうだろうかと想像してみる。やはり言いにくいのは同様でも、あまり複雑な気持ちにはならないような気がするのだ。申し訳ないが軽侮の気持ちをもって遠い目で眺め、割り切って済ませようとするだろう。しかし、アラブ人である同居人の行動に対して、どうしてもいろいろ考え込まずにはいられないのは、「イスラエルの消費経済・使い捨て文化に浸りきったアラブ（パレスチナ）人」という存在を、私が心理的に受け入れきれないためである。こんなことはもちろん、部外者が価値判断を下したところで仕方のない「こういう現実」の一つに過ぎない、はずなのだが。

シリアでアラビア語を学び、これまでパレスチナ被占領地、ヨルダン、エジプト、イラクなどを度々訪問してきた私の経験は、豊かな産油国でのアラブ人の暮らしぶりを垣間見てきた人たちとは随分違うのだろう。私が出会ってきたアラブ人は、経済的には豊かでない人たちが圧倒的だったが、その半面、彼らの生活の質的な豊かさや、持っているものに自足して生きている姿に学ばされることも多かった。そのせいか、物質的な豊かさだけは日本に匹敵する生活を送っているイスラエルのアラブ人たちの暮らしぶりに、私はいまだにどうしても馴染めないのだ。

例えば私は、シリアでの下宿先だった、パレスチナ人難民一家の暮らしぶりを思い出さざるを得ない。まず、驚くほどゴミというものが出なかった。牛乳もチーズも瓶やバケツ持参で買いに行き、肉やホンモス〔第四章註70参照〕もボウルや皿に入れて持ち帰り、ヨーグルトは家で発酵させて作ることが多かった。そうした家事一切を担う女性たちの労働は大変なものだったが、私にとっては学べることばかりだった。思えば私が、料理のおもしろさに目覚め、その土地ごとの食べ方の工夫に興味を持つようになり、食が文化そのものであることを認識したのも、シリアでの生活のおかげだ。[▼167] もちろん彼らのエコ意識がことさら強かったわけでも、彼らに物欲がなかったわけでもなく、社会全体がそのように回っていただけである。モノの豊かな「日本」の痕跡を私が持ち込んでしまったために、彼らの物欲をいたずらに刺激してしまい、トラブルが起きたこともある。幸か不幸か貧乏学生に過ぎなかった私は、深刻なトラブルが起きるきっかけを作ってしまうことはなくて済んだのだが。

一方ここイスラエルでは、八〇年代後半からの経済成長と消費生活の進展が、急速にモノ頼み・使い捨て文化を広めてしまった。九〇年代後半から、「ケニオン」[▼168]と呼ばれるショッピ

▼167 こうした筆致にオリエンタリズムのにおいを嗅ぎ取る読者もいるかもしれない。生活の豊かさが数字の上の経済力で計られる一般的傾向のなかで中東一の経済力を誇るイスラエルの生活の浅薄さ・貧しさを味わったからこそシリアの生活の中にある豊かさや充足感についてあえて言及したい。

▼168 **ケニオン** 「買う」という意味の動詞カナーから派生して出来たヘブライ語で、大規模なショッピング・モールを指す。映画館やスポーツ・クラブ、ボーリング場なども併設されている。ハイファには「グランド・キャニオン」をもじったらしい「グランド・ケニオン」がある。

ング・モールがテルアビブやハイファなどの都市に建設され始め、今では中規模な町もケニオンがあるかないかで格付けされそうな勢いである。買い物をするためだけの場所ではなく、家族でやって来てアイスクリームを食べたり、販売促進のキャンペーンを眺めたり、ボーリングをしたり、ただ何となくガラス越しに商品を眺めたり、といった時間の使い方の出来る娯楽施設に、イスラエル人は初めて出会った。まさに今、彼らは消費の喜びに夢中になっているのだ、と指摘されたのがこの頃のことだ。第二次インティファーダ▼169の影響による不況も、この傾向を弱めてはいない。むしろ、日本に似て格安ショップが乱立し、安価な中国産などの衣料品や雑貨が出回り、悪くなってはすぐに捨てる風潮の広まりなど、ますますモノとの関係が希薄でいい加減になっているように見える。

　この重量の八〇パーセントはルームメイトのものだ、とイライラしつつ、溜まったゴミを外に出しに行く。呪詛を向けるべきは彼女ではなくイスラエル経済だと思い、冷静になろうとする。ここではゴミの分別・収集日なんていう観念はない。テルアビブではペットボトルの分別が進んでいるし、小中学校で電池の回収を行うなど、部分的な環境保護キャンペーンは存在する。しかし残念ながらここハイファの町中では、二四時間いつでも道路に出ているコンテナの蓋を開けて放り込めば、ゴミとはおさらばだ。かくして、古着と野菜の皮と切れた電球と古新聞が同じ袋に入れられてコンテナに投げ込まれる。あるデータによれば、イスラエルでは固形ゴミの九五パーセントが埋め立てられているという（日本は一九パーセント）。

▼169 **第二次インティファーダ**　二〇〇〇年九月二九日、元国防相のアリエル・シャロンが約千人の武装した護衛とともにアル＝アクサー・モスクに乗り込んだことをきっかけに始まる。一九九三年のオスロ合意によれば、エルサレムの地位はその後の交渉で決めるはずであったが、パレスチナ人のエルサレム訪問の禁止や、エルサレムにあるアラブ人の土地使用制限などの手段によって、イスラエルはエルサレムのユダヤ化を進めていた。そうした流れの中でのシャロンの行動に対しパレスチナ人は激しい反発の姿勢を見せ、抗議デモを行った。

私とて、リサイクルや環境保護そのものにそれほど関心があるわけではない。ただ、自分が消費したものをあまりにもぞんざいに、ゴミ箱に投げ入れ、誰がどのように処理をしてくれるのか、そのゴミがどうなっていくのかに全く無頓着な御都合主義・無責任さに嫌悪を覚えるだけだ。単なる「上からの指示」や横並びで省エネを実行し、ゴミの分別を徹底するため、地域によっては住人同士が相互監視をしているような状態もあると聞かされる日本社会を思い出せば、どちらがいいとか悪いとかいう話ではないことが分かる。他人の目など顧みない、徹底して個人主義的に見えるここイスラエルのゴミの出し方は、一瞬露悪的にも痛快な気持ちにさせてはくれる。このゴミがどうなっていくのかなんてことには、皆無関心なのだろうか。いや、こんな暮らしは嫌だと思いつつ、どうしようもないと無関心を決め込み、我慢をしているのだろうか。

環境破壊とシオニズム

キッチン恨み節を独りごちつつ、私だってこの国で暮らしている以上、結局同じようなことをせざるを得ない。全てのゴミが一緒に回収されているのだから、分別して捨てても無駄である。とは言え、自分にとって気持ちのいい生活の仕方を選ぶと、自然に出すゴミは少なくなることに気付く。パックに入った食品をなるべく買いたくないのは、何と言ってもそれでは高くつくからだ。なるべく量り売りで買える市場に行けば、安くて美味しいし、知り合いのアラブ人の八百屋のおじさんもいるから楽しい。容器に入っているシャンプーや何種類もの洗剤を出来るだけ買わずに、石鹸や粉石鹸一種類で済ませようとするのは、お金の問題のほか、やはりなるべくイスラエルで消費をしたくないからだ。イスラエルに住んでいる以上無駄なことかもしれないが、しかし実際に商品を手に取り、重厚なパッケージやヘブライ語で書かれた商品説明を見ると、占領を続けるこの国の経済には出来るだけ貢献したくない、と思う。実際の効果はほとんどない以上それは独善であり、そのことに自己嫌悪しつつも、反面、ルームメイトの消費行動や環境のことを全く考えていないような暮らしぶりにもいちいち気持ちが高ぶってしまうのだ。

イスラエルの国家政策としての「環境保護」などに協力する気はない。しかし、この国はこの土地に住んでいるパレスチナ人を追い出して出来た国である。このハイファの町にしろ、もともと住んでいた住民の大部分は追い出されてしまったのだ。自分たちの一方的な「歴史的権利」に基づいて人から奪った土地に住みながら、その土地を環境破壊しまくるというのは、無茶苦茶な話ではないか。ルームメイトはアラブ人だが、現在の日々の生活においては、イスラエル国家の一消費者でもあるのだ。もちろん私が本当に怒らなくてはいけない矛先は、ルームメイトなどではなく、イスラエル経済の担い手であり、環境破壊の元凶であるイスラエルの大企業と、企業の収める税金から利益を得ているイスラエル国家である。

▼170 **キション川** ハイファ港に注ぎ出る、全長五八キロの川。地名としては旧約聖書にも出てくる

環境問題がやっかいなのは、破壊や汚染に責任のある人間ではなく、それに関しては何の責任もない人間に被害を与えるからだ。環境破壊はイスラエル一国の問題に留まらない。イスラエルが周辺地域一帯の汚染源になっているから困るのだ。

例えばハイファに住んでいる私にとって身近なのは、ハイファ湾岸の工業地帯を流れるキション川の汚染問題だ[▼170]。九〇年代後半、ここで軍事訓練を行った海兵のガン発生率の高さから調査が始まり、次いでガンに罹患した漁民や遺族たちが「ハイファ化学」[▼171]などの化学製品企業に対して訴訟を起こした。二〇〇四年に出た政府委託調査機関の結論は、キション川の汚染については認め、企業の責任も認めつつ、ガンの発生と汚染の直接の関係は認められないというものだった。一方で、同様に九〇年代後半には、イスラエルが地中海の汚染の主犯だということが国連のレポートで警告され始めている。第三章で触れたように、テルアビブのヤルコン川の汚染問題もある。

イスラエルで環境省が設立されたのは一九八八年、世界で一二六番目だという[▼172]。六〇年代から七〇年代初頭にかけて、欧米や日本では深刻な環境問題が生まれ、遅まきながら対策も取られ始め、環境専門の省庁も作られたわけだが、イスラエルはこの時期、こうした波に乗り遅れた。言い分としては、この頃のイスラエルは、大量の移民の吸収と、「国家安全保障上の問題」にかかりっきりだったから、ということになる。というよりも、シオニズムのビジョンとしては、この時期はそもそも保護すべき環境・自然を含んだテリトリーの、軍事的確保の過程に当たった。一九六七年の第三次中東戦争の結果、イスラエルはゴラン高原にある

（「列王記上」一八章四〇節）が、長らくアラビア語でムカッタア川、またはハイファ川と呼ばれてきた。現在ではイスラエルで最も汚染された川、といった形容詞がつきまとっている。

▼171 **ハイファ化学** イスラエルは石油化学工業、化学肥料、製薬、植物防疫化学などの化学工業が盛んであり、化学工業の生産高は全工業生産高の一五パーセントを占める。「ハイファ化学」は一九六七年創業で、化学肥料や食品添加物などを製造。一九九六年、キション川に年間一五〇万トンの有害廃液を垂れ流してきたとして訴えられた。

▼172 イスラエルの環境保護運動史、環境政策史については以下を参照。Alon Tal, *Pollution in a Promised Land : An Environmental History of Israel.* University of California Press, 2002

ヨルダン川の水源や、ヨルダン川西岸地区の帯水層を手に入れた。パレスチナ社会の自立の可能性を抑えつつ、ユダヤ人をマジョリティとする社会のみの発展・成熟という方向性が、ここで決定的になってしまった。

そもそも、ユダヤ人の優位を前提とし、他者との共生を拒絶した上での「環境保護」運動なら、パレスチナにおけるシオニズム運動の初期から存在した。シオニズムと一体の、「イスラエルの美しい国土を守りましょう」という趣旨の団体は、今も大きな力を持っている。有名なものとしては一九五三年、フラ湖▼173のかんがい事業をきっかけに設立された「イスラエル自然保護協会」▼174、政府機関としては「イスラエル自然保護局」▼175がある。アメリカのユダヤ人団体による豊富な財政的支援組織も手伝い、ハイキングを通じて自然保護への意識を高めることや、野生の花を摘まないよう訴える啓蒙運動、あるいは希少生物の保護などを積極的に行ってきた。周辺国のほとんどには希少動物の保護法がなく、ガゼル▼176や野ヤギ、ハイエナなどが捕獲されて絶滅の危機に瀕しているのに対し、イスラエルは希少動物の避難場所になっているという。イスラエルは、シオニズムと自然保護運動を見事に結びつけ、相互に補完しあうような関係を築いてきたのだ。

一般論として希少動物保護が重要でないとは言わない。しかし、占領地の環境破壊をしまくり、パレスチナ人の生活と文化を圧殺している国の希少動物保護が、何だというのだ？　ところが、こうした団体の活動や、イスラエルの自然への愛と愛国心の結びつきに関わる言説分析から、シオニズムは環境保護に寄与しているのだ、という主張は根強い。ここで言わ

▼173　**フラ湖**　イスラエル北部、ガリラヤ湖の北部にある。湖（lake）と訳されているが、沼沢と呼ぶほうが近い。面積は最大時で一四平方キロメートル、深さは三メートルから一・五メートルだった。一九五一年から五八年にかけ、ユダヤ民族基金はここを農業地として開発するため干拓事業を開始したが、不首尾に終わった。

▼174　**イスラエル自然保護協会**　一九五三年、当時学生だったアザリア・アロンと野鳥観察ガイドだったアモツ・ザハヴィのイニシアティブにより設立され

れる「美しい自然」が、そこで長年暮らしてきた人々の排除・生活の破壊によって成立していることは、まったく顧慮されない。

しかし見落とせないのは、シオニズムが環境破壊を後押しするイデオロギーであることは、程度の差はあれイスラエル内部からもよく指摘されるようになってきたということだ。まず、シオニズムは人口的な移民を大量・短期間に必要とし、きわめて不自然な社会発展を実現するために、自然を克服すべき対象としてきたというイデオロギー上の問題がある。そしてシオニズムに基づいて作られてきた入植地が、その形態上いかに必然的に環境破壊を起こしているかということも、具体的なデータに基づいて論じられている。入植地は、そもそもユダヤ人のいない場所でユダヤ人のプレゼンスを作り出すことから始まるため、広い土地に点々と散らばっている。従って、下水道の整備などが遅れ、入植地の外側に汚水が放出される。もっと意図的な有害物質の廃棄についても、国内の規制に縛られることなく行われて済んでしまう。入植者たちは、自分たちの土地だと主張するその土地の持続可能な発展など考えていない。もちろん入植地そのものが、パレスチナの土地を奪い、パレスチナ人のオリーブ畑や果樹園を破壊した上で建設されてきたのだ。

占領地でイスラエル軍が意図的に環境破壊を行なっている、ということも何度も指摘されている。ロイター通信によれば、当時のパレスチナ環境大臣ユースフ・アブー・サイエフは次のように語っている。「イスラエルはパレスチナ自治区で工業廃棄物を投棄しており、我々はその場所として二四九カ所を確認した。イスラエル軍はパレスチナの田畑に汚水を流し込

た。イスラエル自然保護協会の設立がユダヤ民族基金によるフラ湖の潅漑計画に反対する動きをきっかけとしたことはよく知られている。現在、人口六〇〇万人のイスラエルにおいて一〇万人の会員数を持つ。

▼175 **イスラエル自然保護局** イスラエル自然保護協会によるロビーイング活動の成果として、一九六四年、農業省管下に設立。「国立公園局」と一体のものであるべきか否かをめぐる論争の後、「自然保護局」と「国立公園局」は別々の組織として成立。しかし後の一九九八年、二つの組織は合併し「自然・国立公園保護局」となった。

▼176 **ガゼル** 砂漠地帯に生息するカモシカのような動物。目や角の美しさは、数多くのアラブの詩のなかで題材として使われている。

み、一七四五ヘクタールの耕作地を破壊し、三〇万本のオリーブの木やナツメヤシ、ブドウの木を引き抜いた」[177]。

ゴラン高原でも、イスラエルが核廃棄物を埋めるための巨大なトンネルを掘っていると占領下のシリア系住民たちが主張し、国連事務総長宛の署名を呼びかけている[178]。

イスラエルのアラブ人による自発的取り組みに触れて

環境保護への関心が自然に目覚めるようなものではなく、国家や大企業による住民の環境権や生活権の無視、それに対する住民の意識や市民運動の高まりなど、何らかの政治が介在しているということは、日本で暮らしていればよく分かる。逆に、住人に対し、環境についての情報や知識を広め伝える義務が国家にはあるはずだ。イスラエル国内のアラブ人が消費経済・使い捨て文化に浸りきっているのは、価値判断を下せない「こういう現実」に過ぎない、と私は前に書いた。しかしそうとばかりも言い切れないのは、このイスラエルの国家としての義務や責任が関わるからだ。

イスラエルで、環境保護に関して次のような言い方を聞くことがある。「ユダヤ人の環境に対する意識は高いが、アラブ人は低い。ユダヤ人でもアラブ圏出身の場合は意識が低い」。ア

▼177　二〇〇一年一〇月八日、ロイター通信

▼178　二〇〇五年、第六〇回国連総会の第二委員会（経済開発問題を扱う委員会）の第一三回および一四回会合ではエジプトの代表者がこの問題を取り上げている。

ラブ人への蔑視を感じるし、安易な文化論にも通じる。この「環境に対する意識」が、先に触れた高山植物や稀少動物への愛だけなら無視したほうがいいような話ではないか、と思う。しかし、仮にこうした物言いに意味があるなら、それはイスラエル国家が、国内のマイノリティであるアラブ人住民に対して、しかるべき環境教育や情報提供を怠っているということ、その問題を指摘するということにおいてではないだろうか。

ハイファから二〇キロほど離れたシャファーアムルー[179]というアラブ人の町に「ガリラヤ協会」というＮＧＯの本部がある。[180]イスラエル国内のアラブ人は、イスラエル国籍を持っているとはいえ、さまざまな差別が存在し、社会の主流からは排除された存在だ。国営企業では雇用が排除されているし、省庁の職員にしても、アラブ人管轄などごく限られた分野にしかいない。欧米志向のユダヤ人のニーズばかりが重視され、世の中の仕組み総体がアラブ人のニーズに合わない、またはアラブ人はそれに合わせるために無理を強いられる、ということも大きな問題だ。兵役に就かないため、兵役後の各種の福祉の受益主体になれず、失業率の高さはさまざまな社会的ストレスを生んでいる。それなのにアラブ人のメンタル・ケアの専門家の絶対数は不足しているのだ。こういう問題は、アラブ世界に精通したアラブ人の専門家でないと話にならないのは明らかだろう。結局、イスラエル政府に頼らずアラブ人自身が自分たちの社会の問題を解決していくしかないのだが、そのための人材に欠け、人材を養う社会的資源が不足している、という悪循環だ。

▼179 **シャファーアムルー** ハイファとナザレのおよそ中間（それぞれから二〇キロ）に位置するアラブ人の町。イスラエル国内のアラブ人の町としては最大規模であり、国内のアラブ人向けのＮＧＯ組織などが多く事務所を構えている。このユニークな町の名は、昔オマル某がここを訪問し、村の井戸水を飲んだところ病が癒えた（シャファー）、という伝説に基づくと言われ、この町の良環境やホスピタリティの存在を象徴するものとして言及される。

▼180 「ガリラヤ協会」のウェブサイト
http://www.gal-soc.org/

だからこそ、イスラエル国内に多くあるアラブ系のNGOは重要な役目を負っている。▼181 この「ガリラヤ協会」は、一九八一年にヘルス・ケアの専門家たちによって設立された、アラブ社会の保健・環境を向上させることを目的とするNGOだ。名前こそイスラエル北部のガリラヤ地方に由来するが、ネゲブ砂漠でのベドウィンの医療福祉や教育にも取り組んでおり、アラブ系NGOとしては国内最大規模のものだ。

私が訪ねたのは、コフル・カンナ▼182という小さな村にある、「ガリラヤ協会」が運営する教育施設「アル＝マイサム」である。いかにも土とミミズを友としているようなタイプのドクター・ヤアクーブが車で道案内してくれた。

着いたそこは、日本の地方の観光地にある民芸館のような外観の場所。立派な温室があり、植物園になっている。案内してくれたのはアサドさんというそばかす顔の若者だ。彼の説明によれば、アラブ地域の薬草、つまりいわゆる「アラビア医学」で使われてきた薬草を集めた、中東ではじめての植物園だとのこと。その向こ

植物園を案内してくれるアサドさん（「アル＝マイサム」にて）

▼181 イスラエル社会は良きにつけ悪しきにつけ、非政府組織や市民活動の展開の目覚ましい社会であることが特徴づけられる。イスラエルのパレスチナ系非政府組織（NGO）も、一九八一年の「団体法」制定後急速に増加し、二〇〇一年までに登録された団体数は一六一三にもなるという。実際筆者の見聞の範囲でも、NGOの数が多いばかりでなく、その専従職員として生計を稼いでいる人間の多さは、非常に印象的である。無論その規模や活動内容はさまざまであり、イスラエルのパレスチナ人の人権擁護のために実際的に機能しているNGOは三つしかない、といった言い方をしばしば聞く。また、ヨーロッパの基金などから潤沢な活動資金を得ている団体の腐敗ぶりや役員の高給ぶりが報道されることもある。他方でイスラエル政府の政策に対して真っ向から批判的

うには農園もあり、鶏舎があり、七面鳥やクジャクも飼っているほか、養蜂もしている。また、立派な実験室もある。訪問前は、この施設が子どもに対する教育を行なうという程度の認識しかなかったが、ここでの研修を自由科目の一部として採用しているアラブの小学校や中学校も多く、テーマを決めて週に一度、一三週間を一単位として、ここで指導を受けながら研究をまとめるという。

全体としてここでは、アラブの子どもたちに環境についての関心を喚起させ、イスラエル教育省の定める正課では学ばない分野についての教育を提供することが行われている。このプロジェクトが始まってまだ二年足らずしか経っていないそうだ。私としては、同居人をぜひ連れて来たいと思った。何しろ彼女ときたら、「カエルの子ども」の形状さえ知らないのだ。ベランダに放置しておいたネズミの死骸にウジ虫が沸き、ベランダばかりかキッチンもウジ虫だらけになったときには、「この虫はどこから来たの？　においを嗅いで集まってきたわけ？」などと言ってのけたのだった（私が全部片付けたということは、述べるまでもないだろう!!）。

私が感激したのは、コンポストを使い、油を絞ったあとのオリーブの実と種の滓を分解する実験をしていたことだ。工場で圧搾したオリーブの滓はアラビア語で「ジフト」と呼ばれるが、化学物質の豊富な水分と繊維質の固まりで、そのまま埋め立てすることは土壌に悪影響を与えるため禁止されている。今のところ解決法がなく、ナイロンで覆って有害物質が地面に流れないようにするしかない（実際には、オリーブオイル工場では高温で乾燥させ、か

であったり、イスラエル建国の経緯に批判的な立場から歴史教育に取り組むような団体はドナーを得られず、少数者によるボランタリーな活動に頼っている場合もある。

▼182　**コフル・カンナ**
アラブの村の名前で「コフル」が付くものは多く、「村」の意味。「カンナ」は新約聖書ヨハネ福音書第二章に出てくる「カナ」とされる。カナで行われた婚礼でぶどう酒が足りなくなると、イエスは水を水がめに入れるよう指示したが、それは宴席に運ばれると良いぶどう酒に変わっていたという。コフル・カンナは現在、この奇跡を記念する教会によって観光客を集める一方で、第六章で紹介するイスラーム運動の影響が強まっている場所ともなっている。

さを減らしてからコンテナーに入れて埋め立てをしているようだ)。コンポストを使った有機物の分解と肥料化自体は無論世界中でやっているが、オリーブの滓は、それ自体ではバクテリアが腐食活動を行うための微生物に乏しく、まだ実験段階だ。そこで、ここでは今、微生物が豊富な牛や鶏など家畜の排泄物を使って、オリーブの滓の分解実験をやっているのだ。家畜の排泄物もそのままでは捨てられないから、成功すれば非常に有望だという。▼183

やっていること自体は素朴にも見えるが、私が嬉しかったのは、日本や欧米の市民運動などで試みられていることが、「環境保護意識に乏しい」なんて馬鹿にして言われるアラブ社会でもちゃんと行われていることだ。パレスチナの象徴でもあるオリーブだということがまた、夢や妄想をかきたててくれる。▼184ドクター・ヤアクープに日本でもコンポストを使ってゴミ削減に取り組む市民活動があるということを言うと、「ほらごらん、俺たちだけが孤立してやってるんじゃないん

オリーブの滓の
分解具合をチェック
(「アル=マイサム」にて)

▼183 オリーブの搾り滓「ジフト」の有効活用法については、あちこちでさまざまな試みがあるようだが、アイデアが共有されていないようだ。燃料としても使われている。

▼184 イスラエル建国以前、パレスチナの地にいた人々の大部分は農民であり、オリーブの栽培は古くからこの地で盛んであった。多くのパレスチナ人が難民になり、狭いキャンプに押し込められ、周辺の町やキブツでの出稼ぎ労働者とな

だ」と相棒に声をかけた。

ここ以外に、大学との連携で外部から委託を受けた研究を請け負っている専門の研究施設もある。研究テーマはすべて、地域に根ざした、地域の環境保全に役立つテーマだという。こちらのほうも訪ねたが、私がこれまで知ってきた小さなＮＧＯや政治組織に比べ、あまりにも規模が大きく専門性が高いので圧倒されてしまった。博士号を持つ人間が、何人もここの給料で生計を得ている。当然ながらイスラエル環境省や科学技術省、教育省などからも助成金が出ており、イスラエル国家のあり方を変えていくのではなく、それを補完する役割しかしていない、という批判も出てくるのかもしれない。しかし、イスラエルの現実のさまざまな制約のなか、アラブ人たちが情熱的に取り組んでいるその活動を、まず知らなければいけないと思った。まだまだ、知らないことばかりなのだから。

った後はとりわけ、土地とのつながりが意識され、表現されるようになった。昔、オリーブの収穫期は子どもも学校を休んで労働にかり出されたが、現在でも収穫期には学校やＮＧＯ組織が子どもたちにオリーブの効用、利用法、植物誌、オリーブに関する伝承などについて教えている。

第一〇章

観光地に集約される「イスラエルらしさ」

一つの町、二つの世界

アッカという町をご存じだろうか。イスラエルの北部にあって、地図で見ると分かるとおり、ハイファとは湾を挟んで向かい合った位置にある。▼185海を挟んで、両者が一番近い場所を線で結ぶと、およそ一二キロだ。普段車で移動する時は、ぐるっと迂回するために四〇分ほどかかるだろうか。二つの町の規模と関係からすると、アッカはハイファの弟分というところだ。しかし歴史的には、アッカの方がずっと格が上である。とにかく私の大好きな町だ。「私の」などと書くと、気

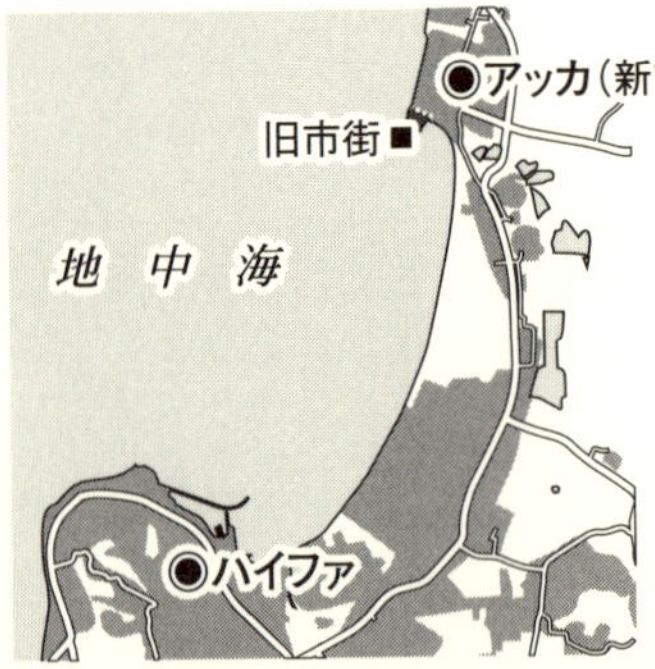

分的に占有しているみたいで申し訳ない。誰が行っても好きになる町のはずだ。

ヘブライ語だと「アッコ」。聖書にも出てくる地名だ。「アシェルは、アコの住民、シドンの住民、マハレブ、アクジブ、ヘルバ、アフィク、レホブを占領しなかった。アシェルはこれらの地の住人であるカナン人を追い出さず、彼らの中に住み続けた」▼186。

驚く話だ。薄っぺらな聖書の知識しか持たない私が普通に読む限り、古代のイスラエルの民は、アッカの町を占領しなかった、と書いてあるのだ!! ところがあろうことにもこの町に攻撃を仕掛け、当時いたアラブ住民の大部分を追い出し、殺し、イスラエル国家の中に組み込んだのが、現代のシオニストたちだった。そこに住んでいる人間を追い出すことを正当化するために、シオニストが常に利用してきた聖書そのものが、「アコの住民」と古代イスラエルの民との共存を記述しているというのに。

無論、ここで聖書論争に足を踏み入れる気はない。聖書の記述がそのまま歴史的事実だとすることに異論があるのはもちろんだが、聖書にどう書いてあろうと、現実に生きている人間の生活を力ずくで奪うことが正当化されると考えるなんて、シオニストというのは本当にどうかしている。

などということを考えてムカムカとなりながら、いま私はハイファからの乗合タクシーでアッカに向かっている。前方に「アル＝ジャッザール・モスク」▼187の緑のドームが目に入ってきて、アッカ近し、と分かるが、乗り合いタクシーは私の目指す旧市街の近くは通らず、新市

▼185 アラビア語の表記上ではアッカは「アッカー」、ハイファの場合は「ハイファー」である。だが日本語でこのように表記すると、棒引き上にアクセントを置いて読んでしまうことがあるため、「アッカ」「ハイファ」とした。ヘブライ語では「アッコー」、「ヘイファー」で、棒引きされた語尾にアクセントが来る。

▼186 「士師記」第一章三一節。アシェルは古代イスラエルの一二部族の一つ。

▼187 **アル＝ジャッザール・モスク** アッカ旧市街の入り口に位置するモスク。一七八一年から八二年まで当時オスマン朝総督としてアッカを支配していたアフマド・ジャッザールによって建設された。ジャッザールとは屠殺人の意で、その冷酷さによって恐れられていた。他方、彼の統治期にアッカは空前の繁栄を見せ、一七九九年にはナポレ

街の大通りを抜けて、そのまま北部に向かってしまう。だから適当なところで乗り合いタクシーを降り、殺風景な新市街をしばらく歩かなくてはならない。新市街の光景は、どこの国にもあるような、郊外のニュータウンといったところ。ここには主にユダヤ人が住んでいる。暑い。それなのに日陰になるようなものは何もなく、逃げ場のない道が続く。ようやく城壁が見えてきて、いよいよ旧市街に入ることになる。

この旧市街は、海に面した町全体が、さまざまな時代に作られた城壁（要塞）で囲まれている。町自体は紀元前二〇世紀からあったと言われているが、今残っている壁のかなりの部分は、十字軍がここを支配したときに作ったものだ。▼188 正方形だと見なしてざっと計算すると、七〇〇メートル四方くらいの大きさの町だ。狭い地域だが、入り組んだ石に囲まれた路地に入り込むと、たちまち方向が分からなくなるだろう。突然、人の家の前に出てしまってうろたえたり、違う道へと前進したつもりが、ぐるぐると同じところを歩いていたりするかもしれない。

子どもたちが不思議そうな顔をしてこちらを見つめる。この旧市街こそは、アラブの町だ。私にとって懐かしい空気が充満している。

新市街

オンの侵略からアッカを守った。

▼188 十字軍 西ヨーロッパ諸国が一一世紀末か

そう、この町の魅力は、狭い地域にアラブ人が固まって住んでいて、濃密なコミュニティを作っていること。それから海だ。要塞の上に登ったり、見張り台のようなところから顔を出すと、荒々しい波が季節や時間帯によってさまざまな表情を見せている。上から見下ろしていると吸い寄せられるようで、時間を忘れてしまう。もちろん港もあって、たくさんの小型漁船が泊まっている。漁船といえば……、魚!! そう、この町ではおいしい魚を食べることも出来る。日暮れ時、海に面したレストランで魚を食べればとても贅沢な気分を味わえるし、この町の住人に知り合いがいるのなら、きっと家庭に招かれて、魚のフライを死ぬほど食べさせてもらえることだろう。地中海の魚は身が締まっていない、などと言う人がいるが、そんな失礼なことをここの人たちに面と向かって言ってはいけない。

うーん満腹、幸せ。これでおしまいにしたいところだが、そうはならないのが残念なところだ。なにしろイスラエルの中に存在するアラブ人の町である。この小さな美しい町に、イスラエル国家の奇怪さが集約されている。それはこの町に限らないのだが、観光地だからこそ陳腐なまでの「イスラエルらしさ」が充満し

アッカの旧市街を囲む城壁

ら一三世紀末まで、東地中海地域に対して断続的に続けた遠征活動。エルサレムへの巡礼路を確保するためという口実だったが、当時の東地中海地域の住民にとっては、異世界からの野蛮な侵略者に他ならなかった。一二世紀後半には十字軍の勢力は弱まり、アッカが最後の砦となったが、一二九一年にカイロを首都とするマムルーク朝によってイスラーム側に奪還された。九・一一の大規模テロの後、ジョージ・W・ブッシュ大統領が「テロに対する戦争」を「十字軍」と呼び、アラブ世界をはじめ世界中から批判の声が出たのは記憶に新しい。

ているとも言えるのだ。

アラブ人の町、と書いたが、行政単位としてはユダヤ人が多数を占める新市街と合わせて、一つの「アッコ」という市である。旧市街のアラブ人住民はおよそ一万人。しかし旧市街は狭く、新築は出来ないため、結婚したアラブ人夫婦などは新市街に移り住む。その数およそ五〜六千人。一方、ユダヤ人は約三万五千人いる。ユダヤ人住人の方がマジョリティであるため、当然のように市長はユダヤ人であり、市の計画全体がユダヤ人指向になっている。それが、アラブ人の村や町として一つの自治体をなし、アラブ人の首長をもっている多くのアラブ人集住地域と違うところだ。城壁に囲まれた旧市街は、場所としてはっきりしているため、アラブ人の地域とユダヤ人の地域の差違がくっきりと可視化されている。これが、ハイファなどのアラブ人・ユダヤ人混住都市とも違うところだ。旧市街の特徴は、石造りの迷路のような通路と市場、モスク、教会、港、魚。狭くて人口密度も高いが、町全体が地中海に向かって突き出た岬であるためか、開放感がある。一方で新市街では、無機的な公園や交差点のオブジェが、広大な市域をかえって息苦しく感じさせるのだから不思議である。

ユダヤ人住人は新参者だ。しかも前にいた住人をユダヤ軍が力ずくで平定した後に入ってきた。ここの土地との現実的なつながりを全く持たなかった彼らが、イスラエル政府の政策に従ってここに住み、数で圧倒するばかりでなく、彼らの住む新市街が行政上は町の中心になっている。新しい町だから味気ないとか歴史を感じさせなくてつまらない、というだけではない、安定感を欠いた奇妙な居心地悪さが、新市街にはある。どうしてこれを感じないのだろう？　どうしてこの町で平気な顔をして暮らせるのだろう？　とユダヤ人の住人の姿を見るたびに私は飽きずに考えてしまう。

アラブ人の住む旧市街へは、ユダヤ人が大勢、観光や買い物に来る。特にユダヤ人の休日である土曜日は、ユダヤ人の町では店や多くの娯楽施設が閉まるため、車でこの町に乗りつけてくる。市場は、魚や野菜や香料をまとめ買いするユダヤ人の客でごった返す。それはやはり今なお植民地の光景を思わせて、私にはいたたまれない。アラブ人がヘブライ語を使ってユダヤ人相手に商売をする光景、それを当然のごとく見なしているユダヤ人の姿は、ハイファでの生活で慣れてしまったが、それでもやはり、ざらざらとした違和感はどうしようもない。

もちろん、現実的にはユダヤ人の客が来てくれなくては、アッカの店主たちは困ってしまう。第二次インティファーダの影響で、海外からの観光客も伸び悩んでいる。問題は、後述するアッカのユダヤ化の動きなど、ユダヤ人にとって都合の良いあり方でしかアラブ人が存在出来なくなっていることなのだ。

さらに夏の間は、ユダヤ人の学校からの遠足など、グループの客がとても多い。八月のある昼下がり、港に出てみると、ユダヤ教の正統派の服装をした少女たちのグループが目に入る。せっかくの気分を台無しにさせるのは、こうしたグループには必ず護衛

小さいが正午前後には買い物客で賑わうアッカの市場

が付いていて、小銃を肩からぶらさげていることだ。無邪気な顔をした少女たち一人一人に罪はないと思いつつ、彼女たちに背を向け海を見ながら、侵略され続けてきたアッカの歴史を思う。この地にシオニストが入り込まず、アラブの一部としてのパレスチナが今あったなら、どんな現在がここにあり得ただろう。次第に、前方遠くに見えるハイファの町から、大勢の人々が難民となって渡ってきた日のことへの想像へと至り、だんだん頭に血が上ってくる。恥ずかしげもなく、よく観光になんか来られるものだ！　この国には、現実を忘れて心から楽しめる場所なんか、やっぱり存在しない。

ハイファとアッカで起きたこと

すっかり日が沈んで暗くなると、観光客の姿も見えなくなり、アラブ人だけの世界に戻る。この時間になると、ようやく気持ちが落ち着く。夏の夜は長い。アラブ人たちは、夜中まで知り合いの家を訪ねたり、涼みに海岸をそぞろ歩きしたりして、町はいつまでたっても静まりかえらない。

私がお世話になるのは、もと漁師のハーリド一家だ。大学院生のハリーファを筆頭に、女の子が三人、男の子が三人いる。私が魚を死ぬほど食べさせてもらうのもこの家だ。

ハーリドは一九四四年生まれだから、もう六〇歳を越えている。ふうふう言いながら階段を登り、太鼓っ腹をなでながら、突然、大きな声で話し出す。彼はハイファ出身である。一九四八年四月、ハイファはユダヤ人によって占領され、一家で命からがらアッカまで逃げてきたのだ。ハイファが陥落する数日前に祖父がイスラエル人に殺され、血だらけで地面に倒れているのを父親が抱き上げた。その時四歳だったはずだが、その光景は今でも忘れられないという。

一家はハイファの大地主だったという。彼が言うには「ハイファの半分は、自分たちのものだった」。……残念ながら、それはかなりオーバーだとは思うが、大きな家をいくつも持っていたのは本当らしい。それに比べ、アッカの彼の家は、八人が暮らすには確かに手狭ではある。ハーリドの家だけでなく、アッカの旧市街ではどこの家も住宅問題に頭を悩ませている。

ハーリドによると、少なくとも長女出産時の二二年前までは、居住区によって子どもの出産場所を指定するという奇妙な法律があり、アッカのアラブ人はハイファの病院で出産することを禁止され、北部のナハリヤの病院で生むように指定されていたという。ところが、自分はハイファの人間だ、というこだわりを捨てる気のない彼は、強引に子どもの出生地をハイファにすべく頑張った。どうやったのかというと、医者に教えてもらった出産予定日が近くなると、身重の妻を車に乗せて毎日ハイファに出向き、車の中でなるべく長時間過ごしたのだそうだ。「急に産気づいた」ため運び込んだ妊婦を、ハイファの病院が指定外だからと拒否するということはさすがになく、「俺の子どもの身分証明書には皆、出生地はハイファだと書いてある」と豪語する。それなのに普段は、ハイファに行っていろいろなことを思い出すのが嫌で、用事があっても避けることが多いそうだ。

　このハーリドは、今でこそ高血圧で、日課となった訪問先から歩いて戻るとしばらく食事もできないくらいだが、目は爛々としていて、若いときの闘志は消えていない。非常に存在感ある人物だ。元猟師ではあるが、半生このかたずっと海を相手に暮らしてきたわけではなく、アッカ

モスクや教会の見える、アッカ旧市街の港

▼189 **パレスチナ分割決議**　パレスチナをアラブ人地域とユダヤ人地域に分割し、エルサレムを国際管理下に置くとする内容の国連決議一八一号。パレスチナの範囲は、第一次大戦後、イギリスがこの地を委任統治下に置くことを契機に策定され、国際連盟で承認された。イギリス統治下のパレスチナはユダヤ人移民を積極的に受け入れたため、もともと人口の七〇パーセントを占めていたアラブ農民の多くが土地を失いパレスチナ社会は混乱に陥った。手を焼いたイギリスは、問題解決を国連の場に委ね、一九四七年一一月二五日、ここにパレスチナ分割決議が成立する（賛成三三、反対一三、棄権一〇）。すでにアメリカではシオニスト・ロビーが力を伸ばしており、トルーマン大統領はアメリカ

の高校を卒業した後、単身オランダに出て働き、そこで結婚した。アッカの町に戻ってきたのは離婚後のことで、再婚した時にはもう、若くはなかった。自分の才覚だけで六人の子どもを養える財産を築いたのだから、苦労話やエピソードには事欠かない。……この人との間に奇妙な友情を意識し始めて以来、今のうちに話を聞いておかないといけない、という焦りに似た気持ちを感じはじめた。こちらの人たちは、日本人に比べるとずっと早くに死んでしまうのだ。

　ここでハイファの住人とアッカの住人たちが、一九四七年の末から四八年にかけて、どういう経験をしたのか、手許の資料で振り返っておきたい。

　国連のパレスチナ分割決議が、▼189 アメリカの強引な工作で可決されたのは、四七年一一月二九日。ハイファはユダヤ国家側に組み込まれていた。当然アラブ住民はパニックに襲われた。ユダヤ側との衝突や小規模な戦闘が徐々に始まり、一二月頃から、女性や子どもを中心に、レバノンなどに避難する人が増え始める。店は閉まり、交通は麻痺し、物価が急騰し、食べ物や物資が不足し始め、攻撃による死者も増えていく。

　とうとうハイファがユダヤ人の手によって陥落し、翌四八年の四月二一日から五月上旬にかけて、大量の避難者が出る。二一日の早朝にアラブ人地区への攻撃が始まり、夜間から翌日早朝にかけ、混乱に襲われ憔悴しきった人々が港に押し寄せた。ユダヤ側を支援するイギリス軍が、ボートでアラブ人の「移送」を行った。この辺りのことは、▼190 ガッサーン・カナファーニーの小説『ハイファに戻って』が雰囲気をよく伝えている。主人公のアラブ人夫婦が

の国連代表団に対し、小国への援助停止圧力を用いての集票工作を指令した。人口の三〇パーセント強のユダヤ人にパレスチナの土地の五六・四七パーセントを与えるというシオニストの主張に沿った内容であり、アラブ側は拒否した。

▼190　奴田原睦明訳「ハイファに戻って」が日本で初めて発表されたのは、七三年六月号『新日本文学』誌上。その後、『現代アラブ文学選』（創樹社、一九七四年）、『現代アラブ文学全集』（河出書房新社、一九七八年）所収。岡真理による新訳「ハイファーに戻って」は季刊『前夜』（影書房）第九号から第一二号に連載された。なお、ガッサーン・カナファーニーは一九三六年、アッカの生まれ。生家は、地元の一部の人にしか知られていないが、今も残っている。カナファーニー一家は、四八年四月二九日にアッカを脱出した。

最初に逃れた先も、アッカだった。戦争が始まる前はおよそ六万五千人いたハイファのアラブ住民は、何と四千人に減ってしまった。そして、残された住人たちは、治安管理のために、ワーディー・サリーブとワーディー・ニスナース▼191という二つの地域に移動することを強制される。現在も、ハイファでアラブ人がほぼ集住しているのは、その影響でもある。

　ハイファの住民がアッカに逃げたのは、背後を追われて海に出て、その先にある一番近い町だったから、ということもあるが、国連のパレスチナ分割決議では、アッカは本来アラブ側に組み込まれる予定の町だった、ということを強調したい。悪名高いパレスチナ分割案だが、そこにおいてでさえ、アッカの町はアラブのものと決まっていたのだ！　だか

旧市街で会った子どもたち

▼191　**ワーディー・サリーブ／ワーディー・ニスナース**　ハイファの海に近い下町にある地区で、長らくムスリムとクリスチャンが住んでいた。二〇世紀に入りハイファにユダヤ人が移民してくると、両地区の間にユダヤ人の集住地区が作られ、ユダヤ人による攻撃の対象となった。
　イスラエル建国後、ハイファにもともと住んでいたアラブ人六万人あまりのほとんどが脱出を余儀なくされたが、残ったアラブ人は軍事政府の管理の便から、両地区に集住させられた。ワーディー・サリーブには貧しいアラブ系のユダヤ人が住み始め、一九五九年にはモロッコ系をはじめとするユダヤ人によって暴動が起こされた。ユダヤ人社会の中の西欧とオリエントの格差・差別を顕在化させた事件として有名である。他方ワーディー・ニスナースは、現在でも住民のほとんどがアラブ人であり、ハイファ

らこそ、ハイファの人間は、最初にアッカに逃げることを考えたのである。アッカのもともとの人口は、一万二三六〇人だった。そこへ避難民が押し寄せ、町の人口は一時、一気に五万人に増えた。大変な混乱状態となり、物資の不足と衛生状態の悪化のせいで、チフスが発生したという。ハイファに戻りたいと訴えても戻れる展望はなく、仕方なくさらにレバノンに逃れる人々も増え、町の人口は五月上旬には八千人に減った。ハーリドの一族も、総勢三一人で逃げてきたそうだが、父親のきょうだい一家などは、すぐにレバノンに渡ったという。レバノンに渡った親戚は、今もアイン・エル＝ヘルウェ難民キャンプにいる。▼192

そこへ、ユダヤ軍は猛攻をかけた。攻撃は五月一三日に始まり、五日後、町は白旗を揚げて降伏し、ユダヤ軍が凱旋したとき、町の中には至るところ死体が転がっていたという。死者の数ははっきりしないが、当時町の入り口には「アッカの城壁の前で殺された勇士七五〇人」を記念する碑が建てられた。この死者数は「意外に少なく」、アッカの住人は頑張ってよく町を守った、とアラブ側では考えられているようだ。およそ五千人が残ったが、その約三分の二は、ハイファ出身者など、もともとの住人ではなかった人々だという。ということは、もともとのアッカの住人はおよそ一〇パーセントから一五パーセントしか残らなかった、という計算になる。

ここでもやはり、残った住民は監視のため旧市街に押し込められ、旧市街から目と鼻のさきの新市街に、▼193警察の駐在所が建てられた。以来、一九六四年に至るまで、アラブ地区では「軍事政府」が維持されたのだった。

の町にアラブ的な雰囲気を残す場所として、ユダヤ人の「アラブ通」にも親しまれている。アラブ人とユダヤ人の共存を目指す公営の啓発施設「ブドウの家（ベート・ハガフェン、アラビア語ではバイト・ル＝カルマ）」が建ち、共存を謳う祭りが毎年開かれるなど、官製の「共存」づくりが進んでいる。

▼192 **アイン・エル＝ヘルウェ難民キャンプ** キャンプの名の意味は「甘い（水の）井戸」。レバノン南部の地中海に面した町サイダ近郊にある。レバノンにある難民キャンプでは最大のもので、約七万人が住む。「ガッサーン・カナファーニー文化基金」をはじめ、いくつかのNGOが活動を続けている。二〇〇六年七月から八月にかけてのイスラエルによる対レバノン戦争では、このキャンプも空爆を受ける一方、レバノン国内の町や別のキャンプから

ハーリドから軍事政府時代の話を聞くのはなかなか興味深い。他の町に行くには、警察の許可が必要で、令状もなく警察が家に足を踏み込むこともあり、町全体が監獄のようなものだった、と言う。ここですぐに連想されるのは、現在、西岸地区で進む分離壁の建設と、検問所によるパレスチナ人の移動の制限・管理である。「安全」を口実として、アラブ人の人権など顧慮せずに彼らを巨大な監獄に押し込めてしまうやり口は、イスラエル建国後の軍事政府に起源があるのだ。

ハーリドには逮捕歴はないが、政治的な発言を臆せずにするタイプだったために、高校を卒業した頃、何と一日に五回、毎日警察署まで出向くことが課されたという。アッカの街を離れられず、軟禁と同じだ。「それで、その間何をしていたのかを報告するんだ。二時から三時までのこの間は空白だが、どこにいたのか、って聞かれるわけ。……忘れてるよそんなこと。するとまた、反抗的だってことで、監視がうるさくなる。そういう状態が一年続いた」。

の避難民の流入も激しかった。

▼193 軍事政府 一九四八年のイスラエル建国以来一九六六年まで、国会の信任を受ける内閣とは別にイスラエルに存在した統治システム。イスラエル建国時にイスラエル国内に残ったパレスチナ人が住む地域だけに適用された。独自の法と軍事法廷を持っており、その基盤は一九四五年のイギリス委任統治政府が制定した「非常事態法」と一九四九年に制定された「緊急法」であった。これによって全アラブ系住民は、別の区域への移動に際して届け出を必要とされるなど、徹底的に生活を管理された。

進む観光化とアラブの不在化

アッカでユダヤ人観光客の姿を見ると、つい感じてしまう憤懣。無論日本人である私たちも、直接には関係ないからと大きな顔は出来ない。『地球の歩き方』という本には、アッカがこんなふうに紹介されている。「アッコーの見どころは、一九四八年の独立後、政府の保護の下に整備された旧市街（オールド・アッコー）に凝縮されている」。▼194 一体どういう「保護」をイスラエル国家がしたというのだ。破壊して殺した挙げ句、住民の間に消えない恨みを残したまま、遺跡や石壁を観光資源にしているだけの話ではないか。いくら「イスラエル」のガイドブックだからとはいえ、イスラエルの歴史観にここまで媚びて基本的な情報を割り引くのは、読者に対して不誠実ではないか。問題はガイドブック一冊のことではない。相手国の公定の歴史観を無批判に受け入れることは、先住民の文化を奪ってきた自国の歴史に目をつぶるためにも都合がよい。日本とイスラエルのあいだに、そうした共犯関係が生まれてしまうことを危惧するのだ。

イスラエル国家が誇るアッカなぞに用はないのだ。イスラエルによって破壊されながらも、かろうじて残ったアラブの町としてのアッカの良さをもっと味わい尽くしたい。それなのに「ユダヤ国家イスラエル」が饒舌にしゃしゃり出て来ようとするのだから、煩わしいことこの

▼194 『地球の歩き方 イスラエル〈二〇〇二～二〇〇三年版〉』地球の歩き方編集室、ダイヤモンド・ビッグ社、二〇〇一年。

上ないのである。
二〇〇四年にアッカを五年ぶりに訪ねて以来、アッカにはまってしまった私は、その後頻繁にアッカに足を向けるようになった。しかし五年ぶりの訪問では、観光化がいっそう進んでしまったことを否応なく見せつけられ、この時はひどく落胆してしまった。同行人を案内するため、一人では敢えて入ることもなかっただろう観光施設に足を運んだ時のことだ。オスマン朝時代のハンマーム▼195博物館と、地下の「十字軍の町」が、数年前にオープンしていた。旧市街に入って気持ちが和らいだと思った途端、ユダヤ人の受付係の座るピカピカの施設に入ってしまい、しまったと思ったが遅かった。高い入場料にも驚いたが、ハンマームの中に入ると押しつけのように、観光客向けのそらぞらしい映像が始まった。同行人と私の二人だけだったこともあり、私は動揺を隠さず声を上げた。あまりにいたたまれずに外に出ようとしたが、映像が終わって扉が自動的に開くまで、そこから出られないようになっている。所詮昔の風呂場があるだけだから、こんなものでも作らないと高い入場料を取れないと考えてのことだろうが、その安っぽさには涙が出てきそうだった。

以前訪ねた一九九九年、ここでアラブ人の契約労働者たちが、上半身裸になって、スコップを持って働いていた。休憩時間中、一服していた彼らを訪ねると、誇らしげに案内してくれ、将来どんな博物館になるのかを説明してくれたものだった。アッカの町を愛する地元っ子で、そのうちの一人の若者は、こちらが気後れするほど丁寧に説明を続けてくれた。ところが今や、アラブ人の彼らの肉体労働の痕跡はすっかり消え、ユダヤ人の受付係がよそよそ

▼195 **ハンマーム** 公衆浴場のこと。古代ローマにあった浴場のスタイルが受け継がれ、イスラーム世界でも浴場が広まった。現在では家庭に風呂が普及し、ハンマームはカイロやダマスカスなどで、観光客も受け入れながら細々と営業されている。

▼196 **オールド・アッコー開発** http://www.akko.org.il/ アッカについての予備知識のない人間がこのウェブサイトを見たら、現在アッカ旧市街に住

しい英語で話しかけてくる。頭に血が上り、怒りをどこにぶつけていいのか、分からなくなった。これは建設などではない。歴史の破壊であり、記憶の破壊ではないか。

イスラエル観光省、と書いたが、実際にこの旧市街の「再建」を請け負ってきたのは、一九六五年に出来た「オールド・アッコー開発」▼196という企業だ。一九九三年にこの企業はアッカの旧市街の建築物や城壁を区域ごとに網羅した「再検証レポート」を出し、五年間で一億ドルという予算を観光省から得ている。旧市街の市場に天蓋がつけられ、排水溝が整備され、電話やテレビのケーブルが地下を通るようになった。むろんこうしたことはアッカの住環境も大いに向上させたには違いない。しかし同時に起きていることは、町全体のミュージアム化を通じて、アラブ人の存在と歴史を希薄にし、ユダヤ人のプレゼンスを強めていくプロセスだとしか言いようがない。十字軍自体はユダヤ教的アイデンティティの確認とは関係ないが、「十字軍の町」を強調することで、アラブの歴史を不在化させる。アラブ側が十字軍によって受けた被害の大きさへの言及がないばかりでなく、アラブの土地が侵略されたという事実さえ、まったく無視されている。さらに、ここが「ユダヤ人の町」として栄えたことは歴史上一度もないのに、博物館に隣接して新たに開店した土産物屋は、金銀の色で目を引くユダヤ教関係のグッズをそろえた店ばかりなのだ。

港の近くには、「ハーン・ウムダーン」▼197と呼ばれるオスマン朝期の隊商宿の跡地があり、大きな時計台が建っている。ここでも衝撃を受けたのは、時計の文字盤の数字が、ヘブライ文字で表記されていることだ。以前の記憶にはないし、いかにも新しい文字盤だから、ここ数

む人々がどういう民族集団・宗教に属しているのか、全く分からないだろう。町の風物について「オリエンタル」という語が多用される一方で、「アラブ」や「パレスチナ」への言及はない。多様な文化を紹介する時は、かならずユダヤ教、キリスト教、イスラームの順に並べられ、住民の大部分がムスリムである実態を全く伝えていない。

▼197 ハーン・ウムダーン 「ハーン」はペルシャ語で隊商宿のこと。方形中庭式の建物で、通常二階建てとなっており、一階にラクダなどの役畜を繋ぎ、二階で人間が宿泊する。運ばれてきた商品の取引もここで行われ、商取引を介した各地の文化交流の場であった。ハーン・ウムダーンは前述のアフマド・ジャッザールの統治期に、十字軍時代の建設物址に建てられたもので、パレスチナでは最大のものである。

年で付け替えられたのだろう。再建・開発と称する歴史のねつ造。その上には高々と、例によってイスラエル国旗である。

イスラエルでは、アラブ人の歴史を奪い、観光地でオリエンタルな雰囲気を提供してくれる都合のいい他者として従属させようとする力が常に働いているのだ。現在西岸やガザで起こっていることに比べると、むき出しの暴力ではないだけに、深刻さは少なく見える。しかし、アラブ人を馬鹿にし、彼らの歴史や文化や人権を軽んじ、隙さえあればそれを奪おうとする姿は同じだ。占領地の状況は本当に深刻だが、同時にイスラエル国内でも行なわれ続けている文化的暴力についても声を大にして訴えたい。

「そうだ。イスラエルは我々アラブを、……」弱体化したいのだ、とか追い出したいのだ、とか人によって次に続く言葉は違うが、こういう言い方を、何人ものアッカの人から何度か聞いた。

「例えば麻薬。アラブにものを考えさせまいとして、イスラエルがこの町にもたらしたんだ」とハーリドは言う。アッカでどれだけの数の麻薬使用者がいるのか、そしてそれが他の町と比べて多いと言えるのか、私には分からない。ただ実際、人の口から「アッカといえば麻薬」と言われるのを何度も耳にしたし、一目で中毒症状だと分かる人はアッカで何度も目

ヘブライ文字に変わった文字盤のある時計塔

にした。非常に痩せており、身なりへの気遣いが全くない。よくモスクにやって来てお金をねだる一人は、中年の女性だった。

イスラエルのユダヤ社会でも、麻薬は問題になっている。しかしハーリドの娘、ハリーファは言う。「ユダヤ人の子どもが麻薬をやっていたら、警察は逮捕して更生させようとする。でもアラブ人の場合は、見て見ぬふり」。最近でも、アッカの高校の教師が麻薬の取引に関わり生徒たちに売っていたのを、警察は知っていながら放置していたということがあったという。また別の時、知人とアッカの小道を歩いていると、彼女は声をひそめて言ったものだ。「ここには麻薬のブローカーが住んでいるのよ」。

旧市街の「ユダヤ化」を進めることにはお金が使われるのに、アラブ人が力をつけていくための施策はなされない。役所関係はすべて新市街に置かれている。象徴的な一例に過ぎないが、アッカの旧市街の門のすぐ脇には、町の外壁と壁を共有して建つ、古い時代からの裁判所がある。実際にイスラエル国家建設後もここはアッカの地方裁判所として使われていた。しかし五年前に新市街に裁判所が作られたため、古い裁判所の周辺は急速に寂れてしまった。「この裁判所が使われていた頃は、もちろんあちこちから人がやってきて、食事をしたり、買い物をしたり、とにかく人の動きというものがあった。裁判所だけじゃない。ユダヤ人の町ばかりが発展して、アラブの町はそのままだ。アッカには役所や事務所が全然なくなった。保険の役所、特許の役所、免許の役所。みんなナハリヤとか、ユダヤ人の町に出来てしまった」。近くの安ホテルのオーナーはこうぼやく。それなのにゴミ処理場は、新市街でなく旧市街の脇にあって、周辺はいつも不快な匂いがする。

一九九九年にアッカを訪ねた時に出会った、博物館建設予定地で働いていたアラブ人の若者については、辛い後日談がある。二〇〇五年のある時、アル＝ジャッザール・モスクでアラブ人の知り合いと話をしていると、一人の若者がふらりと入ってきた。以前会った人か、初対面なのか、にわかに判別できなかったが、彼は何となく私に話しかけてきた。やたらと調子が高く、何か様子がおかしいので、麻薬の中毒状況だと気づいた。彼が出て行った後、ふと気になってある名前を出してみた。まさかあの、博物館の建設現場で肉体労働をしていたあの若者？「ああ、あいつだよ」と知人が言った。「ああなったら、おしまいだな」。

彼は私と同じ歳のはずだった。高校生の時、イスラエルに対して抗議する運動に関わり学校でビラを撒き、逮捕されたことがあると言っていた。それで高校を出るとすぐオランダに渡り、ずっとそこで働いている。夏だけはアッカに戻ってきて、その間も博物館の建設予定地で働いていたのだ。非常に信仰心の篤い若者で、真面目な人だった。昼間会った時に強い印象を受けたので、夜の涼しい時間にもう一度会い、アッカの城壁の上に座って、話を聞いた。巨大な石にぶつかる波の音が快かった。信仰の話、オランダでの生活の話、オランダに行く前に、どれほどここでの生活が難しかったか。ハマースを支持すると明言し、それ以上に力強い声で「ウヒッブッラー（アッラーを愛している）」と何度も口にした。彼の話は、イスラエルのムスリムが、信仰に目覚め、突き進んでゆくプロセスを私に明確なイメージとして植えつけた。ディテールは忘れてしまったが、彼の話ぶりはその後何度も思い出すことがあったのだ。彼があの夜を思い出すことは、もうないのだろうか。

アッカの黒い城塞と、どこまでも青く澄んだ空と海のコントラストのように、アッカでの明るく愉快な経験と、暗く辛い現実の一端は、それぞれ自らの姿を隠そうとすることなく、はっきりと主張し合いながら存在している。

アッカに行けば必ず眼にする光景がある。高さ、およそ一〇メートルはあると思うのだが、この絶壁から海へと、男の子たちが飛び込むのだ。通過儀礼のように、かなり怖じ気づいた男の子も、結局は飛び込む羽目になる。こういう場合よくあるように、写真を撮ってくれとせがんだり、わざとおどけた格好で飛び降りる子どもは、さすがにいない。注意深くタイミングを計って飛び降りないと、本当に危険に見える。アッカーウィー（アッカっ子）はこうやって育つのだ。

子どもに未来を託すのは、全く私の趣味ではない。大人が子どもに未来を見るのは、自分たちの世代に絶望してしまったことの証拠かもしれないと思う。しかし、この国のさまざまな矛盾と奇怪さを思いながら、そんなものに負けないで頑張って生きていってくれよ、と心の中で声援をおくっても、それほど宗旨に反しないだろう。私（たち）だって、やれることをやるんだと自分を励ましながら。

第一一章

破壊と横領と差別を隠蔽し得る「芸術の魅力」とは

差別的法律の中のアイン・ハウド

でるるるハイッ　でるるるハイッ　（水を飲め）・
ホー、ハイッ　ホー、ハイッ　（行け）

アハマドさんの口は、それ自体が楽器のようだった。何とも奇妙で独特の音を唐突に口から出しながら、彼は淡々と牛の動きを促してゆく。こんなにたくさんの牛に囲まれたのは初めてのような気がする。普通私たちがイメージするのはまずホルスタイン、つまり白と黒の斑の乳用牛で、素人目にはどれも同じように見える牛だろう。対してここの牛たちは、色も形も個性豊かで、牛に対する固定観念を裏切る。しかも大きいのは、自分でその身体をもてあましているのではないかと思わせるような特大級だ。

牛にこれほど興奮するとは、予期していなかった。そうさせているのは牛だけではなく、この牛を取り囲む光景の華やかさだ。ここの土地は、三月から四月にかけての今が、一番美しい季節である。山や草原が全体としての調和を保ちながらも、さまざまな色で飾られている。黄色がかった鮮やかな緑、深い緑、オリーブの樹の眠そうな柔らかい緑、緑にもいろいろあるが、総じて日本の森緑地帯で目にする緑よりも、柔らかくて明るい。それとはやや不調和な、派手な黄色やピンクや青系色の花々。こちらは鮮やかな色が印象的で、はっとして思わずしげしげと眺めてしまうほど、存在感のある花が多い。▼198 そしてこのたくさんの牛やアハマドさんとの出会いも、花がきっかけだった。

ハイファからテルアビブ方向に向かう基幹道路でバスを降り、東に入った道を歩いている時だ。林の向こうに黄色い花が一面に広がった場所が目に入り、引き込まれるようにしてガードレールを乗り越えて中に入ると、木陰から牛が出て来て、呑気に花をむしゃむしゃと食べている。さらに何頭もの牛がいて、どんどん奥入ると、帽子を被った太った男性が近づいて

▼198 第九章で述べたように、シオニズムイデオロギーに支えられた自然保護団体による植林運動などによってイスラエルの自然の光景が作られてきたことを考えれば、無論留保が必要である。

野草の花をむしゃむしゃと心ゆくまで食べる牛

来たのだ。はじめ恐る恐るヘブライ語で話していたが、思い切ってアラビア語で訊ねてみて、アラブ人だと分かってほっとした。何しろこの辺で牛を飼っているユダヤ人と言えば、キブツの入植者に違いないのだから。もちろんよく考えてみれば、キブツの牛はきちんと整備された牧場にいるから、こんなところで放牧はされていないだろう。彼は私の質問に対して大声で答え、豪快に笑ったかと思うと、また唐突に喉を鳴らした。

でるるるハイッ　でるるるハイッ
ホー、ハイッ　ホー、ハイッ!!

若い時は色々な仕事に就いたが、この仕事が一番自分に合っている。もう二〇年にもなる。どうだ、いい仕事だろう。……見てみろ、今や動物の生活の方が、人間の生活よりよっぽど幸福に見えるじゃないか。人間はどうしてこう、皆で一緒に暮らすことが出来ないのか。誰もが存在していていいんだ。いちゃいけない人間なんていないんだ。だから俺は、アラブ人だけの権利を主張しているわけじゃない。アラブ人が幸せなら、ユダヤ人も幸せになるからだ。アラブ人の災いはユダヤ人にとっても災いだ。利益は共通のはずなんだ。そうやってお互い生きていくのが、理に適っているというものだ……。

私は相づちを打ちながら聞いてはいたが、あまりにも寛大すぎる発言に、途中からいたたまれなくなってきた。というのは、アハマドさんがアラブ人であることが分かったのと同時に、彼の住んでいる場所を知ったからだ。他でもない、山の上の「新アイン・ハゥド」の住人なのだ。毎日車で数キロの道を飛ばして降りて来て、林の中で牛を囲った柵を開けているという。そして私はといえば、このすぐ近くにある「旧アイン・ハゥド」の様子を見に行くところであった。

山の上と麓にある二つの「アイン・ハゥド」は、それが経てきたあまりに不条理な歴史によって、明確に分断されている。あまりにも露骨に、あっけらかんと。

イスラエル建国前、アイン・ハゥドは、ハイファから南方約一五キロの場所にあり、前方にうっすら地中海を見下ろすことの出来る山沿いにある、ムスリムの村だった。村の住民は全員アブー・アル＝ヒージャーの一族の人間で、もともとは一二世紀に十字軍を撃退した英雄サラーフッ＝ディーン▼199の軍隊の指揮官だったアブー・アル＝ヒージャーが、この村を興したと言われている。▼200村の家はほとんどが石造りで、中心部は細い路地もすべて石畳で覆われていた。小さな村なのに何と屋外円形劇場を持ち、学校もあったことから、当時としてはかなり豊かな暮らしぶりだったことが想像される。

一九四五年当時、この村の人口は六五〇人だった。イスラエル建国に向け、ユダヤ人シオニストによってアラブ住民への攻撃が頻発するのは一九四七年から四八年だが、この村も四八年三月から五月にかけて数度の攻撃を受けている。一九四八年四月末にハイファが陥落するが、アイン・ハゥドの住民はこの周辺に残っていたようだ。しかしイスラエルが建国宣言

▼199 **サラーフッ＝ディーン**（一一三八―九三年）日本ではサラディンとして知られる。アイユーブ朝の創始者で、対十字軍戦争の英雄として知られる。イラクのティクリート生まれで、サッダーム・フセイン元イラク大統領は、自らをサラーフッ＝ディーンに擬した。

▼200 **アブー・アル＝ヒージャー**（Abu al-Hayja）とは「戦闘の父」の意味。軍功によってこの称号を得たらしい。アブー・アル＝ヒージャーはこの村だけではなく、パレスチナ中に住む大きな一族である。

をし、それに引き続いて戦争が始まった中で、多くの住民は逃げざるを得なくなり、あるいはイスラエル軍に捕らえられて国外に追放された。七月一七日から一九日にかけて、イスラエル国防軍は周辺の村とともにアイン・ハゥドを攻撃し、残っていたわずかの住民を追い出し、あるいは殺害して、ここを支配下に置いた。一九四九年、村の耕作地にはニール・エッィヨンと呼ばれる、イエメン系ユダヤ人▼201の宗教的キブツが建設された。

　ところが、少数のアイン・ハゥド住民は周辺の山の中に残り、小屋を建てて住み続けた。いつか状況が変われば、村に戻れるという希望を抱きながら、もとの村から数キロの場所で様子を窺っていたのだ。しかしこうした住民たちは法によって「存在する不在者」とされ、彼らの住居も土地も、法的には合法的に没収されたことになっていた。

　このことを説明するためには、一九五〇年の「不在者財産管理法」▼202に言及する必要がある。この法律で「不在者」と見なされた人間の財産は、財務大臣が任命した不在者財産管理人の管理下に置かれたのである。ここで言われる「不在者」について簡単に述べると、一九四七年末からイスラエル建国宣言に引き続く戦争中の間にもとの居住区を離れていた人々とされるが、実際にはアイン・ハゥドの住民たちのように、攻撃を受けて逃亡し、もとの居住地に戻れなくなったケースであることが多い。この法律によって、イスラエル建国当時に国内に残っていたアラブ人のうち約半数は「不在者」と見なされ、自分らの財産に対する権利を失ったのだ。ここで言われる財産とは、不動産だけでなく、現金や商品、預金や株券、それらに含まれる居住権や営業権、管轄権、使用権といった権利すべてを指す。

▼201 **イエメン系ユダヤ人**　イスラエル建国後の選球は一九四九年から五〇年にかけて、「魔法の絨毯作戦（または鷲の翼作戦）」と呼ばれる飛行機輸送によって、およそ五万人のユダヤ人が、イスラエルへ運び込まれた。イエメン出身のユダヤ人は敬虔なことで知られ、銀細工や舞踏の分野でも高く評価されている。

▼202 「パレスチナ問題に関する国連情報システム（UNISPAL）」で不在者財産管理法（Absentees' Property Law, 5710-1950）全文が英語で読める。http://domino.un.org/

一方、住民の追い出された村の建造物は完全に破壊されることなく、不在者財産管理人の手続きによって、建国後にやってきたユダヤ人移民たちに、ここがあてがわれた。彼らの定着がうまくいかずに再び無人の村になって後、今度はユダヤ人の現代芸術運動の担い手たちが創作に適した場所を求めて住み始めた。その代表的人物は、ブカレスト生まれのダダイスト、マルセル・ヤンコだ。▼203 一九五四年、この村は「芸術村エイン・ホード」としてイスラエル政府から正式に認知され、以来観光地としても発展してきた。▼204 ヘブライ語を話す人間はアラビア語の「アイン・ハゥド」の「ハ」がうまく発音できないので、ヘブライ語で「栄光」という意味を持つ「ホード」を用いてヘブライ化したわけである。一方、この村から五キロ程の山中に住み始めたアイン・ハゥド住民は、その地をやはり「アイン・ハゥド」と呼んで村作りをしてきた。アラビア語の「アイン・ハゥド」とは、「池（ハゥド）の源泉（アイン）」との意味だが、「ハゥド」は特にムスリムにとっては含蓄のある言葉である。▼205

この二つの村の区別は、結構難しい。アラビア語で区別する時は、アラブ人が現在住む「アイン・ハゥド」は「新アイン・ハゥド」であり、ユダヤ人がアラブ人を追い払った後に住んでいるのが、もとからある「旧アイン・ハゥド」だ。しかしアラブ人こそがもとからの住民であり、新住民のユダヤ人が古い村の光景を新しく変えてしまったのだから、気分としてはユダヤ人のいる方に「新」を付けたくなる。実際この言い方だと、アラブ人でも混同することがある。とりあえず現状を表すものとしてはっきりしているのは、「アラブのアイン・ハ

▼203 **マルセル・ヤンコ** 一八九五—一九八四年）チューリッヒのダダイスト運動創設者の一人。一九四一年、パレスチナに移住。

▼204 「エイン・ホード芸術家村（Ein Hod Artists Village）」のホームページを見れば、雰囲気はよく分かるはずだ。http://ein-hod.org/

▼205 **ハウド** 現在では池、貯水池を指す普通名詞だが、古くからの伝説では、天国で信者たちが喉の渇きをいやすとされる、預言者ムハンマドに属する池。

ゥド」「ユダヤ人のアイン・ハゥド」という言い方だ。

さらに「アイン・ハゥド」と「エイン・ホード」の発音の区別が、私には難しい。以前、ユダヤ人のおじさんに「（ユダヤ人の）エイン・ホード」の場所を訊ねたことがあるが、「（アラブの）アイン・ハゥド」と聞こえたらしく、嫌な顔をされて言い直させられた。嫌な顔をしたわけを問われれば、アラブ人への蔑視や警戒感を口にするのかもしれないが、人の土地や家屋に居座って暮らしているという隠したくとも隠しきれない集団的記憶を、「アイン・ハゥド」という音によっていきなり意識させられたからではないか。区別が難しいせいもあるが、だから私にはヘブライ語化されたとおりにわざわざ「エイン・ホード」と呼ぶこと自体に疲労感を覚える。英語では、双方とも **Ein Hod** と書かれることもある。しかしアラブ人のアイン・ハゥドに関しては、**Ein Hawd** や **Ein Hud**、**Ein Houd**、**Ayn Hawd** といった表記が混在している。

アハマドさんは、「エイン・ホード芸術村」のユダヤ人たちとは「今は」普通にやっているよ、友だちもいるよ、と言う。後日アイン・ハゥドに彼を訪ねる約束をして、この日は別れ

上）（Ein Hawd　緑の看板）おそらくアイン・ハゥド村の人々が手作りで立てた看板。アラブ人が自分たちで作る場合でもヘブライ語が一番上に置かれている。

下）（En Hod　白い看板）　公道に表示される公式の看板。ここにあるアラビア語 هود は本来の地名表記ではなく、ヘブライ語による発音をそのまま音転写したもの。

▼206　ここまでのプロセスは詳しく見ると、非常

た。電話線の通っていない村の人と、こうして約束したまま安心して別れることができるのは、悔しいが携帯電話の普及による恩恵以外の何ものでもない。知り合いを持たずにあの村を訪ねるのは非常に難しいから、連絡が取れないと困るのだ。何しろ交通機関がない。基幹道路から二キロほどの距離しかないユダヤ人のエイン・ホードへなら歩いてゆける。だがもっと奥入った山の中のアイン・ハゥドまでは、車がなかったらとても無理だ。もし車があっても、あれほど蛇行した細い道は、慣れていなければ怖くて通れないだろう。それでも住民たち自らが鍬やシャベルを用いて広げ、少しづつ舗装し、次第に良い道になったと聞く。

　というのは、もと住んでいた場所を追い出されて住み着いた彼らの「新アイン・ハゥド」の存在が、イスラエル政府から長らく認知されてこなかったためだ。これには一九六五年の「国土計画建築法」が関わっている。この法律によってイスラエルの国土は、住宅用地、農業用地、工業用地、今後の計画予定地に分類され、農業用地内の無許可建設が禁じられた。追い出されたアラブ人の住み着いた「新アイン・ハゥド」のような場所は本来、計画予定地に分類され行政による新たな村作り計画の対象になるべきなのにも関わらず、農業用地に分類され、その結果一切の行政施策対象外となったのだ。▼206 水も電気も通らず、郵便サービスも受けられず、電話線も通らず、子どもたちは別の村にある学校まで通わなければならない。さらに、そこに住むしか他に行き場のない彼らの

牛飼い人生を謳歌するアハマドさん

に複雑である。一九六五年の「国土計画建築法」に従って農業用地に分類された後、七〇年代には一度軍用地とされ、さらに遺跡保護地帯となり、再び農業用地指定とされた後、国立公園の一部とされている。八〇年代に入って政府によって「無認可村」と定義された。

家は、非合法建築として破壊される危険にさえ、さらされるようになった。ダダイストの芸術家が情熱の導くままに移り住んできて作った「芸術村エイン・ホード」とは、えらい待遇の違いというものだ。

そんな目に遭わされてきたアイン・ハゥド住民の一人であるアハマドさんが、それでもなお、「アラブ人とユダヤ人の利益は共通のもののはずなんだ。何で一緒に仲良く暮らせないのだ」と呟くのである。なんと底抜けな懐の広さと言うべきか。

厳しいけれど豊かな暮らし？

数日後、アイン・ハゥドのアハマドさん宅を訪ねる機会を得た。バスの通る道から電話をかけて、車で迎えに来てもらったのだ。エイン・ホード芸術村を越え、ニール・エツィヨンキブツを越えてしばらく行くと、車など滅多に通りそうにもない細く曲がりくねった道に入る。真っ黒いイタチのような動物が、目の前をさっと通り過ぎた。こんなに狭い道なのに反対側から車が近づき、接触ぎりぎりですれ違う。向こうから手を振っているのは、ムハンマド・アブー・アル＝ヒージャーさんだ。アイン・ハゥドばかりか、イスラエル国内にあるアラブ人の無認可村運動の代表的なリーダーで、一度だけ面識がある。

「国土計画建築法」によって違法とされ、行政的保護の対象外に置かれたアラブ人の村は九〇年代前半で五一存在し、約一〇万人がそこに住んでいると言われている。そのうち約七万人は、ネゲブ砂漠に住むベドウィン〔第四章註84、第七章参照〕だ。無認可の村の建築物は非合法建築として破壊される可能性があると前述したが、そうしたことは現にずっと起こり続けてきたことだ。ある資料によれば、一九九三年から九六年の間に一四四〇軒のアラブ人の家屋が破壊されたという。当然、違法建築自体はユダヤ人エリアでも起こりうるわけで、違法建築とされたアラブ人の家屋は違法建築件数全体の五七パーセントであるにも関わらず、実際に破壊された建物のうちの九四パーセントを占めるという。▼207

ムハンマド・アブー・アル＝ヒージャーさんは一九五四年の生まれだから無論、古いアイン・ハウドの時代は知らない。彼らの世代は既に、古いアイン・ハウドに戻るという夢は持っておらず、新たな現実の中で、正当な権利の認知を求めているのだ。一九八八年、彼が中心となって無認可の村に対する認可を求めるためのネットワークが形成された。▼208 八〇年代半ばは、アイン・ハウドを始めとする無認可村の活動の最盛期だったという。一九九二年、アイン・ハウドを含む五つの村が認可を勝ち取り、アイン・ハウドは芸術村のエイン・ホードと同じくホーフ・ハ＝カルメルという地方自治体連合に加盟した。▼209 さらに九五年までに、ほかの七つの村が認可を得た。ところが問題は、形だけの認可を得ても、村の現状がほとんど何も変わらなかったということだ。アイン・ハウドには今でも電気は通らず、幼稚園と小学校しかない。また一九九六年以降は、新たに認可される村も出ていない。

▼207 イスラエルのアラブ人を対象とする最大規模のNGO団体「イスラエルにおけるアラブ・マイノリティのための法律センター（アダーラ）」のサイトに詳しい。http://www.adalah.org/

▼208 「四〇委員会（The Association of Forty）」という名前の無認可村のネットワークが一九八八年に結成された。四〇というのは、当時の無認可村のおよその数である。http://www.assoc40.org/

▼209 **ホーフ・ハ＝カルメル**（カルメル海岸）地方自治体連合の一つで、ハイファ西部地区に位置する。イスラエルには、人口二万人以上の「市」、人口五千人以上二万人以下の「町」、人口二千人以下の村やキブツなどの集合体で一つの議会を持つ「地方自治体連合」がある。

認知を求めて長年闘ってきたのに、認知されても何も変わらなかった、だからこの運動は失敗だったし、そもそもの戦略が間違っていたのだ、と言う人もいる。住民からすれば、非当事者のこうした評言は、いくら正しいとしても腹立たしいに違いない。すぐに状況が変わることがなくとも、無認可村の存在と問題を広く世に知らしめた運動の功績は多大である。

アイン・ハゥドの入り口に入ると、斜面に沿って建てられた住宅と小さなモスクが見える。耕作地を持たないこの村の面積はごく小さい。かつては有刺鉄線で囲まれていた時代もあったという。アイン・ハゥドの現在の住民はおよそ二五〇人、世帯数はおよそ五〇と聞く。かつてのアイン・ハゥドから追い出され、残った少数の住民が何人くらいだったのかを知る手だてはないが、一九四五年の村の人口が六五〇人だったことは前述の通りだ。六四年までにはかなり増えて一五軒の家が出来たというから、▼210 多めに見積もっても一〇〇人弱だろう。だとすると一九四八年に残ったのは、よほどわずかの人間だったこと、逆に言えばいかに多くの人間が追い立てられ、殺されたのかが想像できる。

アハマドさんの家には、妻のファーティマさん、次男のアリーと長男の妻であるナワールがいた。長男と次男はキブツのバナナ農園で働いているが、次男のアリーはたまたま今日は体調不良で休んでおり、家にいるのだという。まだ若くて二〇代になったばかりだ。はじめは無口だったがだんだん冗舌になる。「日本は日本語？　何だタイ語は分からないのか。キブツでタイ人と一緒に働いているからタイ語を知ってるよ」。そう言って自分の知っている単語を披露してくれる。将来はアメリカに行って働きたい、でも結婚するときはここへ戻って来

▼210　デイヴィッド・グロスマン著、千本健一郎訳『ユダヤ国家のパレスチナ人』（昭文社、一九九七年）に出てくる住民の証言より（二二三ページ）。イスラエルのアラブ人の状況を概観するには格好の基本書であり、この中でアイン・ハゥドについて述べた一章がある。本書は英訳からの翻訳だが、原著はヘブライ語で書かれている。

るつもりだと言う。アメリカの話は非現実的な夢ではなく、エイン・ホードに住むユダヤ人芸術家の知り合いが自分を「家族の一員のように」非常に可愛がってくれていて、そのつてでアメリカに行くつもりなのだそうだ。父親のアハマドさんもエイン・ホードに友人がいると言っていたが、特に若い世代間では友情も存在するらしい。しかし後述する通り、両者の関係は現在でも微妙なもののようだ。

コーヒーをすすり、ヒマワリの種をかじりながらおしゃべりをするが、何となく落ち着かない。家の中の薄暗さのせいだと気づき、改めて電気の通らない生活のありさまを実感する。各家庭は発電機を持っているが、やはり昼間から使うようなものではないらしい。どうせならもっと窓を開けて光が入るようにすればいいものを、などと考えてしまうが、彼らはこの暗さに慣れているのだろう。

彼の母親のファーティマさんが、昼食の準備を始めると言って、キッチンに促してくれる。ムジャッダラという、油お赤飯とでも呼ぶべきごく一般的な家庭料理だ。▼211 しかしキッチンはさらに暗くて、料理の色が全く分からない。入り口の扉をすべて締め切らなくてはならない寒い季節は、さすがに気持ちがふさぎ込みそうな気がする。

長男の妻のナワールが、家畜を見せようと外へ促してくれる。曇った日

▼211 **ムジャッダラ** 米または小麦の挽き割りにレンズ豆を加えて炊き上げ、油でベトベトに炒めたタマネギを乗せて食べる。簡単で安く上げる家庭料理の代表格。

昼食のムジャッダラを前にして話し込むファーティマさん

だが、外の明るさにほっとする。ナワールは新婚で、まだ一〇代にも見えるくらいの若さだ。フレイディース▼212という、ここから少し南方にある町の出身である。結婚して日も浅いのに、すっかりこの村の生活に慣れているようで、家畜たちの扱いが上手だ。馬が二頭、羊はたくさんいるほか、放置された廃車を小屋代わりにして、鶏をたくさん飼っている。生き物とはまるで無縁な生活をしていて、昆虫や爬虫類を忌み嫌うイスラエルのアラブ人を何度も見てきたので、非常に新鮮な印象を受けた。遅れてやってきたアリーは、馬小屋の扉を開けると、ひょいっと馬に乗ってみせ、馬具も何も付けずに疾走してしまう。走っていく彼の方向の彼方には地中海が見える。ここは山の上で前方には邪魔するものが何もないので、見晴らしは素晴らしい。ハイファからもそう遠いわけではないのに、都市とは全く違う時間がここでは流れている。

この家の近くに設置されている発電機を見せてもらった。村全体の電気を供給しているのではなく、ここでは二五世帯分を賄っているそうだ。これで、夕方五時半頃から夜一二時までテレビを見られる。アハマドさんがそう説明すると、ナワールは「いやこの頃は、七時からじゃないと映らない」と譲らない。発電機の装置の鍵を持った責任者が決まっていて毎日やって来るそうだが、時間は厳密ではなく、何かの都合で遅れることもあるそうだ。ほかに各家が発電機を持っていて、照明はその電気を使う。屋根の上には太陽熱装置が設置されていて、それでお湯が使える。こうした暮らしがどの程度不便であり、どの程度「何とかなる」ものなのかについては、しばらく暮らしてみないことには実感しがたい。

▼212 **フレイディース**
ハイファ南部の地中海沿岸部にある町。ジスル・アッ＝ザルカーとともに、イスラエル建国後も残ったアラブの町としては、この地域では例外的な存在である。この地名はフィルダウス（パラダイス）に由来すると考えられている。

しかし、「ちょっと不便だけど豊かな時間の流れる田舎の暮らし」などと都会人が憧れる田舎のエコライフのような捉え方をしてしまっては、問題は見えてこないだろう。そうした不便さなら慣れることが出来る。社会全体がこういう暮らしをしている場所はいくらでもあるのだから。

問題は、差別の結果としてこうした生活があるということだろう。社会全体がこうなのではなく、周囲から取り越されたまま、ここだけがこうなのだ。今や車さえあれば一時間もかからずにハイファの街中まで出られるから、その気になればそこで高級感溢れるショッピングセンターや娯楽施設のサービスを堪能できる。それなのにこの村に戻ってみれば電気も通っていないというギャップ。それに大人なら移動も簡単だが、村に何もない以上、子どもの時に触れることの出来る文化的催しや情報の量はごく限られている。親が車を持っているかどうかなど、親の生活条件で子どもの環境にも大きな違いが出る。車のない家庭の子どもがハイファの高校に通おうとする場合、朝の暗いうちから山道を歩き、沿道に出てヒッチハイクさせてくれる車を待った、という話も聞く。

そしてこうした物理的な障壁に伴って、精神的障壁が作られる。若い世代がイスラエル社会の中に出て生きていこうとすると、突然欧米指向で学歴重視の社会に投げ込まれることになる。周囲の環境と非常に大きなギャップを感じ、それがバネになる場合もある一方で、村の中の生活に自分を閉じこめてしまう

毎夕、25世帯分のテレビ用電気を供給する発電機

こともある。特に女性の場合はそうなりがちだ。どのみち家族がバラバラでは不便な暮らしは立ちいかないので、家族の団結が求められ、よかれ悪しかれ家族主義的なありかたが続く。アハマドさん一家は楽しそうで、若い嫁であるナワールもここの生活に満足しているように見えるが、五〇世帯すべてがこういうわけにはいかないだろう、と想像される。

芸術村　抽象的な美と幸福

ここでやはり、「芸術村」になってしまったもともとのアイン・ハゥドの様子を報告しないわけにはいかなくなる。ブカレスト生まれのダダイスト、マルセル・ヤンコがこの村の設立者であることは既に書いた。この村の中心部には、「ヤンコ・ダダ・ミュージアム」というのがあり、ヤンコの生涯や作品、ダダ運動、エイン・ホード芸術村の歴史などが辿れるようになっている。このミュージアムの建物自体は、アイン・ハゥドにもともとあったアラブ人住宅を使っているのではなく、ヤンコの住んでいた家の脇に新たに建てたものだ。しかしその土地は、イスラエル建国当時に国外に避難し、一九九一年までジェニーン難民キャンプに住んでいたムハンマド・マフムード・アブドゥッ＝サラーム・アブー・アル＝ヒージャーさんの家と庭のあった場所なのだという。▼213　しかし、何といっても旧住民の神経を逆なでしたのは、

▼213　以下を参照。

村の中心にあったモスクが、「レストラン＆バー」に変えられたことだった。現在ここは、二〇〇三年にリニューアルオープンされたアルゼンチン料理店になっている。

村の入り口にはいかにも「芸術村」らしいゲートがあり、カラフルな案内板が立っている。オブジェや彫刻があちらこちらに飾られている。しかしこの村の売りどころは、この村に住んでいる芸術家たちが自分のアトリエを公開し、そこで自作を展示して販売したり、ワークショップなどをしていることだ。この村のサイト上で、この村に所属する芸術家として名前や作品を出しているのは約六〇名、その家族の数を加えると、大体の人口が分かる。この村の中の陶芸工房を覗き、そこの主人と話をしているとき、日本人の芸術家もここに住んでいると教えられ、是非会いに行くよう勧められた。……イスラエル人の妻を持ち、ここに住んでいる日本人アーチスト。好奇心はなくもなかったが、会いに行く勇気がなかった。とんでもないシオニストであればストレスが溜まるだけだし、政治には全く無縁の芸術家肌の人だとしても、かえってめげそうだ。

日本人でないにせよ、この村の住民と話すことは私には苦手だ。よく平気でここに住めるものですね、などと詰問する気はさらさらないが、ここに住むということを決めた彼らの選択を肯定できないまま、表面的に親しくなっても辛いだけだ。みな、表面的には穏やかな笑顔を称え、感じの良い人が多い。それはそうだろう、こんな村の中で毎日好きな芸

Susan Slyomovics, *The Object of Memory : Arab and Jew Narrate the Palestinian Village*, University of Pennsylvania Press, 1998

旧アイン・ハゥド村のモスク。
現エイン・ホードが出来てから、レストランになった

術に没頭し、のんびりした生活を送っていながら性格が悪かったら、どうかしている。

いくつかのアトリエを覗いてみた。絵にしろ陶芸にしろ、彫刻にしろ、総じて春先にここの土地を彩る花を思わせる、明るい色を用いた作品が多い。それぞれの作品を見れば、それは確かに美しいと思う。しかし、その美しさは抽象的なものだ。どんな土地に行っても、芸術家の感性を刺激し、創作を促す自然の力というものは存在する。だが芸術家の特異で天才的な感性というものは、他方でアイン・ハゥドの旧住民たちの存在の痕跡、そこここに残る彼らの存在感を嗅ぐことのできないような鈍感でご都合主義的な代物なのだろうか？　だったら私は、自分に芸術的才能が足りなかったことを、むしろ幸いだと思おう。


この村を二度目に訪ねたとき、ある建物を外から覗くと、優しげな若い男性に「ウェルカム」と促された。こちらがヘブライ語を使おうとすると「私はニューカマーですから英語の方がありがたいのです」と言う。「オランダ人ですが、イスラエルに来て一年四ヶ月になります」。オランダで出会った彼のボーイフレンドがイスラエル人で、彼も思い切ってイスラエルに来たのだそうだ。

中は主に石鹸を扱う小さな店になっており、さまざまな素材を用いた色とりどりの石鹸は、彼の自家製だという。「私はとてもラッキーでした。オランダでの仕事は辞めずに、パソコンで業務連絡を取りながら、ここで暮らすという選択が出来たんです」。さすがオランダ、何とも羨ましい話ですね。しかもパートナーと一緒にこんな「素敵な場所」に住めるなんて。「ハイ、とても満足してます」。イスラエルとオランダは、どちらが好きですか？「そりゃもう、イスラエルです。人々がオープンで、気さくで。それからこっちの気候も気に入っています。オランダは曇った暗い日が多いけど、こっちは毎日明るくて」。

穏やかな、素敵な男性であった。短い立ち話だったのに、別れるときには、「今日あなたと会って話せたことを忘れないでしょう」なんて言ってくれる。

一人になってどーんと複雑な気持ちに襲われた。……オランダの若い男性がたまたま気の合うイスラエル人男性と出会い、パートナーの関係となり、この村に住むようになった。彼と、この村が経験した歴史は、何の関係もない。彼にはイスラエルのシオニズムに関する責任は何もない。しかし、だからこそ問題なのだ。ユダヤ人のパートナーがいるというそれだけの理由で、本来この国と何の関係もない彼にはこの村に住む権利があり、他方でこの村にもともと住んできたアラブ人はこの村に置いてきた財産をすべて奪われ、今も「存在しない不在者」状態でいるのだ。このことをどう考えるのか？はじめは知らなくても仕方がない。しかし何年も住み、アラブ人のアイン・ハウドのことについて耳にするようになり、それでもこの村に何の疑問も持たずに住み続けることが出来るなら、それはその人間の責任回避ではないか？今会った素敵な男性だって、そのことは問われなくてはならないのだ。でも実際に、誰が彼に問うてくれるのだろう？

だからこの村の住民と話すのは気が重いのだ。

エイン・ホード芸術家村で
自家製石鹸を売るオランダ人の青年

気鬱になり、休憩をしようと「Art Bar」と書かれた店に入る。中には元ヒッピーのような外見の中年男性がいて、自家製のビールを出してくれる。先客の相手に忙しく、相手をされないのが丁度良い。気持ちを落ち着かせた頃、店の中にぬっと現れたのが東アジア風の顔立ちをした男性である。言うまでもなく、この村に住むアーチストの一人である日本人のYさんであった。

内心の動揺を隠しながら自己紹介をして、しばらく話し込む。意外と若い男性で、気さくな雰囲気である。アラビア語を学び、アラブ人社会の側からイスラエルのことを勉強している、と私が自己紹介しても、特にこだわりを持つことはない様子だった。

誘われて、村の中にある彼の自宅に案内してもらった。羨ましくなるほどの広さ、そして見晴らしの良さ！　広い庭で制作をしているほか、一階は友人に貸している。彼らの住居は二階と三階だ。地中海を見渡せる、ガラス張りの茶室、広いベランダ。中から出てきた連れ合いも優しそうな女性である。東京の生活を思い出して、ため息が出てきてしまった。「こんな広くてのびのびしている家で、毎日好きな制作に取り組めるなんて、まあ何て羨ましい!!」。思わず出てきてしまった言葉である。

見晴らしの良いベランダの上で、少し話をする。山の上方のアイン・ハゥドを探すが、位置は特定できない。アイン・ハゥドの歴史について、彼はそれなりに知っていた。「昔、ここはアラブ人が住んでいたけれど、ユダヤ軍が彼らを追い出したんですよ。追い出された彼ら

現エイン・ホード芸術村の、
あるアトリエにて。背後の絵は、
ユダヤ人にとってめでたいとされる
果物ザクロをモチーフにしたもの

は、だからいまだに被害妄想を持っている」。被害「妄想」ではなく現実に被害ではないか、当然だろうと思うものの、私は黙ったままもっと彼の考えを聞きたいと思った。「以前ここの仲間たち数人と、彼らの村に行って、月に一度、ワークショップをしたことがある。絵とか造形を教えるんだけど、絶対に子どもしか出てこないんだよね。で、彼らはやっぱり、僕らに何かをやってもらうことを当然だと思っているから、自分たちからは何もしない。そういう調子だと、こっちも頼まれてやっているわけじゃあるまいし、やる気がなくなってきちゃってね。半年くらいで終わったかな」。

彼から聞くここの暮らしぶりは、それなりに魅力的だった。ある日旅の途中のヒッピーのような若者がやって来て、居着いてしまったこと。弟子入りさせてくれと頼まれて、安い家賃だけ貰いながら、作品制作を教えたこと。週末は自宅を開放し、村にやって来る観光客に日本の文化を紹介することでお金を貰い、それで食費くらいは稼げたりすること。最近はカリブ諸島起源のスティール・パン▼214という楽器の制作と演奏を本格的に開始し、イスラエルのあちこちの場所でワークショップやライブをやり、結構注目され始めていること。

そうやって、彼らが営んでいる生活を、頭から否定する勇気は私にはない。そういう生活の楽しさは理解できる。イスラエルのユダヤ人には嫌な人間も多いが、権威を嫌い、自由を愛し、気さくでユーモラスな人はたくさんいるのだ。ましてやアートに関わるような人々は、自前の考え方を持った面白い人が多いだろう。だからこそ、問題はややこしいのだ。単純な善悪二元論では対応できない。

▼214 **スティール・パン** 日本ではスチールドラムという名前で紹介されることもある。カリブ諸島にあるトリニダード・トバゴで、イギリス植民地統治下にあった一九三〇年代、楽器を禁じられた現地人たちが、ドラム缶を使って演奏を始めたのが始まりだという。現在トリニダード・トバゴ政府によって、国民楽器として認められている。

いや、そうではない。「単純な善悪二元論では対応出来ない」という言い方こそが問題の所在をいつも曖昧にしてしまう。だって、アイン・ハゥドのアラブ人が、エイン・ホードに友だちがいる、と言うのを何度も耳にしたのに対し、エイン・ホードの住人が「アイン・ハゥドに住む友だち」と言っているのを聞いたことがないではないか。考えてみれば、相手のことを「友だち」と呼ぶのは常にアラブ人ばかりで、ユダヤ人が「アラブ人の友だち」となどと言っているのを聞くような状況は、ほとんどない。「ムスリムは困ったものだが、クリスチャンは友人だ」というふうに、彼らにとって都合のいいアラブ人を選別するために「友人」という言葉が使われるのを除けば。

アラブ人もユダヤ人を利用しているではないか、という反論もあるだろう。それはそうだ、彼らはユダヤ人の友人を是非とも必要とする。アメリカに行ったら世話になりたいから、いい仕事を回して欲しいから。お客として来店し続けて欲しいから。ともかく生きていくためには、ユダヤ人とは友だちでなければならない。それはお互い様、信頼関係を作り上げ、ギブ・アンド・テイクを実践すればいい。だが問題は、ユダヤ人ばかりに利益が集中することであり、アラブ人は従属的な立場に置かれてしまうという構造だ。それは政治的に生み出されたものであって、個人の魅力や人間性によって片が付くものではない。

そう、だからこそアラブ人とユダヤ人の対等な関係が、制度的にも実際的にも作り出されることが必要だ。アイン・ハゥドの住民たちが大小さまざまな声で訴え続けているのは、そういうことなのだと思う。

第一二章

風景に見る人種差別

空間を変える「文化」の力

取り囲まれる「土地の日」の町

サフニーン。[▼215]初めてこの町に来たのは、イスラエル短期滞在中の二〇〇〇年三月三〇日、「土地の日」のデモでだった。その日、アラブ系の各政党の学生組織がサフニーン行きのバスを出すというので、躊躇しながらも同行させてもらった。イスラエル軍が催涙弾を使い、デモに参加していた老女一人が死亡するという混乱のなか、一緒に来た人たちからはぐれた私は、歩き回った挙句にようやくタクシーを拾った。

そのとき目にしたガリラヤ地方の美しさは、忘れられない。ドライバーのおじさんは、近

▼215 **サフニーン** 人口約二万五千人のアラブ人の町。住民のほとんどはムスリムである。町の名はイスラーム化以前のアラム語の地名から由来すると言われ、古代の発掘物も多い。一九七六年の「土地の日」によりその名を知られたが、現

づいては遠ざかってゆく山あいのアラブの村をいちいち指さして、その名前を教えてくれた。「土地の日」とはうまい名前である。これはイスラエル当局による大規模な土地の収用に反対するために、土地防衛の日として組織された一九七六年三月三〇日のデモに由来する。この日、イスラエルの治安部隊によって六人のアラブ人が殺され、ほかに一〇〇人ほどが負傷させられた。この出来事は、イスラエル国内のアラブの民族的覚醒を促す契機となり、八七年に始まったインティファーダ以降は、被占領地のパレスチナ人との連帯意識を示す機会として新たな意味が付与された。今でも毎年国中のアラブが集まってデモを行なうほか、ゼネストが行われ、学校も休みになる。しかし思うに、パレスチナの土地を踏みしめて歩き、改めてその美しさ・かけがえのなさを確認し、土地と自分とのつながりを再発見するという意味においてこそ「土地の日」なのだ。一年の中で最もこの地方の自然が美しく見える時期でもある。数年後、再び「土地の日」のデモに参加して、改めてその印象を強めた。デモと言っても、小さな子を連れてピクニック気分で歩いているような人も多い。普段車に頼ってばかりで、歩くのが嫌いな人たちが多いから、こんな時に歩くのはなかなか結構なこと

ユダヤ人入植地に見下ろされるサフニーンの町。丘の上に見えるのは、エシュバルというキブツで、もともとイスラエル国防軍の青年開拓部隊（ナハル）の開拓村として設立されたもの。

在は二〇〇三年にイスラエルの上位サッカー・リーグにアラブ系のチームとして初めて出場しナショナル・カップを得た「ブネイ・サフニーン（サフニーンの息子たち）」の本拠地としても有名。

だ、などとおせっかいなことさえ考えさせられる。

いま私は、そのサフニーンの町全体を見下ろせる場所を求めて、急な斜面を登っている。サフニーンの町に来ても人に車で案内してもらうことが多かったが、結局自分の足で歩かないとよく分からないのだ。下から見下ろせば何ともないように思えた丘の上の目標地点は、日ごろの運動不足もたたり、容易にはたどり着けない。つまらない気まぐれを起こすものではないと少し後悔したが、今さら戻る気にもならない。斜面と言っても人気のない山道ではなく、山なりにも家は密集して建てられている。いくら車社会とは言え、歩いてここまで登らざるを得ない場合だってあるだろう。であれば、私だって歩くまでだ。

こんなことをする気になったのは、この町に住むアリーさんとの出会いがきっかけだ。以前、あるアラブ系の小さな劇場で上映を待つ間に、脇に立っていた男性に話しかけられた。はじめ少し煩わしく思ったが、話を聞いているうちに引き込まれ、私の右手は彼の連絡先を控えるためのメモ帳を探っていた。何がきっかけだったか、彼ら自身のアイデンティティについて、つまりイスラエルのアラブ人とは何者かであるかについて、彼は低い声で自説を述べ始めた。……自分たちが「マイノリティ」と呼ばれるのは間違っている。現在のイスラエルの人口統計からすれば、確かにマイノリティだ。しかしパレスチナ・アラブの歴史的プレゼンスを、そのように数の問題に切り縮めるべきではない。第一、ユダヤ人を単一の民族として見ているからそうした言い方が成り立つのだ。ポーランド系ユダヤ人、

「土地の日」のデモの様子
(2006年3月30日)

ルーマニア系ユダヤ人、イラク系、イラン系、モロッコ系……というふうに、ユダヤ人の中にもさまざまなエスニシティが存在し、それぞれがマイノリティとしてイスラエル社会を構成していると考えるなら、多数派のユダヤ人と少数派のアラブ人という二項図式は成立しなくなるはずだ。

イスラエルのアラブ人のリベラルな層に属する人々は「マイノリティとしての正当な権利をよこせ」という文脈で、「イスラエルのアラブ人＝マイノリティ」だと当然のように述べるのだが、私はこういう言い方にいつも違和感を持つ。だからこの男性の言うことはもっともだと思った。上映が始まるというので慌てて書いてもらったメモ帳には、アリー・ズベイダートという名前があった。住んでるのはサフニーンだ、という声を、暗い場内に向かいながら聞いた。

……ようやく、この町のほぼ一番高い場所に辿り着く。道がなくなり、一番高い場所に建つ工事中の家の前で行き止まりになっている。構わず家の中に入り、中にいたおじさんに屋上に上らせてくれと声をかけ、了承してもらった。不便な場所ではあるが、建てかけの家は四階まであって、非常に大きい。セメント袋や工事道具が置かれた階段を登って屋上に出ると、案の定、そこからサフニーンの町がきれいに一望できた。

手元の地図と見比べてみる。直線距離で言えば北の前方わずか五キロの地点に、ユダヤ人の町カルミエール〔第三章参照〕があるはずだが、起伏があるせいでそれは見えない。代わりに前方に見えるのは、エシュハルという協同入植地。▼216 左手つまり西側にはテラディヨーンとい

▼216 **協同入植地**（イシューブ・カヒラティ） 協同労働を原則とするキブツやモシャブ（農村共同体）に対し、教育や文化などについてのみ協同を原則とするコミュニティ。北部のガリラヤ地方には特に小規模な協同入植地が多く、エシュハルもその一つ。

う工業地帯があり、ユヴァリームというコミュニティが続く。右手に目を転じて、エシュバル、ローテムという二つのキブツ。いずれも「ナハル（武装開拓青年団）」▼217によって建設された後にキブツに転用されるという、典型的な経緯によって出来たキブツだ。すべて「ガリラヤのユダヤ化」政策に従って作られた入植地であり、アラブ人はそこに土地を買うことも住むことも出来ない。私の建つ斜面をそのまま右手に見やると、アッラーベ、その向こうにデール・ハンナーというアラブの村があるが、ようするにサフニーン、アッラーベ、デール・ハンナー▼218はユダヤ人の入植地に囲まれ、見下ろされていることが分かる。背後の南側は山で、そこには軍事施設があると聞く。四方とも、行き場がない。いや、目に見える光景だけを見るならば空間はあるのだ。周辺のユダヤ人入植地との間には明確な距離があるのだから。しかし、この「何もない空間」をアラブ人は利用することが出来ない。これらユダヤ人の入植地の建設のために、サフニーンをはじめ、この周辺のアラブ人の町村にもともと属していた土地が収用され、建物のない緑地帯についても、アラブの自治体は管轄権を失ってしまったのだ。

あれからアリーさんとはこのサフニーンで再会し、町を案内してもらった。だが、この日はわざと自分一人で来てみたのだった。サフニーンの町と周辺のユダヤ人の町々との関係がよく分かるこの場所に立って、アリーさんの顔や彼から聞いた話を思い出してみる。彼の家は、私が今立つこの場所から見ると左端、工業地帯の手前の、町の西側境界線近くにあるはずだ。三ヶ月の禁固刑の代わりとして課された奉仕労働を、彼はもう終えているはずだ

▼217 **ナハル** 武装開拓青年団を意味するヘブライ語の頭文字を取った通称。一九四八年のイスラエル建国当時に生まれた。ボーイスカウトなどの青少年運動の指導者たちによって発案され、青年運動の枠組みの中で自発的な活動として組織された。ガリラヤやネゲブなどの前哨地に新しい入植地を建設しそれを守り、そこでキブツ式の集団生活を送りながら、農業活動や軍事訓練を行なった。現在ガリラヤに見られるキブツやモシャブの多くがナハルによって開拓されたものである。

▼218 **アッラーベ、デール・ハンナー** 両者とサフニーンはともに近隣に位置し、土地の日のデモでは必ず通過するコースになっている。一八世紀のガリラヤ地方の支配者ダーヘル・アル＝オマル・アッ＝ザイ

が……。

アリーさんを初めてサフニーンに訪ねた日、彼はまず車で町の中心部にある墓に連れていってくれた。この墓の入り口には、「土地の日」の犠牲者たちを記念するモニュメントがある。近づいて私は、あっと思った。知り合いでもあるアラブ人美術家、アブド・アーブディさん▼219が昔、「土地の日」のモニュメントを制作したということを本人から聞いていた。これがそれなのだ。土地を耕し、土地を拠りどころとして生きる男女の姿が、四角く切り取られた石の中から浮かび上がっている。一回りした後、アリーさんは言った。

「これはアラブ人とユダヤ人の共同制作だ。ここにこれを置くことで、両者の和解を象徴しようとしているというわけだ。でも私は、そういうアイディア自体が気に入っていない」。正面にはアラビア語で、「彼らは私たちが生きるために犠牲になった……彼らは生きている　土地防衛の日の殉教者たち　一九七六年三月三〇日」とあり、犠牲者の名前と出身地が記されている。一方隣の面には、「一九七六年三月三〇日の土地の日の死者の記念に」という意味のことだけがヘブライ語と英語で書かれており、アラビア語は書かれていない。正面と反対側の面には一番上が英語で製作者の名前が記され、次にヘブライ語で同じく製作者の名前と「両民族の相互理解を深めるために」という文字があり、一番下にアラビア語で同様のことが書かれていた。アリーさんはこういった言語の選択についても、いろいろと意見を持っているようだった。このモニュメントが気に入らない、と彼に先に言われてしまったので、私の

ダーニーの砦の一部がデール・ハンナーには残り、アッラーベにも彼にまつわる話の伝が伝えられている。

▼219 **アブド・アーブディ**　イスラエルで著名なパレスチナ人画家・彫刻家の一人。一九四二年ハイファに生まれ、ドイツで美術を学ぶが、一九七二年以降はハイファで活動を続けている。http://www.abedabdi.com/

感想を口にすることが出来なくなってしまった。現実には占領が続き、イスラエルによるパレスチナの抹殺が続いているにも関わらず、「両民族の相互理解」という美しい文字が刻まれている石面を見れば、白けた気持ちにもなる。前章で紹介した「エイン・ホード芸術村」で見た作品といい、見かけは力強く大胆な意匠でありながら、そのために一層、人を白けさせる空っぽの芸術がイスラエルには多い。アラブ人とユダヤ人の共同制作というのは、そういう「白けさせる芸術作品」にアラブ人も参画しているというだけのことではないのか。実のところ、こういうものがイスラエルに過剰に存在し、陳腐になり過ぎているために、それに対する批判的なコメントもまた陳腐で、生きた言葉にならないのだ。

アリーさんの家は、新しくて大きなリビングのある、快適そうな建物だった。リビングの目の前は大きな窓があり、前方は草やわずかの木が生えた空間が広がって、明るい光が入ってくる。リビングもキッチンも欧米風のデザインで、知らないで入ったら、アラブ人の家とは誰も思わないかもしれない。それは、アリーさんの妻がオランダ人で、結婚後の七年間、アリーさんも一緒にオランダに住んでいたこととも関係するのだろう。彼らの間に二人の女の子どもが生まれて後、一九九四年に一家でイスラエルに戻ってきた。妻のテレーズさんは今、サフニーンにある女性を対象とするNGOで専従職員として働いており、アラビア語は達者だ。

「オランダから帰ってきて、ここに家を建てた。見てごらん、この家の周囲三方には家が建

「土地の日」の犠牲者を
記念するモニュメント
(正面と反対側の面)

っている。ここが空き地であろうと家が建っていようと、彼ら（ユダヤ人）には何の関係もないはずだ。しかし、この家は違法建築だということにされてしまった。我々は、この家がいつ破壊されるかという恐怖の中で生活してきたんだ」。

　家の中に入れてもらった途端、アリーさんに突然まくし立てられて、はじめは意味がよくわからなかった。もちろん、イスラエル国内では多数のアラブ人がこうした問題を抱えさせられていることは知っているし、行政命令▼220によって自宅が破壊されてしまったハイファの一家を、私は何度か訪ねたことがある。しかし、この家が違法建築というのは全く奇妙な話であった。アリーさんが言うように、目の前の空き地に面して、両隣に家が建っている。もしここが町の境界だとしても、アリーさんの家だけが周辺から飛び出ているわけではない。また一方で別の疑問としては、いくら不当であるにせよ違法建築という問題が起こる可能性があるなら、なぜわざわざこんな町外れの場所に家を建てたのだろう？　こちらの疑問はすぐに解けた。「当たり前のことなんだ、ここが私が父から相続した土地だったんだから」。

　アリーさんは庭に私を促して、周辺の様子を見せてくれる。「私がオランダに行っている間に、この土地はサフニーンの町の管轄ではなく、ミスガーヴの管轄に入った。ミスガーヴはこの土地を住居地帯ではなく、農業地帯に指定している。だから家を建設すれば違法になるというのだ。はじめ、我々は兄の家に居候していたが、それに耐えられなくなった。ここに家を建てる以外にない。はじめはキャンプ用のキャビンを買って生活していた。この土地を農業地帯から住宅地帯に変更してもらうように、ミスガーヴに何度も陳情書を書いた。でも

▼220　二〇〇五年六月五日、ハイファの北東地区にある広い空き地に建設されていた家五軒のうち四軒が、ハイファ市の命令によって破壊された。住民はハイファ近くの小村ハッワーサ出身だが、イスラエル建国時にこの村を追い出され、ハイファのこの場所に住んでいた。

無駄だった」。ミスガーヴというのは、この周辺のユダヤ人入植地が集まって形成されている地方議会だ。サフニーンを取り囲んで見下ろす入植地はそれぞれバラバラに孤立しているのではなく、一つのコミュニティ連合を形成し、アラブ人の町村だけを除外してガリラヤ地方に広がっている。アリーさんはサフニーンの住民のままであって、ミスガーヴ住民として登録され直したわけではない。それなのに彼の土地だけはミスガーヴの管轄下に入り、その許可なく家を建てることは出来ないというわけだ。アリーさんの両隣の家は、自分たちの土地がミスガーヴの管轄下に入った時点で許可を取ったが、オランダにいたアリーさんたちは、そんなことを知る由もなかった。罰金として払うものは払い、今から何とか許可を得ようとアリーさんは頑張ったのだが、ミスガーヴ側はそれを拒絶した。「なるべく多くの土地と、なるべく少ない非ユダヤ人」を獲得するというシオニズムの企図は、何も占領地だけで実行されているわけではない。イスラエル国内では、個人の家のような狭い土地にさえ神経症的なこだわりを見せながら、律義に続行されているのだ。

支援者の応援もあって、九九年にアリーさんたちが家の土台を作り始めると、さっそくミスガーヴからは破壊命令が通達された。破壊が実行されないよう、アリーさんたちは作りかけの家に寝泊まりしながら見張った。折しも二〇〇〇年一〇月、第二次イ

アリー・ズベイダートさん（右）
取り壊しの危機に晒されてきたアリーさんの自宅（上）

ンティファーダと連動したイスラエル国内のアラブ人の「暴動」が起こる。▼221 それ以来しばらく、ユダヤ人の役人たちはアラブ人の村に入るのを忌避するようになり、その機をぬって家を完成させたのである。アリーさんたちはその快適な住環境に満足し、それに慣れきってしまった。もはやこの家が取り壊されるなどという事態は考えたくもない。一方ミスガーヴ側は、アリーさんを訴える裁判を起こした。二〇〇四年一〇月に出た判決は、七五〇〇シェケル（約一九万円）の罰金または三五日間の拘禁、というものだった。ところがミスガーヴはこの判決を軽過ぎるとして不服を示し、上告する。その結果二〇〇五年二月の判決では、一万五千シェケル（約三八万円）の罰金または七〇日間の拘禁と、前の判決に比べて刑が倍増してしまった。イスラエルの刑法では、自宅から通って奉仕労働をすることで拘禁刑に代えることが出来るケースがあり、アリーさんの場合は三ヶ月の奉仕労働で済むことになった。ブルドーザーで自宅を破壊されることに比べればはるかにましには違いないが、誰の迷惑にもなっていない個人住居の「建築許可申請違反」の代価としては、不当に高い。

　私が初めてアリーさんの自宅を訪ねたその日、「来月からその奉仕が始まるんだ」と彼は淡々と言っていた。二〇〇五年の一二月のことだった。

▼221 **アラブ人の「暴動」**　イスラエルのユダヤ系メディアでは「二〇〇〇年一〇月のアラブ暴動」などと呼ばれ、中立的には「二〇〇〇年一〇月事件」などと言われる。アラブ人の間では「一〇月の激発（ハッバ・オクトーバル）」などとも呼ばれている。二〇〇〇年九月二八日にアリエル・シャロンのアル＝アクサー・モスク訪問をきっかけに始まった第二次インティファーダに呼応して、イスラエル国内のアラブ人もゼネストを開始し抗議行動に入った。次第にイスラエル警察との衝突に発展し、警察の発砲などで一〇月一日から八日までに一三人が死亡した。毎年一〇月一日には、この出来事を記念するデモやキャンドル・サービスなどが行わる。

「監視塔」から呼びかける共存？

ここで、前章でも少し触れた一九六五年の「国土計画建築法」についておさらいをしておきたい。この法律によってイスラエルの国土は、住宅用地、農業用地、工業用地、今後の計画予定地に分類され、農業用地内で無許可のまま建設することが禁じられた、と述べた。しかしこれだけでは不十分だ。問題は、ユダヤ人の居住地については、今後の計画予定地として新たな土地がぐっと大きく与えられ、一方でアラブ人の町村については、住宅用地のラインが現存する建物に沿ってぎりぎりに引かれたということだ。だからこそ、サフニーンの町の周囲には豊富に土地があるように見えながら、町はその土地に手出しすることが出来ないのだ。一般にアラブ人の人口増加率はユダヤ人に比べて多いにも関わらず、増えた人口に対処できる新しい家を建てるスペースが、どこにもないのである。

イスラエルの土地法は、そもそもが人種差別的なものだ。イスラエルの国土のうち国有地は七九・五パーセントを占め、一四パーセントが「ユダヤ民族基金」▼222の所有する土地で、現在は両者を合わせた九三・五パーセントの土地を「イスラエル土地管理局」▼223が管理している。この九三・五パーセントもの土地について、非ユダヤ人は購入する資格を持たず、彼らが購入の対象に出来るのは残された六・五パーセントの部分なのだ。

▼222 **ユダヤ民族基金** 一九〇一年の第五回シオニスト会議で、パレスチナの土地の購入を目的として設立が決定された組織。各国のユダヤ人から寄付を募り

このように書くと、イスラエルの政策を擁護しようとする論者は次のように言うだろう。土地の私有を原則として禁じているイスラエルでは、ユダヤ人にしてもその九三・五パーセントの土地を購入することは出来ず、政府から借りているに過ぎないのだから、イスラエルが人種差別国家であるというのはでっち上げた、と。しかしこの言い分はまやかしである。非ユダヤ人に認められているのは三年間の短期賃貸であるのに対し、ユダヤ人の場合は四九年間の長期賃貸であり、しかもそれは繰り返して適用され得るのだ。購入せずに安い賃貸料でほぼ永久にその土地を占有することが出来るのだから、こんな結構な話はない。

実際には、イスラエル国内のアラブ人にも長期賃貸が行われており、現に彼らが耕作する土地の約半分は四九年間賃貸で借りられている。しかし、アラブ人農民にとっては、自分たちが所有していた土地が一方的に収用され、自分の土地を耕すために賃貸料を支払わなければならなくなった、ということにすぎない。賃貸料さえ払えばどこでも好きな場所に住め、土地を使えるユダヤ人とは、全く事情が違う。そもそも「イスラエル土地機関」が管理する土地の大部分の所有権を持つのは、難民となっているパレスチナ人だ。イスラエルは「不在者財産管理法」に基づいて「不在者財産管理人」を置き、パレスチナ人の土地と財産を勝手に処分してきた。つまり土地管理人は、自分の所有物でもない土地を貸して賃貸料を受け取ることが出来るし、借り主は安い賃貸料に満足できる。そんなことが成り立つのは本来の所有者が不在だからであり、当の土地管理人によって所有者の帰還が妨げられてきたのだ。

さらに、ユダヤ人口が少ない地域にユダヤ人口を送り込むために、政府が作る豪華なユダ

不在地主などから土地を購入すると、それをユダヤ人に長期で貸し付けた。イスラエル建国後、イスラエル政府は難民となったパレスチナ人から奪った土地をユダヤ民族基金に売却し、土地収奪の既成事実化を図った。

▼223 **イスラエル土地管理局** イスラエルの政府機関の一つ。イスラエルの土地の九三パーセントを所有しており、四九年間または九八年間の単位で土地を賃貸する。ユダヤ民族基金の役員がユダヤ民族基金の理事会メンバーであるなど、ユダヤ民族基金とは深い関係にある。

ヤ人コミュニティが存在する。この北部地域に関して言うならば、これまでにも触れた「ガリラヤのユダヤ化」政策によるものだ。なぜ北部のガリラヤ地方の問題が強調されるのかと言えば、ここは中部の三角地帯▼224や、南部のネゲブ砂漠と同様、イスラエル建国時にアラブ人を追い出しきることが出来ず、多くのアラブ人の村が残ったからである。イスラエル初代首相のベングリオンが北部を視察し、そこが全く「ユダヤ人国家たるイスラエル」のようには見えなかったことで愕然としたというようなエピソードが残っているが、当然のことだ。

また北部は、レバノンやシリアとの国境に近いこともあり、「防衛上の配慮」から、なおさらユダヤ人を送り込む必要があった。「ガリラヤのユダヤ化」とは端的に言えばガリラヤにおけるユダヤ人口を増やすことだが、無論やみくもにガリラヤへの移住を促進するのではなく、ユダヤ人のプレゼンスを効果的に高め、ユダヤ人にとっての安全と快適さが守られるための方針が必要だった。その一つが起伏の多いガリラヤの地形と戦略上の要請を組み合わせた「ミツピーム計画」である。ミツピームとは、「見晴らしの良い場所」とか「展望台」と訳せると同時に「監視塔」「見張り場所」という意味でもある。見張られる恰好になるのは、周辺のアラブ人の村だ。高い丘のてっぺんに、同じ形をした家が立ち並ぶユダヤ人のコミュニティで、一つのミツペ（ミツピームの単数形）には四〇から二百の世帯が住む。ガリラヤ地方にミツピームを点在させることが目的だから一ヶ所の人口は少なくてよいし、第一丘の上にはそれ以上の住宅は建てられない。七〇年代に立案され、一九七八年から八八年にかけて、五二のミツピームがガリラヤ地方に建設されたという。

▼224 **三角地帯**　イギリス委任統治時代の三角地帯は、ナブルス・トゥルカレム・ジェニーンを取り囲むサマリア地方のことだったが、一九四九年のロードス協定によりその半分がイスラエルに併合された。イスラエル側にある部分は「小三角地帯」と呼ばれる。

サフニーンの町を取り囲む、ミスガーヴ共同体連合に属するユダヤ人コミュニティの多くも、ミツピームなのだ。生活と仕事の場が一体となったキブツばかりでなく、ベッドタウンとしてしか機能していないコミュニティもあり、住民は車で都市に通って仕事をする。他方で宗教的なユダヤ人専用の共同体や、日本で言われるシュタイナー主義を掲げる教育機関を中心とした共同体など、「ユダヤ人コミュニティ」の性格はさまざまだ。現在、三四のコミュニティがこのミスガーヴ共同体連合に属しているという。ミスガーヴだけのデータは手元にないが、現在までに建設された五二のミツピーム全体の人口は、合計約二万人ほどだと言われる。

（地図）アラブの村を取り囲むミスガーヴ自治体連合（ミスガーヴのウェブサイト上の地図を元に作成）
イスラエル北部ガリレア地方の、東西約28キロ、南北約22キロほどの部分

サフニーンには二万五千人のアラブ人が住む。彼らに割り当てられている土地は一〇平方キロあまりしかない。対してミツピームの二万人には、何と二〇〇平方キロあまりが割り当てられている。一人当たりにすれば、サフニーンの人間の四〇〇平方メートル（二〇メートル四方）に対し、ミツピームの人々は一万平方メートル（一〇〇メートル四方）で、二五倍の格差があるわけだ。ミスガーヴは「ミツピーム計画」、すなわちガリラヤのユダヤ化の典型的成功例として引用される。上記のような統計がそれを示してもいるし、何よりサフニーンの町が置かれている状態を思い出せば、それは明らかだ。しかし「成功」の理由は、それだけではない。何とミスガーヴは、ユダヤ人とアラブ人の「共生」のシンボル的な存在、ということになっているのだ！

ミスガーヴのウェブサイトに曰く、「ミスガーヴは、非ユダヤ人の住民や近隣住民との関係において、際立った特徴を持っています。五つのベドウィンの居住区が議会に加わり、積極的な活動をしています。ミスガーヴはこの地のムスリムやクリスチャンのアラブ人、ドゥルーズ住民らと、経済、協力、文化面での協力を共に行っています」▼225。よくも言ったものである。ここで注意しておきたいのは「五つのベドウィンの居住区」に関してだ。別の資料によると七つのベドウィンの村がミスガーヴに含まれているとのことだが、これらすべては、イスラエル政府によって認可されていない村である。前章で紹介した通り、こうした村は基本的なインフラも整備されておらず、住民は不便で貧しい暮らしを強いられている。水については、周辺のキブツなどから送ってもらうしかないケースが多いため、こうした無認可村が、

▼225　ミスガーヴのウェブサイト
http://www.misgav.org.il/

ミスガーヴに加入することで、生活の便を少しでも改善したいと願うのは当然だろう。またミスガーヴのユダヤ人社会としては、アラブ人に対して寛容な態度を示しているふりができるわけである。

しかし彼らが住むのは、周囲から孤立して点在しながらアラブ人たちを見下ろし監視している「ミツペ」なのだ。監視と言っても、交代で誰かがいつも見ているといった性格のものではないが、地理的に高いところから見下ろしているという位置関係、そうした状態でのユダヤ人のプレゼンスこそが意味を持っているのである。住人の一人ひとりがアラブ人に対してどのような意識を抱いているのかに関係なく、そこに住んでいるということそのものが、アラブ人とユダヤ人の不均衡な関係を規定し、両者の距離をそれまで以上に遠ざけるための政策の遂行者になっていることを意味するのだ。このように「共存」とはもっとも遠いところにあると思われるミスガーヴが、彼らに言わせると「共存のモデルケース」なのである。

さらにここには、アラブ人・ユダヤ人に開かれ、アラビア語とヘブライ語の二言語で教育を行っている小学校がある。「このような共存モデルは、文化間の協調、およびユダヤ人と非ユダヤのイスラエル人との間の生産的対話を作り出すためにミスガーヴによってなされている、数多くの試みの一つに過ぎません」。もちろんこれは、ミスガーヴにいくつかある小学校の一つに過ぎない。宗教的な学校あり、ここのように「理想主義的な」学校があり、いろいろな文化が存在しています、というわけだ。「土地を奪っておいて、共存も何もある？　まず土地を返してくれなきゃ、その上で共存について相談しましょう」。やはりミスガーヴに取り囲まれたシャアブ[226]というアラブ村に住む知人は、この学校のことが話題に上ると切り捨てるようにそう言った。

人種差別を支える「文化」の力

そうした「共存」のモデルのありようを指摘し、欺瞞だと批判することまでは簡単だ。だが問題は、そんなものは彼らに取って本質的なものではないということだ。「共存」が欺瞞だといって批判されるなら、あるいは彼らにとって「共存」がメリットを生むものではなくなったら、彼らはその看板を簡単に取り外すことが出来る。彼らにとって本質的に重要なことは、彼らが彼らであり他の者とは違う、という揺らぎなさの確認であり、その実践としての「文化」である。

丘の上に立ち並ぶ、赤っぽい屋根を持つ同じ形をした家。キブツの白い建物。屋外に置かれた現代芸術風のモニュメントや彫刻。きれいに手入れされた花壇やプール。パレスチナのアラブ的光景を人工的にユダヤ化する機能を果たしている意匠は、いくつ挙げても、きれいで無機的だという以上の印象を残さない。その無機的な空間の中で、彼ら入植者たちはひたすら「文化」を露出させている。ここでの「文化」とは美術やダンス、音楽などの具象・抽

▼226 **シャアブ** 人口約六千人。一九四八年のイスラエル建国時、もともと住民の多くは国外に出て難民となり、後に他の地域に住んでいた住民が国内難民としてイスラエル当局の管理のもとにこの村に移り住んだ。

象芸術だけでなく、生活様式や行動規範、他人との関係の仕方など、アイデンティティの表現として意識されるすべての行為である。「ガリラヤのユダヤ化」とは、ユダヤ人口を増やし、ユダヤ人がコントロールできる土地を拡げるだけでは完成しない。ガリラヤの文化的ポリティクスのなかでは、ユダヤ人の文化を生み出し、それを日々実践し、文化の足跡を大地に刻みつける続ける限りにおいて、ようやく周辺の光景はユダヤ的なものとして維持されているのである。

しかし現実的には、ガリラヤにおける彼らのプレゼンスはアラブ人とユダヤ人の生活空間をくっきり分け隔てつつ、ユダヤ人に有利な法の運用によって堅固に守られている。西岸地帯を縦横に分断する「分離壁」がアパルトヘイト・ウォールと呼ばれているのに比べると言及されることは少ないが、イスラエル国内で進んでいるユダヤ人とアラブ人の差別的分離政策についても、アパルトヘイトという言葉は当てはまる。否、むしろここにこそイスラエル国家の本質があると思う。

もともと私は、イスラエルとアパルトヘイトを安易に比較することに躊躇がある。アパルトヘイトとはアフリカーンス語▼227で「隔離」の意味だが、人種隔離というだけでは済まない、文化やアイデンティティのポリティクスがそれを下支えしてきたと思うからだ。アパルトヘイト＝人種隔離、という意味だけが独り歩きしている中、この言葉を吟味なく使ってしまっては、なぜこの時代に堂々と人種差別がまかり通るのか、自由や民主主義を愛するはずのシオニズムの担い手たちがなぜそれを手放せないのかということが、かえって見えなくなって

▼227 **アフリカーンス語**　オランダ語が、南アフリカの一部やナミビアの先住民であるコイコイ人の言語などの影響を受けて変質したクレオール（混成）語。一九二五年、オランダ語に代わり、英語と並ぶ南アフリカの公用語となる。南アフリカの白人の多数を占めるアフリカーナーたちのアイデンティティ形成に大きく関わった。

しまうように思えるのだ。さらに言うならば、アパルトヘイトを終わらせた南アの経験から
何かを学ぼうということがたまに主張されるが、その前に、なぜあんな体制が四〇年あまり
も続いたのかをまず考えてみるべきだと思う。
しかしながら、思いつくままにアパルトヘイトを支えた文化的イデオロギーを挙げてみる
と、シオニズムと通底している発想や文化的背景に改めて気づく。新天地に渡って、自分の
身体だけを資本に一から始めてきた開拓農民の子孫としての気概。先住民である黒人を自分
たちより劣ったものと見なしながら、アフリカ人としてのアイデンティティを形成しようと
した意思。自由や独立、個人の尊厳を重んじる気風。黒人労働力には依拠せず、白人だけの
隔離された民族国家を作ろうという発想の中には、人種主義には集約され切れない労働観が
あり、シオニズムのそれとパラレルである。オランダ改革派教会の選民思想や、南アを「約
束の地」と見なす救済史観。[228] アフリカーンス語が作り出してきた文化がアパルトヘイトの理
想に貢献しているという言語観。そして、南アフリカはアフリカ随一の豊かな国であり、民
主主義国家であるという誇り。[229] リベラルな潮流に見られた、アパルトヘイトが白人自身の民
主主義をも劣化させているという、文化的優越意識に支えられた内部からのアパルトヘイト
批判。
特別な歴史的背景や特殊なイデオロギーも力を貸したとは思うが、つまるところ相手の集
団を「自分たちとは違う」と見なし、自分たちの優位性の根拠とする心性は、誰もが持つ、
人間の悲しい性だ。そしてそこには必ず、「文化」の問題が横たわっている。いっそのこと

▼228 オランダ改革派教会　南アフリカの白人移民の子孫であるアフリカーナーが発展させた教会。カルヴァンの予定説から、白人は神に選ばれた者であり、黒人は白人の奴隷として作られたという解釈を生み広めた。アフリカーナーは南アフリカにおいて勤勉かつ禁欲的な生活を送り、アフリカーナーの純血を守ることで、「約束の地」である南

「文化」などなければ、相手と自分を切り隔てる根拠も生まれる余地はないのかもしれない。

　イスラエル滞在中、シオニズム国家を支える文化やそこに生きる人々の文化に対する意思を切開することへの関心を、はっきり自覚するようになった。イスラエルの風土や歴史を誇らかに語り、目の前のアラブ人に寛大さを示すことで優位な立場を確保すること、もともとあった文化を簒奪し、それに居直ること、アラビア語やパレスチナ文化を愛しながら、その担い手を軽蔑すること。そうした姿勢のなかでイスラエルの占領文化は生まれ育ってきた。その文化とは、特定の特権的な人間が作り出すハイカルチャーだけではなく、誰もが日々実践している行為としての文化でもある。したがって、ネイティブのアラブ・パレスチナ文化の数々を復権させ、それがイスラエルに簒奪されていることを指摘するだけでは全く足りない。それは結局、シオニズムが何であるのかということ、それかユダヤ人だけではなくこの世界全体をどのようなものとして理解し、この世界をどのようなものにしようとしているのかという問いと関わらざるを得ない。

　サフニーン村の墓地においてあるモニュメントについての、後日談を記しておきたい。前述のように、私はあれを初めて見た時、アラブ人とユダヤ人の共同制作だということに欺瞞的なにおいを感じとり、また「両民族の相互理解」という言葉に白けた気分を確認した。しばらく後、そうした正直な感想は横に置き、共同製作者のアラブ人アブド・アーブディさんに制作の経緯を簡単に聞いてみたのである。

　「土地の日」の虐殺の後サフニーンで、犠牲者を追悼するための委員会が作られた。協議の

アフリカを真に獲得出来るとされた。そこでは旧宗主国イギリスの「迫害」の記憶が強調して再構成され、先住民への支配を正当化するロジックに利用されており、同じくイギリスの委任統治領であったパレスチナにおける移民のアイデンティティ形成のパターンとして興味深い。

▼229「**民主主義国家**」**南ア**　アパルトヘイト下の南アフリカでは、人種別の三議院制をとり、白人議会のみに議決権が付与されており、白人だけがその民主主義を享受出来る社会だった。しかし長い植民地支配による負の影響を受け、民主主義的な社会を実現出来ない多くのアフリカ諸国の中にあって、南アをアフリカ唯一の民主主義国と考えている白人は多かった。現在イスラエルがしばしば「中東における唯一の民主主義国家」と形容されることを思い起こさせる。

結果、虐殺が起き、犠牲者六人のうち三人の居住地でもあるサフニーンにモニュメントを作ろうということになった。委員会が依頼したのは、アブドさん一人だったという。彼は、その仕事を一人で引き受ければイスラエル国家当局による警戒を引き込むだけだと考えて、ユダヤ人の彫刻家ゲルション・クニスペルに協力を要請したのだった。つまりあのモニュメントの制作は、そもそもアラブ人のイニシアティブによって作られたのであって、ユダヤ人が和解と共存を演出するためにアラブ人の参画を企図した結果生まれたものではなかったのだ。「両民族の相互理解」という言葉も、一九六六年の軍事政権終了後、「土地の日」の虐殺を経てもなお残っていたアラブ人によるユダヤ人への期待の表明であって、自分たちの罪を顧みないままユダヤ人が謳った「相互理解」とはまた違う意味を持っていたのだ。しかし、サフニーンをはじめとするアラブ人の町村が、イスラエルの差別的政策によってますます立ち行かなくなっている状況の中で、アラブ人とユダヤ人の共同制作による作品が白々しい欺瞞に満ちていると見えてしまうのは、仕方がない。

最後にアリーさんの「奉仕労働の刑」について報告しておく。はじめユダヤ人の町カルミエールでの清掃作業を命じられた彼は断固拒否し、あの町を美しく見せるために働かなくてはならないくらいなら禁固刑を選ぶとの主張が認められ、サフニーンで清掃作業に就くことが出来た。これでことが済むわけではないと彼は分かっているから、悲観も楽観もしない、相変わらず淡々とした表情だった。

資料1　イスラエル年表

一八九六年…テオドール・ヘルツル著『ユダヤ人国家』刊行される
一八九七年…バーゼルで第一回シオニスト会議
一九〇一年…「ユダヤ民族基金」設立される
一九一五年…「フサイン＝マクマホン書簡」で、イギリスがアラブ人国家を確約する
一九一六年…「サイクス＝ピコ秘密協定」で、イギリス・フランス・ロシアがオスマン帝国領の分割を密約
一九一七年…パレスチナの地でのユダヤ人の民族的郷土建設に対し、イギリスの支持を示した「バルフォア宣言」が発表される
一九二二年…国連がイギリスのパレスチナ委任統治を承認
一九三六年…アラブ大反乱起こる
一九三九年…第二次世界大戦開始
一九四七年…国連でパレスチナ分割案が採択される（決議一八一）
一九四八年…五月、イギリスの委任統治終了。イスラエル国という名の国家の「独立」が宣言される。アラブ諸国軍がパレスチナに侵攻し、第一次中東戦争が始まる
一九四九年…アラブ諸国との間で休戦協定が結ばれる
一九五〇年…「帰還法」および「不在者財産管理法」が制定される
一九五六年…イスラエル国内のドゥルーズ男子の兵役が法制化される。一〇月、第二次中東戦争（シナイ戦争）。直前に外出禁止令違反により、コフル・カースィム村のアラブ住民四七人が殺害される
一九五九年…ヨーロッパ出身のユダヤ人との経済的・社会的格差への不満を背景に、モロッコ出身のユダヤ人が暴動を起こす（ワーディー・サリーブ事件）
一九六五年…イスラエルの全国土を用途別に分類した「国土計画建築法」が制定される
一九六六年…アラブ人居住地区での「軍事政府」が終わる
一九六七年…第三次中東戦争でイスラエルが電撃的勝利を収め、シナイ半島・ガザ・ヨルダン川西岸地区・ゴラン高原

を占領する
一九七三年…第四次中東戦争。アラブ産油国の石油戦略が発動される
一九七六年…土地収用に反対する「土地の日」のデモで、イスラエルのアラブ人六人が殺害される
一九七七年…リクード党首メナヘム・ベギンを首班とする右派連合政権が成立する。以後、占領地での入植地建設が進む

一九七九年…エジプトとの間に和平条約が締結される
一九八〇年…東エルサレムの併合および統合エルサレムの首都化を宣言
一九八四年…ユダヤ教超正統派のシャス党が結成される
一九八七年…占領下パレスチナで第一次インティファーダ始まる
一九八九年…ウンム・ル＝ファハムで「イスラーム運動」が町政を獲る
一九九〇年…ソ連からの移民が急増する
一九九一年…湾岸戦争
一九九三年…パレスチナ暫定自治に関する原則宣言（オスロ合意）
一九九五年…ラビン首相がイスラエル国内のユダヤ人によって暗殺される
一九九六年…ネタニヤフ政権が成立する。エルサレム旧市街でパレスチナ人がトンネル工事に抗議、銃撃戦となる

二〇〇〇年…イスラエル各地で「二千年紀」記念事業が行なわれる。シャロン元国防相がムスリムの聖地ハラム・アッ＝シャリーフを訪問、第二次インティファーダ始まる。これに呼応したイスラエル内のアラブ人一三人が、警察により殺害される。
二〇〇一年…外国人労働者数がピークとなり、二四万人を超す
二〇〇二年…西岸地区で「分離壁」建設が着工される
二〇〇四年…パレスチナのアラファート大統領死去
二〇〇七年…イスラエル軍、レバノン南部に侵攻、空爆

資料2　イスラエル「独立宣言」

エレツ・イスラエル（※1）においてユダヤ民族は生まれた。ここにおいて彼らの精神的・宗教的・政治的アイデンティティは形づくられた。ここにおいて彼らは最初に国家を獲得し、民族的普遍的価値をもつ文化的価値を創造し、永遠の書「聖書」を世界にもたらした。自らの地を力ずくで追放されたのち、離散のあいだ信仰を維持し、その地への帰還とそこでの政治的自由の回復のために祈り、希望をもつことを決してやめなかった。

この歴史的伝統的な絆から（※2）、ユダヤ民族はいにしえの故国において自らを再建するため、あらゆる世代が奮闘した。この数十年、彼らは多数をなして帰還した。開拓者、移民（※3）、防衛者として、砂漠を緑に変え、ヘブライ語を復活させ、村や町を建設し、自身の経済と文化を支配しつつ繁栄したコミュニティを建設し、平和を愛しながらも防衛手段について熟知し、この地におけるすべての住民に進歩の恩恵をもたらし、独立した国家に向けて鼓舞した。

五六五七年（西暦一八九七年）（※4）、ユダヤ国家の精神的父テオドール・ヘルツルの招集によって、第一回のシオニスト会議が開催され、ユダヤ民族が自らの郷土において民族的に再生する権利を宣言した。

この権利は一九一七年一一月二日のバルフォア宣言において認知された。また国際連盟の委任統治において再確認され、それはユダヤ民族とエレツ・イスラエルとの歴史的な絆およびユダヤ民族が民族的郷土を作る権利に対し、国際的に支持を与えるものとなった。

ヨーロッパにおいてユダヤ人数百万が虐殺されるという、イスラエルの民に最近ふりかかった災厄（ショアー）は、エレツ・イスラエルにおいてユダヤ国家を再建することにより、祖国と独立を喪失したユダヤ民族の問題を解決することの必要性（※5）をあらためて明白に証明するものである。それはあらゆるユダヤ人に故郷の門戸を大きく開け、ユダヤ民族に、諸民族集団において特権化された成員としての完全な地位を与えるものである。

ナチによるホロコーストの生存者たちは世界の他地域のユダヤ人と同様、苦難と制約、危険にくじけず、エレツ・イスラエルに移民し続け、彼らの民族的故郷において尊厳と自由、誠実さをともなった生活への権利を主張することを決して止めなかった。

第二次世界大戦において、この地のユダヤ共同体は、ナチに対する自由と平和を愛する民族の闘争において割りふられた任務のすべてに貢献した。そしてその兵士の血と戦闘的努力によって、国際連合を設立した民族のあいだで認められる権利を得た。

一九四七年一一月二九日、国際連合総会はエレツ・イスラエルにおけるユダヤ国家の設立を求める決議を採択した。総会はエレツ・イスラエルの住民にその決議の履行の一部として必要な、あらゆる手段をとるように要請した。ユダヤ民族の国家建設についての権利を国際連合がこのように認知したことは、取り消すことのできないものである。

主権国家にある他のすべての民族同様、彼らの運命の支配者であるというこのような権利は、ユダヤ民族の本来的な権利である。

したがってわれわれ国民評議会議員、エレツ・イスラエルおよびシオニズム運動の代表は、エレツ・イスラエルに対するイギリス委任統治の終了の日にここに結集し、我々の本来的かつ歴史的な権利に基づき、国際連合総会決議の効力に従って、エレツ・イスラエルにおけるユダヤ国家、すなわちイスラエル国の設立をここに宣言する。

我々は宣言する。今晩来るべき委任統治終了の瞬間、すなわち五七〇八年イヤール月六日の安息日前夜（一九四八年五月一五日）から、一九四八年一〇月一日以前に選出される憲法制定議会によって採決される憲法に従って選挙された通常の国家権力の樹立まで、国民議会が暫定議会として活動し、その代表組織である国民政府が「イスラエル」という名で呼ばれるユダヤ国家の暫定政府となる。

イスラエルは、ユダヤ人の移民と離散者の集合のために門戸を開放する。イスラエルは、そのすべての居住者の利益のために国の開発を推進し、イスラエルの預言者たちによって提示された自由と正義と平和をその基盤とする。イスラエルは、宗教、人種、性別に関わりなく、すべての人々に対して、社会的・政治的権利に関する完全な平等を保証する。

イスラエル国は、一九四七年一一月二九日の総会決議の履行のため国際連合の諸機関および代表と協力する用意があり、エレッ・イスラエル全体の経済統合をもたらすために手段を講じる。

我々は国際連合に対し、ユダヤ民族の国家建設を支援することを、そしてイスラエル国を諸民族集団のなかに受け入れるよう訴える。

われわれは、数ヶ月に渡ってわれわれに対して行われている虐殺のただ中で、イスラエル国内のアラブ住民に対し、平和を保持し、完全かつ平等な市民権のもと、一切の暫定的・恒久的機関に適切な代表を送ることにより、この国の建設に参加するよう呼びかける。

我々は、すべての近隣諸国とその国民に対して平和の手を延ばし、良き隣人としてのよしみを求め、イスラエルに定住し主権を有するところのユダヤ民族と協力・互助の絆を確立するよう懇請するものである。イスラエルは、中東地域全体の発展のための共同努力において、貢献をなす用意がある。

我々は離散のユダヤ人に対し、移民と建国の任務のためイシューブ（※6）の周囲に結集し、イスラエルの贖いのための何世代にも渡る渇望のため、偉大なる闘争とともに立ち上がるよう呼びかける。イスラエルの岩（※7）に我々の信を置きつつ、五七〇八年イヤール月五日（一九四八年五月一四日）のシャバトの夕べ、祖国の地、都市テルアビブにおける暫定国会本議会において、本宣言への署名を添えるものである。

ダヴィッド・ベングリオンを筆頭とする計三七名の署名（省略）

註

（※1）エレツ・イスラエル　「イスラエルの地」を意味する。旧約聖書で、神がユダヤ人に与えたとされる土地。

（※2）英文テキストでは「この歴史的伝統的な帰属意識に駆り立てられ（Impelled by this historic and traditional attachment）」

（※3）原文は「マアピリーム」。語義的には「妨害をはねのける勇者」だが、移民統治下のパレスチナで移民規制法に違反して潜入した人間を指す。

（※4）ここではユダヤ暦が使われている。ユダヤ暦は西暦に三七六〇年を加えた年で、天地創造の年から数えられたとされている。

（※5）英語テキストでは緊急性（urgency）となっている。

（※6）イシューブとは、イスラエル建国以前のパレスチナにおけるユダヤ人共同体のこと。

（※7）「イスラエルの岩」とは「全能者（ツール・イスラエル）」のことで、これは「イスラエルの神」とも「イスラエルの地」とも二様に解釈できる。建国宣言を起案する際に、ラビと世俗派との妥協の結果として採用された語である（イスラエル外務省のホームページ http://www.israel.org/mfa/ より「独立宣言」に関する項目を参照）。

訳註

イスラエル「独立宣言」の日本語訳は、紙媒体上では意外と見当たらないため、あくまで試訳としてここに掲載する。ヘブライ語テキストはクネセトのホームページ（http://www.knesset.gov.il/）より検索したものを用い、英語テキストはイスラエル外務省のホームページ（※7に記載）の上のものを用いた。註作成に関しても、同サイト上の「独立宣言」に関する項目を参照した。

あとがき

地域研究とは、自分たちとは異なる社会を知ろうとすることから出発した学問である。このことはいかにも当然のように響く。だがいずれ、「異なる社会」とは何か、いかに「知る」のか、いかなる成果を目指して知ろうとするのかという問いにさらされる。自分たちには理解出来ない、異質な社会を一括りの他者とすることで「我々」意識を作り出すというプロセスは、ヨーロッパにおけるオリエンタリズムを引くまでもなく、多くの文化圏や民族、コミュニティに存在してきた。他方、自分たちにとって分かりよい既存の言葉、ロジックを使いながら相手を理解してみせようとする態度には、対象に対する価値判断の如何に関わらず、その圧倒的な理解不能性を前にして自己存在の基盤が崩れ落ちることへの、無意識の防衛機制が存在するだろう。他者を他者としていったん彼方に追いやってから研究対象としようとする所作も、自分たちと共通の土台が相手にも必ずやあるとの信念を懐刀に、自分の扱い慣れた概念を手がかりにしながら理解しようとする態度も、理解困難な他者の前で立ち止まり、自分の依って立つ基盤を根底から疑うという姿勢をどこかで放棄している点では同じだと言わざるを得ない。

こうした問いは、模範解答を見いだせないまま、否、模範回答を導きだそうとする態度そのものが再び問われるなかで、しばしば堂々巡りの議論に陥る。そして次の瞬間には、対象とする社会の新たな動きに再び注意を奪われはじめている。だがそれは悪いことではない。こうした問いへの意識そのものが霧消したわけではなく、それは引き出しのいつも目につく場所に置かれているのだから。対象地域の社会や人々と共有してきた時間の厚み、あるいは彼らの言葉を使い、その言語感覚や思考方法が母語の使用法にまで影響し、身体の使い方や癖も、もはや取り除くことの出来ない自分の一部になってしまっている。深い愛情に満たされた幸福なケースばかりでなく、好きとも嫌いとも単純に言い切れない思い入れや反感・憎悪をふくめ、自分の中に生えてしまった根っこのようなものだ。現地の友人や、自分のことを覚えている（別人と混同しているのかもしれないが）という人たちの存在、行くたびに出来る新しい知り合いのおかげで、国籍はおろか何の権利も持っていないにも関わらず、自分はその社会に属している、その社会の一員なのだと幸福にも思い込むことができる。

一歩引いた角度からそれを見れば、全く滑稽である。例えばアラビア語のスクーン（子音）を母音入りで発音する、中国人だか日本人だか分からないような細い目をした人間が、自分ではすっかりアラブ社会の一員のつもりになっていて、身振りも堂に入ったりしているさまなどは。アラブ社会と長い付き合いを持つ人間は、多かれ少なかれこうした滑稽さを身に帯びているに違いない。そんなことはどうでもいいのだ。ポケットに入れたひまわりの種をひとつずつ前歯で挟み、殻を飛ばしながらアラビア語で話を交わす路上に吹く埃っぽい風、パンの匂い、トウモロコシを焼く煙、人の呼び声やクラクションのなかで、自分が日本人であることなど、さっきまでカバブ・サンドイッチを包んでいた新聞紙のように、くしゃくしゃになって風にあおられ、飛んでいく。

筆者の場合、滑稽さはそれにとどまらなかった。イスラエル社会に入ると、自分のなかの「アラブ」を今さらのように自覚した。緊張感や敵対意識、冷笑やからかいなど、「アラブ」という言葉に独特の意味が向けられているイスラエルで、自分がアラブであるかのような錯覚を覚えたことが何度あっただろう。この錯覚は、ユダヤ人と何とかよい関係を保とうとすることに夢中で、ユダヤ人との付き合いに忙しいアラブたちから自分が相手にされていないことに気づくと、簡単に覚めてしまうのが常だったが。そうだ、アラブ社会では、アラブになりきって自分が誰だか忘れる心配にまで至らなかったのは、好奇に満ちた視線にぐるりと三六〇度、晒されてしまうためだった。各地から移民や外国人労働者が集まるイスラエルでは、日本人ということでことさら注目される場面はずっと少なく、その解放感とともに時に感じる寂しさのなかで、自分がアラブであるかのような思い込みだけは肥大してしまうのだ。だがそれに答えてくれる場所は、なかなかなかった。

いずれにせよ、中立の立場で私がイスラエル社会を観察することなど、最初から出来ない相談だった。アラブ社会への愛憎を身につけたままイスラエルに入り、おもにイスラエルの中のアラブ社会の中で生活し、友人をつくった。ユダヤ人からはむしろ彼らの一員だと見なされることが多かったが、ひとたびアラビア語が分かるということが知れると、途端に警戒や反感・嘲笑の対象になることもあった。どれほど「良い人」であっても相手からアラブへの蔑視を感じさせられてしまうと心を開くことができず、私がアラブ人であるわけではないために、こちらの不信の理由が相手には伝わらず、距離の置きかたが難しいという問題も起きた。

では私は、イスラエルのアラブ人の、よき友人であり得ただろうか。

占領地のパレスチナ人や、近隣諸国で難民として暮らすパレスチナ人たちとの付き合いに比べ、イスラエルのアラブ人との付き合いはチャレンジングな経験だった。自分たちは「民主主義国家」に住んでいるという意識をもち、アラブ諸国に対する経済的な優越感を匂わせながら他のアラブ人について彼らが語っているのを聞くのは、辛いことだった。逆にイスラエル社会において自分たちがマージナル化され、差別されていることを強調しながら、占領地の状況に対する関心は一般的にはそう高いとは言えないことにも苛立つことは多かった。

こうした分断をもたらしているものこそが他ならぬイスラエルであることを意識すればするほど、ではそのイスラエル社会で何とか上昇しようとしているアラブたちに、どんな言葉を向けたらいいのか迷った。イスラエルの占領政策や、国内のアラブへの融和策に成功しつつあるイスラエルのあり方を批判的に捉え、こうであってはならないと考えることは、その中でたくましく生きようとしているアラブ人を否定することになるのだろうか。どんな立場から、そんなことができるのだろうか。今あるイスラエルのあり方を決して肯定出来ないと考える時に、他のアラブに対する優越感をも支えにしながら、イスラエルのなかで自己肯定感を得ようと必死に生きているアラブ人社会を「理解」しようとするということは、いかなることなのか。正直に書くしかないが、私自身がアラブ諸国の民衆レベルの対イスラエル感情を身体感覚で吸収していること、理性の上ではさまざまな留保をつけながらも、イスラエルの中に住むアラブ人への苛立ちや偏見が、私の中にもあるということを自覚するのは辛かった。

一方で、イスラエルから経済的な恩恵を得ているわけでもなく、むしろひどい仕打ちを受けているとしか思えない占領地のパレスチナ人や、イスラエル国内の無認可村の人々が時に示すユダヤ人への好意や彼らを何とかして理解しようとする姿勢に、はっと目を覚まされることもあった。自分たちはユダヤ人を憎んでいるのではなく、イスラエルの占領政策、あるいは人種差別やシオニズムを問題にしているだけなのだ。本で何度も読んできた言葉が、ここまで彼らの血肉になっていることを思い知った。また、アラブ人男性と結婚した占領地出身のパレスチナ女性や、アラブ社会で生まれ、海外でイスラエルのアラブ人と出会って結婚し、現在イスラエル国内の大学で学ぶアラブ女性に出会ったことも大いに力づけられた。彼女らはどんな思いで文化的・社会的な障壁に耐えてきたことだろう。生まれ育った社会とのさまざまなギャップに直面しながら、しかも幼児の自由な脳によってではなく硬くなりかけた大人の脳で「敵」の社会の言葉を身につけ、彼らの社会の規範に適応し、そのなかで自立しようとしている。他に選択肢がないとはいえ、そのような状況を引き受けて生きようとすることの出来る能力は、何に由来しているのだろうか。

「共存」という、甘い言葉は容易に使い難い。ともかくもパレスチナ・アラブたちには、今なおイスラエルのユダヤ人たちと一緒に生きていく用意がある。その圧倒的な事実の重要さに比べ、ケチをつけているだけのような私の苛立ちなど、何の役にも立たない。こうした思いに行き着き、頭を冷やそうと気づくまで、膨大な気苦労のなかに時間を浪費しながら、また別の場面になれば同じような自問の中で思い悩むのだ。

こうした私の混乱ぶりそのものについては個人的な問題も大きいが、アラブ諸国での経験を持つ私の混乱ととらえるならば、イスラエルが作り出したアラブの分断策とも関わっているはずだった。だが、問題はイスラエルだけにあるのではない。難民を生み出し、今なお占領を続け、この地域の不安定要因を生み続けているイスラエルの問題を免責することはしないが、同時に自分たちの社会のあり方そのものも変わっていかなくてはならないと考え、イスラエルのユダヤ社会からも学ぶべきものは学ぼうとしながら活動しているアラブたちもいる。ユダヤ人たちは、パレスチナ・アラブたちから何を学ぶのだろうか。

雑誌「インパクション」に連載の機会を与えられ、とりあえずテーマをしぼり、断続的に書いてみることを続けた結果が本書となった。混乱を混乱のままにぶつけても読者には伝わらないから、何らかのテーマ設定をし、それに向かって書く努力をしたことは、関心が横にどんどんずれてしまいがちな私にとって、良い訓練になったと思う。私の主な関心はイスラエルのアラブ社会だったが、彼らの状況を大きく規定しているだけではなく、彼らが日常的に関わりを持ち、そこから大きな影響を受けているイスラエル国家／社会について私自身がもっと知る必要があると思い、その本質と関わっていると思われるテーマを選んだ。滞在中の見聞・個人的な日常体験に基づいてはいるが、不十分ながらイスラエル社会・文化論としても成立するような記述を連載時から心がけたつもりである。「占領国家イスラエルの日常・非日常」と題し、二〇〇四年七月から二〇〇六年一〇月までの連載となった。

本書の収録に当たっては、連載時には字数の都合もあって書き尽くせなかった事柄を加筆し、事実誤認だと思われる点については訂正した。執筆時はイスラエル滞在中に書いたものが多いため、現地で引用することの出来なかった資料を参考に多少補足をし、曖昧な記憶に頼って書いた部分は書き改めた。執筆当初に書いた趣旨は生かしたつもりだが、言葉足らずから十分に意を尽くしていないと思われる部分は書き改めた。またイスラエル滞在中には説明の必要を感じずに書いていたことも、一般の読者にはやや不案内な内容であることに気づき、註記を施した。

なお、本文に登場するアラブ人・ユダヤ人の名前は、著名人やインターネット上で本名を公表している人物を除き、多くの場合は仮名を用いている。写真使用については差し支えないと思われるものを除き、写っている人からは承諾を取った。本書での使用に踏み切れず、惜しいと思う写真も多い。また、連載開始時はイスラエル滞在中であったことから、さまざまな事態を勘案してペンネームを使ったが、あくまで便宜上のものであり、本書の刊行にあたっては戸籍名に戻した。

やむを得ざる諸事情だけでなく、筆者の怠慢、および悪い癖だが、自分の書いたものを読み返すことへの羞恥心も手伝い、大幅に刊行が遅れた。関係者に迷惑をかけたことをお詫びする。出版が遅れたために、ナクバから六〇年目の年に刊行することになってしまったが、だからこそ妙な「一区切り」意識に浸ることなく、前に進まなければという気持ちにさせられる。
日本にいると、人と関わり続けることへの苦手意識を自覚させられることがなぜか多い。だが嫌でも他人と接点を作ることによって、問題を共有しうる領域を広げる努力だけはしなくてはならない。そのための一つの回路が本書なのだろうと感じている。

田浪亜央江

二〇〇八年五月

[著者紹介]

田浪亜央江　たなみ・あおえ

東京外国語大学外国語学部アラビア語学科在学中の1994年4月から1996年3月まで，シリア留学（ダマスカス大学文学部聴講生／演劇芸術高等学院演劇理論コース聴講生）。1999年3月，一橋大学言語社会研究科修士課程修了，同年4月同博士課程進学。2003年10月から2005年12月までイスラエルのハイファ大学留学（ウルパン〈ヘブライ語教室〉生／多文化主義・教育研究センター研究生）。現在は独立行政法人専門員，大学非常勤講師ほか。2006年9月に発足した、ミーダーン〈パレスチナ・対話のための広場〉メンバー。

〈不在者〉たちのイスラエル
占領文化とパレスチナ

2008年6月10日　第1刷発行

著　　者　田浪亜央江
発行人　深田　卓
装　　幀　田邉恵里香
地図製作　有限会社アイメディア
発　　行　株式会社インパクト出版会
東京都文京区本郷 2-5-11　服部ビル
Tel 03（3818）7576　Fax 03（3818）8676
Eメール impact@jca.apc.org
ホームページ http://jca.apc.org/~impact/
郵便振替　00110-9-83148

モリモト印刷